五年制高职专用教材

高等职业教育商务类专业精品课程系列规划教材

运输管理实务

（第2版）

YUNSHU GUANLI SHIWU

主　编　蒋　伟
副主编　潘洪建

苏州大学出版社
Soochow University Press

图书在版编目(CIP)数据

运输管理实务 / 蒋伟主编. -- 2版. -- 苏州:苏州大学出版社,2023.1
高等职业教育商务类专业精品课程系列规划教材
ISBN 978-7-5672-4285-2

Ⅰ.①运… Ⅱ.①蒋… Ⅲ.①物流-货物运输-管理-高等职业教育-教材 Ⅳ.①F252

中国国家版本馆CIP数据核字(2023)第012249号

运输管理实务(第2版)
蒋 伟 主 编
责任编辑 施小占

苏州大学出版社出版发行
(地址:苏州市十梓街1号 邮编:215006)
镇江文苑制版印刷有限责任公司印装
(地址:镇江市黄山南路18号润州花园6-1号 邮编:212000)

开本 787 mm×1 092 mm 1/16 印张 18.75 字数 457 千
2023年1月第2版 2023年1月第1次印刷
ISBN 978-7-5672-4285-2 定价:55.00 元

若有印装错误,本社负责调换
苏州大学出版社营销部 电话:0512-67481020
苏州大学出版社网址 http://www.sudapress.com
苏州大学出版社邮箱 sdcbs@suda.edu.cn

出版说明

五年制高等职业教育(简称五年制高职)是指以初中毕业生为招生对象,融中高职于一体,实施五年贯通培养的专科层次职业教育,是现代职业教育体系的重要组成部分。

江苏是最早探索五年制高职教育的省份之一,江苏联合职业技术学院作为江苏五年制高职教育的办学主体,经过20年的探索与实践,在培养大批高素质技术技能人才的同时,在五年制高职教学标准体系建设及教材开发等方面积累了丰富的经验。"十三五"期间,江苏联合职业技术学院组织开发了600多种五年制高职专用教材,覆盖了16个专业大类,其中178种被认定为"十三五"国家规划教材,学院教材工作得到国家教材委员会办公室认可并以"江苏联合职业技术学院探索创新五年制高等职业教育教材建设"为题编发了《教材建设信息通报》(2021年第13期)。

"十四五"期间,江苏联合职业技术学院将依据"十四五"教材建设规划进一步提升教材建设与管理的专业化、规范化和科学化水平。一方面将与全国五年制高职发展联盟成员单位共建共享教学资源,另一方面将与高等教育出版社、凤凰职业教育图书有限公司等多家出版社联合共建五年制高职教育教材研发基地,共同开发五年制高职专用教材。

本套"五年制高职专用教材"以习近平新时代中国特色社会主义思想为指导,落实立德树人的根本任务,坚持正确的政治方向和价值导向,弘扬社会主义核心价值观。教材依据教育部《职业院校教材管理办法》和江苏省教育厅《江苏省职业院校教材管理实施细则》等要求,注重系统性、科学性和先进性,突出实践性和适用性,体现职业教育类型特色。教材遵循长学制贯通培养的教育教学规律,坚持一体化设计,契合学生知识获得、技能习得的累积效应,结构严谨,内容科学,适合五年制高职学生使用。教材遵循五年制高职学生生理成长、心理成长、思想成长跨度大的特征,体例编排得当,针对性强,是为五年制高职教育量身打造的"五年制高职专用教材"。

江苏联合职业技术学院

教材建设与管理工作领导小组

2022年9月

前言

"运输管理实务"是高职高专物流管理类专业的专业核心课程。为满足本课程教学和运输管理从业人员学习的实际需要,我们在总结多年教学实践经验的基础上,广泛吸收国内外运输管理理论研究的最新成果和运输管理实践的新经验,从"实用、应用、发展"出发,编写了本书。

本书紧扣高职高专教育教学特点、人才培养目标和高职高专物流管理类专业对运输管理课程的要求,按照项目任务模式进行编写,书中涉及大量案例,同时穿插"知识拓展"、"重要提示"和"想一想"等板块,重点突出运输管理的操作思路、操作流程、操作程序和方法的阐述。本书在编写中突出以下四个方面的特点:

(1) 案例引导,激发兴趣。书中每个项目每个任务都以案例导入形式激发学生的兴趣,有助于学生关注实际运输问题,并运用相关理论进行分析和论证。

(2) 联系实际,注重基础。本着夯实基础、灵活运用的原则,让学生了解更多的运输管理相关知识。

(3) 目的明确,便于教学。每个项目都提出了"了解、熟悉、理解、技能"四级具体学习要求,让学生明确学习目标。在每个项目结尾,还有项目巩固、案例和实战演练,引导学生思考和分析相关实际问题,提高其分析和解决实际问题的能力。

(4) 点面结合,体系完整。本书由点及面,先介绍具体的运输方式、运输组织、运输作业管理,然后介绍综合性的运输绩效管理,最后论述运输管理的新技术、新发展。这种完整的体系结构有助于学生对运输管理内容的准确把握和融会贯通。

本书由蒋伟担任主编,潘洪建担任副主编。蒋伟为本书设定体例和编写大纲,并负责全书的总纂定稿。本书具体编写分工如下:蒋伟编写项目一、项目三;潘洪建编写项目二;潘洪建与蒋伟共同编写项目九;朱兆丽编写项目四、项目七;童结红编写项目五;胡媛编写项目六;蒋伟与冯其河共同编写项目八。

本书在编写过程中得到了苏州大学出版社的热情帮助和大力支持,在此致以最诚挚的感谢。

本书在编写过程中参阅了国内外同行编著的有关论著,在此向相关作者致以诚挚的谢意。由于编者的经验和水平有限,书中难免存在不足之处,恳请广大读者批评指正。

编　者

CONTENTS

项目一　运输管理概述　　1

　　任务一　认识运输　　2
　　任务二　认识运输系统　　10
　　任务三　认识运输市场　　14
　　任务四　认识运输管理　　18

项目二　公路运输　　26

　　任务一　认识公路运输　　28
　　任务二　组织公路整车货物运输　　35
　　任务三　组织公路零担货物运输　　42
　　任务四　计算公路货物运费　　53

项目三　铁路运输　　65

　　任务一　认识铁路运输　　66
　　任务二　组织铁路货物运输　　72
　　任务三　计算铁路货物运费　　85

项目四　水路运输　　106

　　任务一　认识水路运输　　107
　　任务二　组织班轮运输　　114
　　任务三　计算班轮运费　　122
　　任务四　组织租船运输　　127

项目五　航空运输　　137

　　任务一　认识航空运输　　138
　　任务二　组织航空货物运输　　143
　　任务三　填制航空货物运单　　152
　　任务四　计算航空货物运费　　162

项目六　其他运输方式　　181

　　任务一　组织集装箱运输　　182
　　任务二　组织国际多式联运　　200
　　任务三　组织大陆桥运输　　209

项目七　特种货物运输　　216

　　任务一　组织超限货物运输　　217
　　任务二　组织鲜活易腐货物运输　　220
　　任务三　组织危险品货物运输　　224

项目八　物流运输决策　　235

　　任务一　探析运输合理化　　236
　　任务二　优化运输线路　　244
　　任务三　透析运输成本　　253
　　任务四　探析运输价格　　259
　　任务五　分析运输绩效　　267

项目九　运输管理前沿　　278

　　任务一　认识"一带一路"　　279
　　任务二　认识绿色运输　　281
　　任务三　认识无车承运　　283
　　任务四　认识无人驾驶汽车　　285

参考文献　　290

运输管理概述

学习目标

【知识目标】
1. 掌握运输的概念、分类、功能和各种运输方式的优缺点；
2. 了解运输系统的构成要素与运输线路，掌握运输节点的作用与功能；
3. 了解运输市场的基本概念以及组成，掌握运输市场的特征、功能；
4. 了解运输管理的作用与原则，掌握运输管理的内容。

【能力目标】
1. 通过调查，能分析本地运输市场的构成及竞争状况；
2. 参观运输企业，能对本地运输企业的发展现状进行分析。

学习任务提要

1. 运输的概念、分类、功能与各种运输方式的优缺点；
2. 运输系统的构成要素、运输节点的功能与作用；
3. 运输市场的概念、特征与功能；
4. 运输管理的作用、原则与内容。

工作任务提要

1. 通过查阅资料、企业访谈、参观运输企业，了解运输在国民经济中的地位；
2. 复习现代物流概论，理解运输是物流的主要功能；
3. 了解如何利用运输手段实现货物的空间位移。

建议教学时数

6学时。

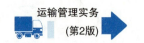

任务一　认识运输

宝洁(中国)有限公司(以下简称"宝洁公司")在广州黄埔工厂生产的产品要分销到中国内地的全市场区域。宝洁公司为这个分销网络设计了一个配套的物流网络,其中运输是这个物流网络中的主要业务之一。北京是宝洁公司在北方的一个区域配送中心所在地,商品从广州黄埔工厂到北京(宝洁)区域配送中心的运输可以采用公路、铁路、航空,也可以将以上几种方式进行组合,不同的商品品种可以采取不同的运输方式。宝洁公司的物流目标是:保证北方市场的销售,尽量降低库存水平,降低物流的系统总成本。宝洁公司对市场销售需求和降低成本的目标要求进行了权衡和协调,最后确定了运输成本目标,在锁定的运输目标成本的前提下,宝洁公司要在铁路、公路和航空运输方式之间进行选择。铁路运输能够为宝洁公司大批量地运送商品,同时由于铁路运价"递远递减",从广州到北京采用铁路运输的运价是比较合算的,还有,铁路能提供全天候的运输服务。但是铁路部门致命的弱点就是手续复杂,影响办事效率,运作机制缺乏灵活性,采用铁路运输时,两端还需要公路运输配套,增加了装卸搬运环节和相关的费用,这样就使铁路的待运期增加;另外,铁路部门提供的服务与宝洁公司的要求有不小差距。如果采用公路运输,宝洁公司将需要大批的卡车为它服务,在绵延1 000多千米的京广公路运输线上的宝洁货运车队遇到的风险明显比铁路运输要大得多;同时,卡车运输的准时性、商品的破损率等都不会比铁路运输有优势;再有,超过1 000千米的距离采用公路运输从运输成本上来说是不合算的。但是公路运输的最大优势是机动灵活,手续简便,如果气候条件好,卡车能够日夜兼程,在途时间还比铁路运输短。这样从总体上来说,采用公路运输还是比铁路运输合算。如果采用航空运输,虽然在运输速度上比铁路运输和公路运输都快,可以为企业带来时间上的竞争优势,但是航空运输的成本要远远大于另外两种运输方式。

鉴于以上几种运输方式各自存在利弊,其运输成本也各不相同,为此,企业在运输方式之间进行权衡和选择是非常重要的。

(资料来源:百度文库,内容有删改)

案例思考

1. 公路运输、铁路运输、航空运输各有哪些优缺点?
2. 如果你是宝洁公司的经理,应该如何选择运输方式?

一、运输的概念

运输是我们在生产、生活中经常发生的事情,大家对运输并不陌生,例如人们经常用到的公路运输、铁路运输、航空运输等。那么,准确规范的运输是如何定义的呢?《辞海》(第六版)中对运输的解释是:使用适当的工具和设备,改变人和物的空间位置的活动。中华人民共和国国家标准《物流术语》(GB/T 18354—2021)中对运输的定义是:"利用载运工具、设施设备及人力等运力资源,使货物在较大空间上产生位置移动活动。"

> **重要提示**
> 　　我们这里讲的运输是指货物的运输,不包括对旅客的运输。旅客运输属于客运,这里讲的是货运。

在现代物流中,运输是指在不同地域范围内,对物品进行空间位移,以改变物品的空间位置为目的的活动。生产领域的运输活动,一般是在生产企业内部进行,因此称为厂内运输。它是作为生产过程中的一个组成部分,是直接为物质产品的生产服务的。其内容包括原材料、在制品、半成品和成品的运输,因此厂内运输有时也称为物料搬运。流通领域的运输活动,则是作为流通领域里的一个环节,是生产过程在流通领域的延续。其主要内容是对物质产品的运输,以完成物质产品在空间位置上从生产领域向消费领域的转移。它既包括物质产品从生产所在地直接向消费所在地的移动,也包括物质产品从生产所在地向物流网点和从物流网点向消费者(用户)所在地的移动。

运输一般分为运输和配送。关于运输和配送的区分,有许多不同的观点,一般认为,所有物品的移动都是运输,而配送则专指短距离、小批量的运输。因此,可以说运输是指整体,配送则是指其中的一部分,而且配送的侧重点在于一个"配"字,它的主要意义也体现在"配"字上;而"送"是为最终实现资源配置的"配"而服务的。

想一想 　运输与配送还有哪些区别?

二、运输的功能

货物的运输功能是创造货物的空间效用,消除货物的生产与消费之间在空间位置上的差异,实现货物的使用价值和满足社会对货物的各种需求。运输具有两大功能,即货物的空间位移与货物的储存。

（一）货物的空间位移

无论货物处于什么形式,是材料、零部件、装配件、在制品,还是制成品;不管是在制造过程中将货物从一个阶段移到下一阶段,还是在消费领域更接近最终的顾客,运输都是必不可少的。

运输的主要目的就是以最少的时间、最低的财务和环境资源成本,将货物从原产地转移到规定地点,而且货物损坏的费用也必须是最小的,货物转移的方式必须能满足顾客有关交付履行和装运信息的要求。

（二）货物的储存

如果转移中的产品需要储存,且在短时间内又将重新转移,而卸货和装货的成本费用也许会超过储存在运输工具中的费用,这时,可将运输工具作为暂时的储存场所。所以,运输也具有临时的储存功能。

想一想 物流的功能有哪些？

三、运输的特点

（一）运输具有生产的本质属性

运输的生产过程是以一定的生产关系联系起来的、具有劳动技能的人们使用劳动工具（如车、船、飞机及其他设施）和劳动对象（货物和旅客）进行生产，并创造产品的生产过程。运输的产品，对旅客运输来说，是人的空间位移；对货物运输来说，是货物的空间位移。显然，运输是以改变"人和物"的空间位置为目的的生产活动，这一点和通常意义下以改变劳动对象物理、化学、生物属性为主的工农业生产不同。

（二）运输生产是在流通过程中完成的

运输是把产品从生产地运往消费地的活动，因此从整个社会生产过程来说，运输是在流通领域内继续的生产过程，并在其中完成。

（三）运输产品是无形的

运输生产不像工农业生产那样改变劳动对象的物理、化学性质和形态，而只改变劳动对象的空间位置，并不创造新的实物形态产品。因此，在满足社会运输需求的情况下，多余的运输产品或运输支出，都是一种浪费。

（四）运输产品属于边生产边消费

工农业产品的生产和消费在时间和空间上可以完全分离，而运输产品的生产和消费不论在时间和空间上都是不可分离地结合在一起的，属于边生产边消费。

（五）运输产品的非储存性

由于运输产品是无形的，不具有物质实体，又由于它的边生产边消费属性，因此运输产品既不能调拨，也不能存储。

（六）运输产品的同一性

对不同的运输方式来说，虽然它们使用不同的运输工具，具有不同的技术经济特征，在不同的线路上进行运输生产活动，但它们对社会具有相同的效用，即都实现了物品的空间位移。运输产品的同一性使得各种运输方式之间可以相互补充、协调、替代，形成一个有效的综合运输系统。

> **重要提示**
> 交通运输业是指使用运输工具将货物或者旅客送达目的地，使其空间位置得到转移的业务活动，包括陆路运输服务、水路运输服务、航空运输服务和管道运输服务。运输业属于服务业，服务业视同为第三产业。

四、运输的作用

（一）保值作用

货物运输有保值作用。也就是说，任何产品从生产出来到最终消费，都必须经过一段时间、一段距离，在这段时间和距离过程中，都要经过运输、保管、包装、装卸搬运等多环节、多次数的货物运输活动。在这个过程中,产品可能会淋雨受潮、水浸、生锈、破损、丢失等。货物运输的使命就是防止上述现象的发生,保证产品从生产者到消费者移动过程中的质量和数量,起到产品的保值作用,即保护产品的存在价值,使该产品在到达消费者时使用价值不变。

（二）节约作用

搞好运输,能够节约自然资源、人力资源和能源,同时也能够节约费用。比如,集装箱化运输,可以简化商品包装,节省大量包装用纸和木材;实现机械化装卸作业,仓库保管自动化,能节省大量作业人员,大幅度降低人员开支。

（三）缩短时间作用

货物运输可以克服时间间隔、距离间隔和人的间隔,这自然也是货物运输的实质。现代化的货物运输在缩短货物运输时间方面的例证不胜枚举。例如,国内快递能做到隔天送达亚洲15个城市;日本的配送中心可以做到上午10点前订货,当天送到。这种运输速度,把人们之间的地理距离和时间距离一下子拉得很近。随着货物运输现代化的不断推进,国际运输能力大大加强,极大地促进了国际贸易,使人们逐渐感到这个地球变小了,各大洲的距离更近了。

（四）增强企业竞争力的作用

国内外的制造企业很早就认识到降低运输成本是提高企业竞争力的法宝,搞好运输可以实现零库存、零距离和零流动资金占用,是提高为用户服务,构筑企业供应链,增强企业核心竞争力的重要途径。在经济全球化、信息全球化和资本全球化的21世纪,企业只有建立现代货物运输结构,才能在激烈的竞争中,求得生存和发展。

（五）加快商品流通的作用

配送中心的设立为连锁商业提供了广阔的发展空间。利用计算机网络,将超市、配送中心和供货商、生产企业连接,能够以配送中心为枢纽形成一个商业、运输业和生产企业的有效组合。有了计算机迅速及时的信息传递和分析,通过配送中心的高效率作业、及时配送,并将信息反馈给供货商和生产企业,可以形成一个高效率、高能量的商品流通网络,为企业管理决策提供重要依据,同时还能够大大加快商品流通的速度,降低商品的零售价格,提高消费者的购买欲望,从而促进国民经济的发展。

（六）创造社会效益的作用

实现装卸搬运作业机械化、自动化,不仅能提高劳动生产率,而且也能解放生产力。把工人从繁重的体力劳动中解脱出来,这本身就是对人的尊重,是创造社会效益。

比如,日本多年前开始的"宅急便""宅配便",国内近年来开展的"宅急送",都是为消费者服务的新行业,它们的出现使居民生活更舒适、更方便。当你去滑雪时,那些沉重的滑雪用具,不必你自己扛、自己搬、自己运,只要给"宅急便"打个电话就有人来取,人还没到滑雪场,你的滑雪板等用具已经先到了。

再如,超市购物时,为你提供手推车,你可以省很多力气,轻松购物。手推车是搬运工具,这一个小小的服务,就能给消费者带来诸多方便,这也是创造了社会效益。

想一想　物流的作用有哪些？

五、运输的地位

（一）运输是物流的主要功能要素之一

根据物流的概念，物流是"物"的物理性运动，这种运动不但改变了"物"的时间状态，也改变了"物"的空间状态。而运输在物流中承担了改变"物"的空间状态的主要任务。在现代物流观念未诞生之前，甚至就在今天，仍有不少人将运输等同于物流，其原因是运输是物流的主要部分，因而会出现上述认识。

> **知识拓展**
>
> 一般认为，物流的功能要素有七项，分别为：运输、储存、包装、装卸搬运、流通加工、配送、物流信息。其中，物流的主要功能要素为运输与储存。

> **想一想**　图1.1中，运输存在于哪个环节？

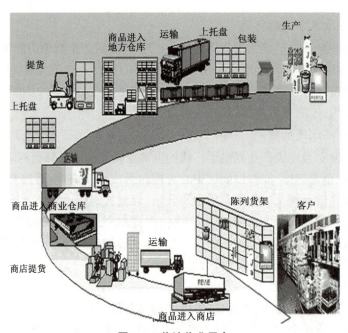

图1.1　物流作业平台

（二）运输是社会物质生产的必要条件之一

运输是国民经济的基础和先行。马克思将运输称为"第四个物质生产部门"，是将运输看成生产过程的继续。这个继续虽然以生产过程为前提，但如果没有这个继续，生产过程就不能最后完成。所以，虽然运输的这种生产活动和一般生产活动不同，它不创造新的物质产品，不增加社会产品数量，不赋予产品以新的使用价值，而只变动其所在的空间位置，但这一变动却使生产能继续下去，使社会再生产不断推进，所以将其看成一种物质生产部门。

运输作为社会物质生产的必要条件，表现在以下两方面：（1）在生产过程中，运输是生产的直接组成部分,没有运输,生产内部的各环节就无法联结;(2) 在社会上,运输是生产过程的继续,这一活动联结生产与再生产、生产与消费的环节,联结国民经济各部门、各企业,联结着城乡,联结着不同国家和地区。

(三) 运输可以创造"场所效用"

同种"物"由于空间场所不同,其使用价值的实现程度不同,其效益的实现也不同。由于改变场所而最大程度地发挥了使用价值,最大限度地提高了产出投入比,这就称为"场所效用"。通过运输,将"物"运到场所效用最高的地方,就能发挥"物"的潜力,实现资源的优化配置。从这个意义来讲,也相当于通过运输提高了"物"的使用价值。

(四) 运输是"第三利润源"的主要源泉

"第三利润源"的说法来自日本。从历史发展来看,人类历史上曾经有过两个大量提供利润的领域。第一个是资源领域,第二个是人力领域。在这两个利润源潜力越来越小,利润开拓越来越困难的情况下,物流领域的潜力开始被人们所重视,按时间序列排为"第三利润源"。而在物流中,运输又是"第三利润源"的主要源泉,这是因为:第一,运输是运动中的活动,它和静止的保管不同,要靠大量的动力消耗才能实现这一活动,而运输又承担大跨度空间转移任务,所以活动的时间长、距离长、消耗也大。消耗的绝对数量大,其节约的潜力也就大。第二,从运费来看,运费在全部物流费用中占最高的比例,一般综合分析计算社会物流费用,运输费在其中占接近50%的比例,有些产品运费高于产品的生产费,所以节约的潜力是巨大的。第三,由于运输总里程大,运输总量巨大,通过体制改革和运输合理化可大大缩短运输吨公里数,从而获得比较大的节约。

六、运输的方式

运输方式是运输业中由于使用不同的运输工具、设备线路,通过不同的组织管理形成的运输形式。在使用动力机械以前,运输方式以人力、畜力、风力、水力的挑、驮、拉、推为主。动力机械使用以后,才使运输方式现代化,出现了以铁路运输、公路运输、水路运输、航空运输和管道运输为主的现代运输。现代运输还有索道运输、输送带运输等。随着科学技术的进步,还将出现新的运输方式。交通运输是国民经济良性循环的物质基础,合理发展各种运输方式,是国民经济迅速发展的关键。国家根据技术经济特点、资源状况、地理特点、生产水平以及国民经济总体规划及区域规划,有计划、有目的地综合发展各种运输方式。下面介绍现代社会中几种主要的运输方式。

(一) 公路运输

公路运输生产点多、面广,最显著的运营特点是它的灵活性。公路运输有速度较快、可靠性高和对产品损伤较小的特点,不像铁路运输那样受到铁轨和站点的限制,所以公路运输比其他运输方式的市场覆盖面都要高。公路运输的特点使得它特别适合于配送短距离高附加价值的产品。由于运送的灵活性,公路运输在中间产品和轻工业产品的运输方面也有较大的竞争趋势。总的来说,公路运输在物流作业中起着骨干作用。

在各种运输方式中,公路运输的固定成本较低,这是因为运输企业并不需要拥有公路线路。但是,公路运输的变动成本相对较高,因为公路的建设和维修费用经常是以税和收费站收费的形式向承运人征收的。

> **重要提示**
> 我们这里讲的公路运输，主要是汽车运输。

（二）铁路运输

铁路运输是一种适宜于担负远距离的大宗货物运输的重要运输方式，如煤、沙、矿物和农林产品等，在城市之间拥有巨大的运量和收入。在我国这样一个幅员辽阔、人口众多、资源丰富的大国，铁路运输不论在目前还是在可以预见的未来，都是综合运输网中的重要一员，是大宗货物运输的主要方式。现在世界上几乎所有大都市都通铁路，铁路运输在国际物流中也占有相当大的市场份额。但是，受到铁轨、站点等的限制，铁路运输一般是按照规定的时间表运营的，发货的频率要比公路运输低，因此铁路运输的灵活性不高。

虽然铁路设备和站点等的限制使得铁路运输运营的固定成本很高，但是铁路运输运营的变动成本相对较低，这使得铁路运输的总成本通常比公路运输和航空运输要低。高固定成本和低变动成本使得铁路运输的规模经济效益十分明显。

（三）水路运输

水路运输包括内河水路运输、沿海水路运输和远洋水路运输。水路运输投资省、运输能力大、占地少，干线运输成本和能耗低，因此运价便宜。水路运输适合于运输低价值货物，如谷物、钢铁矿石、煤炭、石油等。但是，水路运输的运营范围和运输速度受到限制，除非其起始地和目的地均接近水道，否则必须有铁路和公路运输作补充。此外，水路运输的速度较慢，也容易受到气候的影响。

在固定成本方面，水路运输排在铁路运输与公路运输之间。这是因为码头的开发和维护一般是由政府统一进行的，因此，与铁路运输和公路运输相比，水路运输的固定成本适中。变动成本则只包括运营中的成本，相对是较低的。

（四）航空运输

航空运输在物流业中所占的比重较低，但其重要性越来越明显。航空运输速度快，现代喷气式客机的巡航速度为 800～900 km/h，比汽车、火车快 5～10 倍，比轮船快 20～30 倍。距离越长，航空运输所能节约的时间就越多，快速的特点就越显著。虽然航空运输费用比铁路运输或公路运输高得多，但是如果要求迅速交货，或者要将货物在短时间内运到遥远的市场时，航空运输仍是理想的运输方式。经常使用航空运输的产品有易腐产品（如新鲜海货、新鲜花卉）和价值高、体积小的产品（如笔记本电脑、照相机、珠宝等）。

航空运输机动性大。飞机在空中飞行，受航线条件限制的程度比汽车、火车和轮船小得多。它可以将地面上任何距离的两个地方连接起来，可以定期或不定期飞行。现实中大多数城市间的航空货运都是利用定期的客运航班，这种做法虽然是经济的，但它降低了航空货运能力和灵活性。

航空运输基本建设周期短、投资小。要发展航空运输，从设备条件上讲，只要添置飞机和修建机场，通常这是由国家投资来开发和维护的，航空运输的固定成本与购买飞机有关，也与所需要的特殊搬运系统和航空货物集装箱有关。这与修建铁路和公路相比，一般来说建设周期短、占地少、投资省、收效快。据计算，在相距 1 000 km 的两个城市间建立交通线，若运输能力相同，修筑铁路的投资是开辟航线的 1.6 倍。航空运输的变动成本包括大量的燃料消耗、维修保养及较高的飞行人员和地勤人员的费用。

（五）管道运输

管道运输是一种随着石油的生产而发展起来的特殊货物运输方式，货物直接在管道内进行运输。与其他所有的运输方式相比，管道运输具有独特的性质。它可以每天运营 24 h，仅仅受到完全更换运输商品和管道维修保养的限制，它的可靠性非常高。管道运输最明显的缺点是运输对象的范围受到限制，只能运送气体、液体和浆状产品等。

管道运输石油产品比水路运输费用高，但仍然比铁路运输便宜，经常的管理人员也只有铁路运输的 1/7。管道运输的成本一般只有铁路运输的 1/5，公路运输的 1/20，航空运输的 1/66。

想一想 在现实生活中，随着经济的飞速发展，出现了哪些新的运输方式？

知识拓展

表1.1 各种运输方式的技术经济特征一览表运输方式

技术经济特征	运输方式				
	铁路运输	道路运输	水路运输	航空运输	管道运输
运输成本	成本低于公路	成本高于铁路、水路和管道运输，仅比航空运输成本低	运输成本一般较铁路低	成本最高	成本与水运接近
速度	长途快于公路运输，短途慢于公路运输		速度较慢	速度极快	
能耗	能耗高于铁路和水路运输	能耗高于铁路和水路运输	能耗低，船舶单位能耗低于铁路，更低于公路	能耗极高	能耗最小，在大批量运输时与水运接近
便利性	机动性差，需要其他运输方式的配合和衔接才能实现"门到门"的运输	机动灵活，能够进行"门到门"运输	需要其他运输方式的配合和衔接才能实现"门到门"的运输	难以实现"门到门"运输，必须借助其他运输工具	运送货物种类单一，且管线固定，运输灵活性差
投资	投资大，建设周期长	投资小，投资回收期短	投资小	投资大	建设费用比铁路低60%左右
运输能力	能力大，仅次于水路	载重量不高，运送大件货物较为困难	运输能力最大	只能承运小批量、体积小的货物	运输量大
对环境的影响	占地多	占地多，环境污染严重	土地占用少		占用的土地少，对环境无污染

续表

技术经济特征	运输方式				
	铁路运输	道路运输	水路运输	航空运输	管道运输
适用范围	适用于大宗低值货物的中、长距离运输,也适用于大批量、时间性强、可靠性要求高的一般货物和特种货物的运输	适用于近距离、小批量的货运或水运、铁路难以到达地区的长途、大批量货运	适用于运距长、运量大、对送达时间要求不高的大宗货物运输,也适用于集装箱运输	适用于价值高、体积小、送达时效要求高的特殊货物	单向、定点、量大的流体且连续不断货物的运输

任务二 认识运输系统

案例导入

经过多年大规模的基础设施建设和超常发展,我国交通运输对经济社会发展的"瓶颈"制约基本缓解,交通运输的发展初步摆脱了短缺局面。因此,今后我国交通运输发展的任务不再是单纯解决"通"的问题,而是开始转向更高效率、更节约资源和服务更优质的集约化发展阶段。如何实现各种运输方式的合理分工和有机衔接,如何充分发挥交通运输系统的整体效率与效益,即推进综合运输体系的建设,是在交通运输发展面临良好机遇的形势下,我国交通运输发展必须面对的问题。

我国发展综合运输,一是应确立符合国情和交通运输发展规律的交通运输发展的价值观;二是明确交通运输发展战略,特别是在我国资源环境约束条件下的发展战略;三是明确高技术等级网络功能定位、覆盖面、建设进程;四是加快推进一体化综合运输服务系统的构建,涉及运输枢纽站场、市场架构、运营组织模式、制度保障体系、促进政策等;五是建立有效的管理体制和协调机制。

(资料来源:百度文库,内容有删改)

案例思考

1. 为什么要重视综合运输?如何发展我国的综合运输?
2. 我国综合运输发展的重点是什么?

知识链接

一、运输系统的概念

运输系统就是在一定的时间和空间内,由运输过程所需的基础设施、运输工具和运输参与者等若干动态要素相互作用、相互依赖和相互制约所构成的具有特定运输功能的有机整体。

二、运输系统的要素构成

运输系统的要素主要有基础设施、运输工具和运输参与者。

(一) 基础设施

基础设施分为运输线路与运输节点两个要素。

1. 运输线路

运输线路是供运输工具定向移动的通道,也是运输赖以运行的基础设施之一,是构成运输系统最重要的要素。在现代运输系统中,主要的运输线路有公路、铁路、航线和管道。其中,铁路和公路为陆上运输线路,除了引导运输工具定向行驶外,还需承受运输工具、货物或人的重量;航线有水运航线和空运航线,主要起引导运输工具定位定向行驶的作用,运输工具、货物或人的重量由水或空气的浮力支撑;管道是一种相对特殊的运输线路,由于其严密的封闭性,所以既充当了运输工具,又起到了引导货物流动的作用。

> **知识拓展**

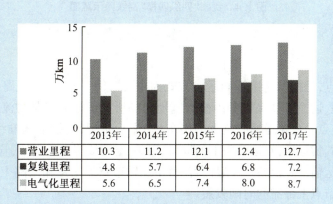

图1.2　2013—2017年全国铁路营业里程

图1.3　2013—2017年全国公路总里程及公路密度

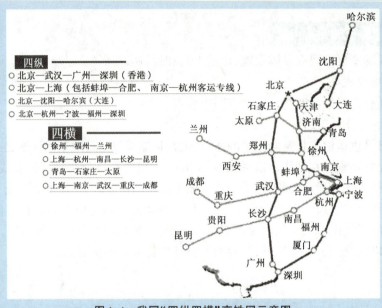

图1.4 我国"四纵四横"高铁网示意图

(资料来源于中国产业信息网,http://www.chyxx.com)

2. 运输节点

所谓运输节点,是指以连接不同运输方式为主要职能,处于运输线路上的承担货物集散、运输业务办理、运输工具保养和维修的基地与场所。运输节点是物流节点中的一种类型,属于转运型节点。公路运输线路上的停车场(库)、货运站,铁道运输线路上的中间站、编组站、一区段站、货运站,水运线路上的港口、码头,空运线路上的空港,管道运输线路上的管道站等都属于运输节点范畴。一般而言,由于运输节点处于运输线路上,又以转运为主,所以货物在运输节点上停滞的时间较短。

运输活动是在线路上和节点内进行的。在线路上进行的物流活动是运输,包括集货运输、干线运输、配送运输等。物流的其他所有功能要素,如包装、装卸、保管、分货、配货、流通加工等,都是在节点上完成的。因此,运输节点除执行一般的运输职能外,还具有指挥调度、信息处理等神经中枢的管理职能,是整个运输网络的灵魂所在。

运输节点主要有以下功能:

(1)衔接功能。运输节点将各条运输线路联结成一个网络系统,良好的衔接可使各条线路通过节点更为顺畅、便利,线路时间更为短暂。

(2)信息功能。运输节点是整个运输系统以及与节点相连接的运输信息传递、信息收集处理、信息发送的集中地,这种信息处理功能在现代运输系统中起着重要的作用,也是将复杂的各个运输环节联结成有机整体的重要保证。在现代运输系统中,每一个节点都是运输信息的来源点,若干个运输信息点和物流系统的信息中心结合起来,就形成了指挥、管理、调度整个运输系统的信息网络,这是运输系统建立的前提条件。

(3)管理功能。运输节点大多是集管理、指挥、调度、信息、衔接及货物处理于一体的运输综合设施。整个运输系统运转的效率和水平取决于运输节点管理职能的有效实现。

运输节点的类型主要有：

（1）转运型节点。转运型节点是以接连不同运输方式为主的节点，如货运场站、港口、空港等都属于此类节点，货物在节点停留的时间较短。

（2）储存型节点。储存型节点是以存放货物为主要职能的节点，货物在节点上停留时间较转运型节点长。在物流系统中，仓库、货栈等都是属于此种类型的节点。

目前，尽管不少发达国家仓库功能发生了较大变化，大部分仓库转化成不以储备为主要功能的流通仓库甚至流通中心，但是，在当今世界任何一个国家或企业，为了保证国民经济的正常运行和企业经营的正常开展，保证市场的供应，以仓库为储备的形式仍是不可缺少的，总是有众多仓库仍以储存为主要功能。

（3）流通型节点。流通型节点是以组织物流为主要功能的节点。该类型节点主要有流通仓库、转运仓库、集货中心、分货中心、加工中心。

（二）运输工具

运输工具是指在运输线路上用于载重货物并使其发生位移的各种设备和装置，它们是运输能够进行的基础设备，也是运输得以完成的主要手段。运输工具根据从事运送活动的独立程度可以分为三类：

（1）仅提供动力，不具有装载货物容器的运输工具，如铁路机车（俗称火车头）、牵引车、拖船等；

（2）没有动力，但具有装载货物容器的从动运输工具，如车皮（俗称火车厢）、挂车、驳船、集装箱等；

（3）既提供动力，又具有装载货物容器的独立运输工具，如轮船、汽车、飞机等。

管道运输是一种相对独特的运输方式，它的动力设备与载货容器的组合较为特殊，载货容器为干管，动力装置设备为泵（热）站，因此设备总是固定在特定的空间内，不像其他运输工具那样可以凭借自身的移动带动货物移动，故可将泵（热）站视为运输工具，甚至可以连同干管都视为运输工具。

（三）运输参与者

运输活动的主体是运输参与者，运输活动作用的对象（运输活动的客体）是货物。货物的所有者是物主或货主。运输必须由物主和运输参与者共同参与才能进行。具体参与者如图 1.5 所示。

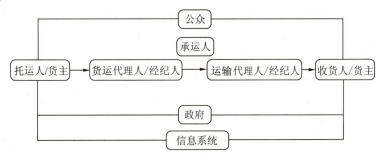

图 1.5　运输货物的参与者

1. 货主

货主包括托运人（或称委托人）和收货人，有时托运人与收货人是同一主体，有时不是同一主体。不管是托运人托运货物,还是收货人收到货物,他们均希望在规定的时间内,以最低的成本、最小的损耗和最方便的业务操作,将货物从起始地转移到指定的地点。

2. 承运人

承运人是指运输活动的承担者,他们可能是铁路货运公司、水路航运公司、民航货运公司、储运公司、物流公司或个体运输业者等。承运人是受托运人或收货人的委托,按委托人的意愿以最低的成本完成委托人委托的运输任务,同时获得运输收入。承运人根据委托人的要求或在不影响委托人要求的前提下合理地组织运输和配送,包括选择运输方式、确定运输线路、进行货物配载等。

3. 货运代理人

货运代理人是根据用户的指示,为获得代理费用而招揽货物、组织运输的人员,其本人不是承运人。他们负责把来自各用户的小批量货物合理组织起来,以大批量装载,然后交由承运人进行运输。待货物到达目的地后,货运代理人再把该大批量装载拆分成原先较小的装运量,送往收货人。货运代理人的主要优势在于大批量装载可以实现较低的费率,并从中获取利润。

4. 运输经纪人

运输经纪人是替托运人、收货人和承运人协调运输安排的中间商,其协调的内容包括装运装载、费率谈判、结账和货物跟踪管理等。经纪人也属于非作业中间商。

任务三 认识运输市场

案例导入

运满满是国内首家基于移动互联网技术开发的全免费手机App应用产品,致力于为公路运输物流行业提供高效的管车配货工具,同时为车找货(配货)、货找车(托运)提供全面的信息及交易服务。

运满满隶属江苏省满运软件科技有限公司,公司总部位于江苏省南京市雨花台区软件大道,由阿里巴巴多位高管及众多物流行业专家共同组建。

运满满以创新的理念和极佳的用户体验赢得物流从业人员的青睐,并在2014年3月被评为物流行业精选管车配货工具中最佳App应用,所服务的对象涵盖所有类型的货物和车辆,全面满足物流公司、信息部及中小企业的公路长途整车运输需求。

运满满是国内节能减排、智能物流的样板项目,使公路运输"货运满满"、从业者"好运满满"。目前运满满在江苏、浙江、上海、安徽、河南、山东、福建等省均设有分公司和办事处,并计划开放更多车源和货源信息,布局全国公路运输信息网络,以促进中国公路运输行业进入一个高效低空返的移动互联网时代。

(资料来源:百度文库,内容有删改)

项目一 运输管理概述

 案例思考

1. 运满满是一家什么类型的公司?
2. 运满满的诞生对我国的货运市场产生了什么样的影响?

 知识链接

一、运输市场的含义

（一）运输市场的概念

狭义的运输市场是指运输产品或服务交换的场所,该场所为货主、运输业者或他们的代理人提供了交易的空间。

广义的运输市场是指运输参与各方在交易中所产生的经济活动和经济关系的总和,即运输市场不仅是物流产品或服务交易的场所,而且还包括运输活动参与者之间、运输部门与其他部门之间的经济关系以及运输资源配置手段等内容。广义的运输市场包括以下三方面内容：

（1）运输市场是运输产品交换的场所。运输市场首先是一个地域和空间的概念,它通常被理解为运输产品交易的场所。

（2）运输市场是运输产品供求关系的总和。运输市场是由运输劳务、设备、资金、信息、技术等要素的供给和需求构成的。它包含两个层面的含义：

① 它强调需求者和供给者双方力量的对比,即供给和需求在数量上和地位上的比较。运输市场的供求态势是运输企业把握运输市场规律和市场趋势的关键因素。

② 运输市场体现的是一种交换关系和其他经济关系的总和。这一市场通过运输产品或服务的交换,以及伴随这种交换所产生的信息流、资金流、技术流等,实现运输市场对运输生产和社会再生产的协调和补充功能。例如,一家货运中心不仅反映了公路物资集散的地点或场所,更反映了公路货运提供者、消费者以及其他联运方式提供者之间谈判、订购、交易、结算、售后等一系列的经济关系。

（3）运输市场是在一定条件下对运输产品或服务的需求。在实际运用中,运输市场更倾向于对运输需求的把握和理解,它更强调运输的需求总和是由运输需求群体所带来的市场容量,包括现实需求和潜在需求,这是运输供给者最为关心的问题。例如在对运输市场做市场调研和市场分析时,常常会提到某某运输市场巨大,这主要是指运输需求或市场容量很大。

（二）运输市场的特征

1. 运输市场具有较强的空间性和时间性

运输的基本功能是在一定时期内实现空间位移,这就决定了运输市场的空间性和时间性。

（1）运输市场的空间特征。

运输市场具有较强的区域特征,这种区域性在不同的国家、地区就会表现出不同的运输需求,而每种运输服务在空间分布上总是存在一定的服务范围。

(2) 运输市场的时间特征。

运输需求具有很强的波动性,这种波动性主要体现为在供给能力一定的情况下,运输需求的数量、内容、结构随着时间变动而不断变动。例如,运输需求随季节变动的特性使得运输市场的时间性十分显著。

2. 运输市场是典型的服务性市场

运输市场提供的产品是运输服务,因而它是一个典型的劳务或服务性市场,属于第三产业。这一市场的基本特征有以下几个方面:

(1) 不可分离性。

运输服务在时间和空间上不能分离,运输生产的开始就是运输消费的开始,而运输生产的结束则意味着运输消费的结束。

(2) 不可贮藏性。

运输市场提供的是没有实物形态的运输服务,劳务的产生和消费具有同时性,因此物流服务不能储藏也不能调拨。运输产品的不可贮藏性决定了运输服务对供求的均衡性有很高的要求。

(3) 不可感知性。

运输产品或服务本身是无形的,消费者在消费之前无法用肉眼或触摸来感知其存在或判断其质量、性能;在消费之后,同样也没有留下任何具有实物形态的东西,消费者对于消费这种商品所能得到的利益只有通过运输时间、运输成本以及运输满意度才能感觉到。

(4) 缺乏所有权。

作为消费者享受的一种服务,运输产品的消费过程没有涉及所有权的转移。如铁路货运结束时,铁路部门没有将任何所有权转移给托运人。

3. 运输需求是一种派生需求

当一种商品或劳务的需求是由另一种或几种商品或劳务的需求引发出来的时候,这种需求就称为派生需求,引发派生需求的那种需求则称为本源需求。运输是工农业生产活动中派生出来的需求,如为了实现冬季供暖,将煤炭从山西、内蒙古等地运到北京、天津。

4. 运输需求市场上存在较多的联合产品

运输企业往往对不同的运输对象提供多种不同的运输服务或产品,在很多情况下,运输企业的设备由多个消费者联合使用。如在零担货物运输中,为降低运输成本,不同消费者的货物组合在一个车皮中进行运输。

5. 个别运输市场的进入存在困难

某些运输市场(如航空、铁路等)由于存在巨额的投资规模要求或政策限制,因此行业的进入存在较高的进入壁垒。

二、运输市场的分类

依据不同的研究目的,可以从不同的角度对运输市场进行分类。

(一) 根据运输方式分类

根据运输方式,运输市场可分为公路运输市场、铁路运输市场、水路运输市场、航空运输市场、管道运输市场。

不同的运输方式具有不同的经济技术特征,它们共同作用形成综合运输体系。这种分类也可以用于研究不同的运输市场间的关系,如综合运输、运价体系和各种运输方式之间的竞争等。

(二) 根据运输区域范围分类

根据运输区域范围,运输市场可分为地方性运输市场,如东北、西南、华北等地区的运输市场;国内运输市场,如公路运输市场、铁路运输市场、江河运输市场、沿海运输市场;国际运输市场,如国际航海运输市场、国际航空运输市场等。

(三) 根据运输市场供求状况分类

根据运输市场供求状况,运输市场可分为买方运输市场、卖方运输市场。

买方运输市场也可称为货方市场。这种市场的基本特点是:运输供给大于运输需求;运输供给方竞争激烈;运输需求者掌握市场的主动权,这种市场对运输需求者有利。

卖方运输市场也可称为车方市场或者运方市场。这种市场的基本特点是:运输需求大于运输供给;运输需求方竞争激烈;运输供给者掌握市场的主动权,这种市场对运输供给者有利。

(四) 根据运输市场结构分类

根据运输市场结构,运输市场可分为完全竞争运输市场、垄断竞争运输市场、寡头垄断运输市场和完全垄断运输市场。

我国国内的普货运输市场是以承包为主的个体分散经营方式,基本呈现出完全竞争市场的基本特征;沿海运输和内河运输同一航道内企业众多,竞争激烈,但各种运输方式难以轻易替代,因此基本属于垄断竞争运输市场;快速货运市场、集装箱运输市场、超限货运市场基本符合寡头垄断运输市场的特征;我国铁路货运市场主要由国家专营,类似于完全垄断运输市场。

三、运输市场的参与者

运输市场是由运输的供给者、需求者和利益相关者所组成的一个多元化的集合体,主要由以下四个主体构成:

(一) 运输的供给者

运输供给者又称为运输市场上的卖方,他们通过向市场提供各类运输产品或服务,满足运输需求者对货物的空间位移要求。

(二) 运输的需求者

运输需求者又称为运输市场的买方,如企业、军队、居民等,他们向市场购买各类运输服务或产品,形成运输市场需求。

(三) 运输中介者

运输中介者是指为货运需求与供给做中介联系,提供各类货物运输服务信息和运输代理业务的企业或经纪人,如铁路货物代理人、航空保险销售代理人、航空运输技术协作中介服务人等。

(四) 政府

主要包括代表国家对运输市场进行监督、管理和调控的政府有关机构和各级交通管理部门。政府对整个运输行业进行规划与协调、实行政策指导、制定法律规范、提出优惠政策,特别是政府在市场无法有效发挥作用的领域进行资金、技术、信息等方面的投入,能够有效地弥补单纯市场运作带来的混乱和不足。

四、运输市场的功能

（一）信息传递功能

信息传递功能又称为价格功能，是运输市场最基本的功能之一。参与运输市场活动的主体，拥有和掌握着不同的信息，通过自身的行为和活动，向市场传递着信息，如运输价格信息、运输技术信息、市场供求信息等，并使市场信息在不同的主体间流动，客观上起到了调节和支配市场主体经济活动的功能。

（二）资源优化配置功能

在市场经济条件下，市场是主要的资源配置方式。在运输市场中，运输企业作为独立的市场主体，拥有经营自主权和资源配置权，依据价格决定资源的使用和配置，最终形成一定的资源配置体系和经济活动体系，从而实现将有限的资源最大化地进行利用。

（三）结构调整功能

结构调整功能主要是指对产品结构、企业结构、产业结构、地区结构、市场结构等经济结构的调整。在特定的社会生产规模中，各行业之间以及行业内部的结构客观上存在最佳的比例关系。运输市场的结构调整功能主要通过以下三个方面实现。

1. 协调运输供需结构的平衡

这种结构平衡功能是通过三种方式实现的：（1）通过扩张或收缩运输供给，调整供给结构，使之与需求相一致；（2）通过抑制需求或消费，实现供给结构与需求结构的平衡；（3）通过开发和利用替代品实现运输供给结构与需求结构的平衡。

2. 促使运输企业结构的优化

一方面，市场对运输企业的效率结构具有优化作用，通过优胜劣汰，市场能够使企业的效率结构获得一定提高；另一方面，市场对形成大中小企业合理配置的运输企业规模结构具有调节作用。

3. 促进运输体系内部结构的合理化

不同的运输方式具有不同的技术经济特征和运输能力，在市场中表现出不同的优势和劣势。在市场竞争中，它们相互协调、相互补充，逐渐形成适应宏观经济发展和适应社会要求的比例关系，使得整个运输系统和谐发展。

（四）促进技术进步的功能

企业为了获得竞争优势，必须降低成本以降低产品价格，或者改进产品质量、品种和服务等，因此企业要不断开发和运用新技术，这就必然有力地促进技术进步。

任务四　认识运输管理

案例导入

对于连锁餐饮这个锱铢必较的行业来说，通过物流手段节省成本并不容易。

然而，作为肯德基、必胜客等业内巨头的指定物流提供商，百胜物流公司抓住运输环节大做文章,通过合理地运输安排,降低配送频率,实施歇业时间送货等优化管理方法,有效地实现了物流成本的"缩水",给业内管理者指出了一条细致而周密的降低物流成本之路。

对于连锁餐饮企业来说,由于原料价格相差不大,物流成本始终是企业成本竞争的焦点。据有关资料显示,在一家连锁餐饮企业的总体配送成本中,运输成本占到60%左右,而运输成本中的55%到60%又是可以控制的。因此,降低物流成本应当紧紧围绕运输这个核心环节。

一、合理安排运输排程

运输排程的意义在于,尽量使车辆满载,只要货量许可,就应该做相应的调整,以减少总行驶里程。

由于连锁餐饮业餐厅的进货时间是事先约定好的,这就需要配送中心根据餐厅的需要,制作一个类似列车时刻表的主班表,此表是针对连锁餐饮餐厅的进货时间和路线详细规划制定的。

众所周知,餐厅的销售存在着季节性波动,因此主班表至少有旺季、淡季两套方案。有必要的话,应该在每次营业季节转换时重新审核运输排程表。安排主班表的基本思路是,首先计算每家餐厅的平均订货量,设计出若干条送货路线,覆盖所有的连锁餐厅,最终达到总行驶里程最短、所需司机人数和车辆数最少的目的。

在主班表确定以后,就要进入每日运输排程,也就是每天审视各条路线的实际货量,根据实际货量对配送路线进行调整,通过对所有路线逐一进行安排,可以去除几条送货路线,至少也能减少某些路线的行驶里程,最终达到增加车辆利用率、增加司机工作效率和降低总行驶里程的目的。

二、减少不必要的配送

对于产品保鲜要求很高的连锁餐饮企业来说,尽力和餐厅沟通,减少不必要的配送频率,可以有效地降低物流配送成本。

如果连锁餐饮餐厅要将其每周配送频率增加1次,会对物流运作的哪些领域产生影响?

在运输方面,餐厅所在路线的总货量不会发生变化,但配送频率上升,结果会导致运输里程上升,相应地油耗、过路桥费、维护保养费和司机人工时都要上升。在仓储方面,所要花费的拣货、装货的人工会增加。如果涉及短保质期物料的进货频率增加,那么连仓储收货的人工都会增加。在库存管理上,如果涉及短保质期物料的进货频率增加,由于进货批量减少,进货运费很可能会上升,处理的厂商订单及后续的单据作业数量也会上升。

由此可见,配送频率增加会影响配送中心的几乎所有职能,最大的影响在于运输里程上升所造成的运费上升。因此,减少不必要的配送,对于连锁餐饮企业显得尤其关键。

三、提高车辆的利用率

车辆时间利用率也是值得关注的,提高卡车的时间利用率可以从增大卡车尺寸、改变作业班次、二次出车和增加每周运行天数四个方面着手。

由于大型卡车可以每次装载更多的货物,一次出车可以配送更多的餐厅,由此延长了卡车的在途时间,从而增加了其有效作业的时间。这样做还能减少干路运输里程和总运输里程。虽然大型卡车单次的过路桥费、油耗和维修保养费高于小型卡车,但其总体上的使用费用绝对低于小型卡车。

运输成本是最大项的物流成本,所有别的职能都应该配合运输作业的需求。所谓改变作业班次就是指改变仓库和别的职能的作业时间,适应实际的运输需求,提高运输资产的利用率。否则朝九晚五的作业时间表只会限制发车和收货时间,从而限制卡车的使用。

如果配送中心实行24 h作业,卡车就可以利用晚间二次出车配送,大大提高车辆的时间利用率。在实际物流作业中,一般会将餐厅分成可以在上午、下午、上半夜、下半夜4个时间段收货,据此制定仓储作业的配套时间表,从而将卡车利用率最大化。

四、尝试歇业时间送货

目前我国城市的交通限制越来越严,卡车只能在夜间时段进入市区。由于连锁餐厅运作一般到夜间24点结束,如果赶在餐厅下班前送货,车辆的利用率势必非常有限。随之而来的解决办法就是利用餐厅的歇业时间送货。

歇业时间送货避开了城市交通高峰时间,既没有顾客的打扰,也没有餐厅运营的打扰。由于餐厅一般处在繁华路段,夜间停车也不用像白天那样有许多顾忌,可以有充裕的时间进行配送。由于送货窗口拓宽到了下半夜,使卡车可以二次出车,提高了车辆利用率。

(资料来源:百度文库,内容有删改)

案例思考

1. 百胜物流是如何通过运输管理来降低物流运输成本的?
2. 百胜物流组织运输活动应考虑哪些原则?

知识链接

运输管理是指产品从生产者手中到中间商手中再至消费者手中的运送过程的管理。它包括运输方式选择、时间与路线的确定及费用的节约。其实质是对铁路、公路、水运、空运、管道等五种运输方式的运行、发展和变化,进行有目的、有意识的控制与协调,实现运输目标的过程。运输管理的目的是以适当的成本获取较高的运输服务质量,从而创造更好的运输服务效益。

一、运输管理的意义

(一)运输管理能保证劳动过程顺利进行,提高劳动生产效率

物流企业或运输企业的管理,就是对整个运输过程的各个环节——运输计划、发运、接运、中转等活动中的人力、运力、财力和运输设备,进行合理组织,统一使用,调节平衡,监督完成,以求用同样的劳动消耗(活劳动和物化劳动),运输较多的货物,提高劳动效率,取得最好的经济效益。

(二)物流活动中运输费是影响物流费用的重要因素

在物流业务活动过程中,支付的直接费用主要有运输费、保管费、包装费、装卸搬运费、运输损耗费等。而其中运输费所占的比重最大,是影响物流费用的一项主要因素。特别在当前我国交通运输很不发达的情况下,更是如此。据统计,在从成品到消费者手中的物流费用中,用于运输的费用占物流费用的40%左右。可见运输费在物流费用中所占的比重是非常大的。因此,在物流各环节中,必须搞好运输工作,积极开展合理运输,节约运输费用,才能降低物流费用,以及整个商品流通费用,提高企业经济效益,增加利润。

二、组织运输活动的原则

就物流而言,组织运输活动,应贯彻执行"及时、准确、经济、安全"的原则。

(一) 及时

就是注重运输的时效性,按照客户的要求,及时把货物从供应地运到需求地,尽量缩短货物在途时间,及时完成在途运输的过程。

(二) 准确

就是在货物运输过程中,切实防止各种差错事故,做到不错不乱,准确无误地完成运输任务。

(三) 经济

就是采取最经济、最合理的运输方案,有效地利用各种运输工具和运输设施,节约人力、物力和动力,提高运输经济效益,降低货物运输费用。

(四) 安全

就是货物在运输过程中,不发生霉烂、残损、丢失、燃烧、爆炸等事故,保证货物安全地运达目的地。

"及时、准确、经济、安全"亦称物流运输的"四原则",这四个方面是辩证统一的,必须进行综合考虑,忽视或片面强调任何一方面都是不行的。

三、运输管理的内容

从不同的层次与角度对于运输管理的认识是不同的。运输业态不同,其运输管理的内容具有很大差异。广义的运输管理包括一切与运输业务相关的管理活动,包括运输企业的管理、运输过程的管理以及运输系统优化等内容。狭义的运输管理是指对运输活动过程和职能的管理,包括运输流程管理、运输质量管理、运输成本管理、运输绩效管理、运输信息管理、运输安全管理等多方面的内容。

从运输管理对象来看,可以分为对人、财、物及运输过程的管理。对人的管理主要指运输过程中与人员打交道的部分,主要包括运输客户的开发与维护以及货车司机的管理;对财产的管理,主要指对资金的合理运用与分配,如对运输成本的管理与控制;对物的管理包括运输车辆管理(含燃料、备件等)、运输货物安全管理等方面;对运输过程的管理,包括选择合理的运输方式,优化运输路线,一些物流运输企业通过 GPS 与互联网技术已经实现了对运输全过程的可视化管理。

四、运输管理系统

运输管理系统(Transportation Management System,英文缩写 TMS),是一种"供应链"分组下的(基于网络的)操作软件。它能通过多种方法和其他相关的操作一起提高物流的管理能力,包括管理装运单位,指定企业内、国内和国外的发货计划,管理运输模型、基准和费用,维护运输数据,生成提单,优化运输计划,选择承运人及服务方式,招标和投标,审计和支付货运账单,处理货损索赔,安排劳力和场所,管理文件(尤其当国际运输时)和管理第三方物流。

运输管理系统是利用现代计算机技术和物流管理方法设计出的符合现代运输业务操作

实践的管理软件。在系统中,工作人员只需进行简单的选择、点击等操作即可完成工作。而对我国目前的大多运输类中小企业而言,则不能人为、片面地追求高科技、多功能,谨防企业付出了一笔不菲的资金购买系统,却不能完全发挥其功能,甚至使运输效率更低。

运输管理系统包含调度管理、车辆管理、配件管理、油耗管理、费用结算、人员管理、资源管理、财务核算、绩效考核、车辆跟踪、业务跟踪、业务统计、白卡管理、监控中心系统、账单查询等模块。

项目巩固

一、单项选择题

1.《辞海》(第六版)中对运输的解释是:使用适当的工具和设备、设变(　　)的空间位置的活动。

　　A. 人　　　　　　B. 物　　　　　　C. 人和物　　　　　　D. 贵重物

2. 物质产品的运输功能是创造物质产品的(　　),消除物质产品的生产与消费之间在空间位置上的差异,实现物质产品的使用价值和满足社会对物质产品的各种需求。

　　A. 时间效用　　　B. 空间效用　　　C. 经济效用　　　D. 形质效用

3. 运输产品是(　　)。

　　A. 有形的　　　　　　　　　　　　B. 无形的

　　C. 既是有形的也是无形的　　　　　D. 以上都对

4. 运输产品具有(　　)。

　　A. 非储存性　　　B. 储存性　　　　C. 有形性　　　　D. 以上都不对

5. 运输是物流的(　　)功能。

　　A. 主要　　　　　　　　　　　　　B. 次要

　　C. 及时主要功能也是次要功能　　　D. 以上都不对

6. 运输是(　　)的主要源泉。

　　A. 第一利润　　　B. 第二利润　　　C. 第三利润　　　D. 第四利润

7. 水路运输适合于(　　)。

　　A. 运距长,运量大,时间性不太强的运输　　B. 运距短,运量大,时间性不太强的运输

　　C. 运距长,运量小,时间性不太强的运输　　D. 运距长,运量大,时间性很强的运输

8. 运输成本随运输距离的增加提高幅度最快的是(　　)。

　　A. 铁路运输　　　B. 公路运输　　　C. 航空运输　　　D. 水路运输

9. (　　)不属于运输业的特点。

　　A. 运输产品是无形产品　　　　　　B. 运输生产和运输消费同时进行

　　C. 运输生产改变货物的形质效用　　D. 运输产品具有非储存性

10. 各运输方式中,货运量最大的是(　　)。

　　A. 公路　　　　　B. 管道　　　　　C. 水运　　　　　D. 铁路

11. 运输是一特殊的生产部门,其产品是运输对象的(　　)。

　　A. 时间发生变动　　　　　　　　　B. 场所发生变动

　　C. 价值发生变动　　　　　　　　　D. 形态发生变动

12. 运输业属于(　　)。

A. 第一产业　　　　B. 第二产业　　　　C. 第三产业　　　　D. 第四产业

13. 在货物运输过程中,切实防止各种差错事故,做到不错不乱、准确无误地完成运输任务,这是指运输的(　　)原则。

A. 及时　　　　　　B. 准确　　　　　　C. 安全　　　　　　D. 经济

14. 货物在运输过程中,不发生霉烂、残损、丢失、燃烧、爆炸等事故,保证货物安全地运达目的地,这是指运输的(　　)原则。

A. 及时　　　　　　B. 准确　　　　　　C. 安全　　　　　　D. 经济

15. 运输管理系统是一种"供应链"分组下的(基于网络的)操作软件,英文缩写为(　　)。

A. POS　　　　　　B. EID　　　　　　C. TMS　　　　　　D. RFID

二、多项选择题

1. 运输是用设备和工具,将物品从一地点向另一地点运送的物流活动,其中包括(　　)、(　　)、(　　)、装入、卸下、(　　)等一系列操作。

A. 集货　　　　　　B. 搬运　　　　　　C. 中转　　　　　　D. 配送

2. 运输的功能主要包括(　　)。

A. 产品转移　　　　B. 产品储存　　　　C. 产品加工　　　　D. 产品包装

3. 运输的特点主要有(　　)。

A. 运输具有生产的本质属性　　　　B. 运输生产是在流通过程中完成的

C. 运输产品是无形的　　　　　　　D. 运输产品的同一性

4. 运输的作用包括(　　)。

A. 保值作用　　　　　　　　　　　B. 节约作用

C. 创造社会效益　　　　　　　　　D. 缩短距离作用

5. 运输的方式主要有(　　)。

A. 公路运输　　　　B. 铁路运输　　　　C. 航空运输　　　　D. 管道运输

6. 铁路运输的优点是(　　)。

A. 载运量大、速度快、可靠性高　　B. 准确性和连续强

C. 规模运输费用低　　　　　　　　D. 一般不受气候因素影响

7. 运输线路主要有(　　)。

A. 公路　　　　　　B. 铁路　　　　　　C. 航线　　　　　　D. 管道

8. 运输节点的功能主要包括(　　)。

A. 衔接功能　　　　B. 信息功能　　　　C. 管理功能　　　　D. 综合功能

9. 运输节点的类型主要有(　　)。

A. 转运型节点　　　B. 储存型节点　　　C. 流通型节点　　　D. 仓库型节点

10. 运输的参与者主要有(　　)。

A. 物主　　　　　　B. 承运人　　　　　C. 货运代理人　　　D. 运输经纪人

11. 运输市场的功能主要包括(　　)。

A. 信息传递功能　　　　　　　　　B. 资源配置功能

C. 结构调整功能　　　　　　　　　D. 促进技术进步功能

12. 运输市场的主体有(　　)。
   A. 运输供给者　　　　　　　　B. 运输需求者
   C. 运输中介者　　　　　　　　D. 政府
13. 就物流而言,组织运输活动,应贯彻执行(　　)的原则。
   A. 快速　　　B. 准确　　　C. 安全　　　D. 经济
14. 运输管理的内容包括(　　)。
   A. 运输流程管理　　　　　　　B. 运输质量管理
   C. 运输成本管理　　　　　　　D. 运输绩效管理

三、判断题

1. 现代化的交通运输系统由铁路、水路、公路、航空、管道等部分组成。　(　　)
2. 水路运输的成本低,主要担负大宗、笨重货物的长途运输。　(　　)
3. 目前在我国,铁路运输成本仅高于海运,同长江运输不相上下。　(　　)
4. 铁路运输是最重要和最普遍的中短途运输方式。　(　　)
5. 航空运输是速度最快、运输高、运量大的一种运输方式。　(　　)
6. 管道能用于煤炭、矿石等固定物料的运输。　(　　)
7. 在五种运输方式中,每一种运输方式都有其特定的运输线路和运输工具,从技术运营特点、经济性能和合理适用范围看,每种方式都有其存在的基础。　(　　)
8. 运输节点主要有汽车站、港口、航空港、管道站、铁路货运站。　(　　)
9. 公路运输不适宜大批量运输。　(　　)

四、简答题

1. 简述运输的概念、功能与作用。
2. 简述运输市场的特征。
3. 简述运输市场的功能。

五、综合分析题

简述不同运输方式技术经济特征。

实战演练

认知运输系统

【技能训练目标】

了解本地的运输系统的具体构成情况;能够认识本地若干个较大的运输节点;掌握本地常见的运输工具的类型;了解本地的运输线路构成。

【技能训练准备】

1. 分组

根据情况将全班分为若干组,每组选组长1名,负责全部组员的分工合作。

2. 信息准备

通过网络、报纸等信息媒介了解本地的运输系统的状况。

3. 机械器具准备

网络机房。

4．训练地点

教室、机房、运输节点实地调查。

【技能训练步骤】

认知运输系统技能训练步骤如下图所示。

【技能训练注意事项】

1．制订计划应格式规范,切实可行;

2．外出调查时,注意安全,不要在货场内玩耍、追逐打闹;

3．调查报告应具体详实地反映调查的内容,格式规范;

4．汇报时用指定专业 PPT 汇报,其他组员可补充。

【技能训练评价】

训练结束后,填写认识运输系统技能训练评价表。

认识运输系统技能训练评价表

被考评人				
考评地点				
考评内容	公路整车货物运输作业			
考评标准	内　容	自我评价	教师评价	综合评价
	计划规范、可行			
	调查工作合理、有序、收效良好			
	汇报全面、简洁、条理			
	对本地运输系统的认识较全面深刻			
	该项技能能级			

备注:

1．综合评价:以教师评价为主,自我评价作为教师对学生初期技术能力评价的参考。

2．能级标准:

1级标准:在教师指导下,能部分完成某项实训作业或项目;

2级标准:在教师指导下,能全部完成某项实训作业或项目;

3级标准:能独立地完成某项实训作业或项目;

4级标准:能独立地又快又好地完成某项实训作业或项目;

5级标准:能独立地又快又好地完成某项实训作业或项目,并能指导其他人。

【技能训练建议】

建议各组的调查任务有所区隔,相互补充。可分别调查运输节点、运输路线及运输工具。

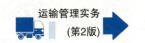

公路运输

学习目标

【知识目标】
1. 了解公路运输的含义和分类,掌握公路整车货物运输和公路零担货物运输两种运输方式的作业流程及相应的管理操作;
2. 了解公路运输的基本内容、形式,掌握整车运输与零担运输的计算方法及相关概念。

【能力目标】
1. 学会公路运输费用的计算;
2. 学会公路运单和公路运输货票的填制。

学习任务提要

1. 公路运输的概念、分类、特点、相关设施和流程;
2. 公路运输的组织形式和运费的计算方法;
3. 公路运单和公路运输货票的填制。

工作任务提要

1. 通过查阅资料、企业访谈、参观公路运输企业,了解公路运输在国民经济中的地位;
2. 掌握公路运输的特点,了解公路运输的相关设施;
3. 掌握公路运输的流程及运费的计算。

建议教学时数

8学时。

案例导入

沃尔玛公司是世界上最大的商业零售企业,在物流运营过程中,尽可能地降低成本是其经营的哲学。沃尔玛有时采用空运,有时采用船运,还有一些货物采用卡车公路运输。而在中国,沃尔玛百分之百地采用公路运输,所以如何降低卡车运输成本,是沃尔玛在其中国的物流管理中面临的一个重要问题,为此他们主要采取了以下措施:

(1) 沃尔玛使用一种尽可能大的卡车,大约有 16 m 加长的货柜,比集装箱运输卡车更长或更高。沃尔玛把卡车装得非常满,产品从车厢的底部一直装到最高,这样非常有助于节约成本。

(2) 沃尔玛的车辆都是自有的,司机也是沃尔玛的员工。沃尔玛的车队大约有 5 000 名非司机员工,还有 3 700 多名司机,车队每周每一次运输可以达 7 000~8 000 km。沃尔玛知道,卡车运输是比较危险的,有可能会出交通事故。因此,对于运输车队来说,保证安全是节约成本最重要的环节。沃尔玛的口号是"安全第一,礼貌第一",而不是"速度第一"。在运输过程中,卡车司机们都非常遵守交通规则。沃尔玛定期在公路上对运输车队进行调查,卡车上面都带有公司的号码,如果看到司机违章驾驶,调查人员就可以记下车上的号码并报告上级,以便进行惩处。沃尔玛认为,卡车不出事故,就是节省公司的费用,就是最大限度地降低物流成本。由于狠抓了安全驾驶,运输车队已经创造了 300 万千米无事故的纪录。

(3) 沃尔玛采用全球定位系统对车辆进行定位,因此在任何时候,调度中心都可以知道这些车辆在什么地方,离商店有多远,还需要多长时间才能运到商店,这种估算可以精确到小时。沃尔玛知道卡车在哪里,产品在哪里,就可以提高整个物流系统的效率,有助于降低成本。

(4) 沃尔玛的连锁商场的物流部门 24 h 工作,无论白天或晚上,都能为卡车及时卸货。另外,沃尔玛的运输车队利用夜间进行从出发地到目的地的运输,从而做到了当日下午进行集货,夜间进行异地运输,翌日上午即可送货上门,保证在 15~18 h 内完成整个运输过程,这是沃尔玛在速度上取得优势的重要措施。

(5) 沃尔玛的卡车把产品运到商场后,商场可以把它整个地卸下来,而不用对每个产品逐个检查,这样就可以节省很多时间和精力,加快了沃尔玛物流的循环过程,从而降低了成本。这里有一个非常重要的先决条件,就是沃尔玛的物流系统能够确保商场所得到的产品是与发货单完全一致的产品。

(6) 沃尔玛的运输成本比供货厂商自己运输产品要低,所以厂商也使用沃尔玛的卡车来运输货物,从而做到了把产品从工厂直接运送到商场,大大节省了产品流通过程中的仓储成本和转运成本。

沃尔玛的集中配送中心把上述措施有机地组合在一起,做出了一个最经济合理的安排,从而使沃尔玛的运输车队能以最低的成本高效率地运行。当然,这些措施的背后包含了许多艰辛和汗水,相信我国的本土企业也能从中得到启发,创造出沃尔玛式的奇迹来。

(资料来源:百度文库,内容有删改)

案例思考

1. 沃尔玛在采用空运、船运的同时,还有一些货物采用卡车公路运输,请问原因是什么?
2. 沃尔玛是如何管理卡车运输的?

知识链接

任务一　认识公路运输

一、公路运输

公路运输是交通运输体系的重要组成部分。从广义上来讲,公路货物运输是指利用可以载货的货运汽车(包括敞车、集装箱车、厢式货车、特种运输车辆)、机动三轮货运车、人力三轮货运车、其他非机动车辆,在道路(含城市道路和城市以外的公路)上,使货物进行位移的道路运输活动。从狭义上来说,公路运输即指汽车运输。物流运输过程中的公路货物运输专指汽车货物运输。

公路运输是一种机动灵活、简捷方便的运输方式,在短途货物集散运转上,它比铁路、航空运输具有更大的优越性,尤其在实现"门到门"的运输中,其重要性更为显著。尽管其他各种运输方式各有特点和优势,但或多或少都要依赖公路运输来完成最终两端的运输任务。例如铁路车站、水运港口码头和航空机场的货物集疏运输都离不开公路运输。在物流的运输与配送活动中,公路运输以其机动灵活的特点,发挥着重要作用,是其他运输方式不可替代的。

想一想　公路运输有哪些作用?

二、公路运输经济特征

(一) 机动灵活、适应性强

公路运输网的密度比铁路、水路网要大十几倍,且分布面广。公路运输工具在道路用途和适应、设计上面,相比于铁路、水路、航空有适应性强,运行范围广的特性。

公路运输的机动性比较大,汽车的载重吨位有小(0.25~1 t)有大(200~300 t),既可以单个车辆独立运输,也可以由若干车辆组成车队同时运输,这一点对抢险、救灾工作和军事运输具有特别重要的意义。单位运量小,运输灵活,在运用上既可完成小批量运输任务,又能随时集结承担大批量突击性运输;同时车随站点分布,线路交织成网,车辆来去方便,车辆可随时调度、装运,各环节之间的衔接时间较短。

（二）可实现"门到门"直达运输

由于汽车体积较小，中途一般也不需要换装，除了可沿分布较广的路网运行外，还可离开路网深入工厂、农村、城市居民住宅等地，可以把货物从始发地门口直接运送到目的地门口，实现"门到门"直达运输。在物流配送活动中，可以直接到达收货人的仓库卸货。

（三）运输速度快

在中、短途运输中，由于公路运输可以实现"门到门"直达运输，中途不需要倒运、转乘就可以直接将货物运达目的地，因此与其他运输方式相比，其货物在途时间较短，运送速度较快，特别是高速公路网的建设，使公路运输的运送速度得到很大的提高，甚至可以超过火车。

运送速度快的意义在于加速资金周转，保证货物的质量不变，提高货物的时间价值，为生产企业、流通企业追求"零库存"提供保障。高档、贵重、鲜活易腐货物及需要紧急运输的货物多数采用汽车运输方式。

（四）原始投资少、资金周转快

公路运输企业的固定资产主要是车辆、装卸机械、货运车站（场），投资最大的公路是由国家投资的，且有公用设施的性质，与铁、水、航的运输方式相比，所需固定设施简单，车辆购置费用一般也比较低，因此，投资兴办容易，投资回收期短。

（五）车辆驾驶技术较易掌握

汽车驾驶技术比较容易掌握。汽车驾驶员的培训时间较短，仅几个月时间，而火车、轮船、飞机的驾驶技术则要数年才能掌握。汽车运输对驾驶员的各方面素质要求相对较低。

（六）运量较小、运输成本较高

汽车的单位工具载重量较铁路列车、船舶小得多，因此人力的消耗较高并且运输能力上远远小于铁路和水路运输。

（七）运行持续性较差

据有关统计资料表明，在各种现代运输方式中，由于受经济运距的影响，公路的平均运距是最短的，运行持续性较差。

（八）公路运输安全性较低、污染环境较大

汽车运输的交通事故无论在数量上，还是造成的损失总量，都比其他运输方式多。20世纪90年代以来，死于交通事故的人数急剧增加，这个数字超过了艾滋病、战争和结核病人每年的死亡人数。汽车所排出的尾气和引起的噪声也严重地威胁着人类的健康，是大城市环境污染的最大污染源之一。

想一想 在现代社会中，治理公路运输污染的方法有哪些？

三、公路运输的种类

（一）根据货物性质、运输条件的不同分类

1. 普通货物运输

普通货物运输是指不需要用特殊结构的车辆载运的货物运输。普通货物按照货物的性质、使用价值、搬运装卸的难易，分为一等、二等、三等三个等级，以便于确定搬运装卸费率

和计算搬运装卸费用。如钢材、木材、煤炭、日用工业品、矿物性建筑材料等货物的运输。

2. 特种货物运输

特种货物包括长大笨重货物、贵重货物、鲜活货物、危险货物四种，在运输、保管、装卸等环节，需要采取特别措施、特殊设备，以保证货物完好地送达目的地。

3. 轻泡货物运输

轻泡货物运输是指密度小于 333 kg/m³ 的货物。其体积按最长、最宽、最高部位尺寸计算。轻泡货物的密度低、体积大、堆码重心高，运输中的稳定性差。

（二）根据公路运输经营方式的不同分类

1. 公共运输

这类企业专业经营汽车货物运输业务并以整个社会为服务对象，其经营方式有：

（1）定期定线。不论货物装载多少，在固定路线上按时间表行驶。

（2）定线不定期。在固定路线上视货载情况，派车行驶。

（3）定区不定期。在固定的区域内根据货载需要，派车行驶。

2. 合同运输

这类汽车运输企业按照承托双方签订的运输合同运送货物。与之签订合同的一般都是一些大型工矿企业，常年运量较大而又较稳定。合同期限一般都比较长，短的有半年、一年，长的可达数年。按合同规定，托运人保证提供一定的货运量，承运人保证提供所需的运力。

3. 自用运输

工厂、企业、机关自置汽车，专为运送自己的物资和产品，一般不对外营业。

4. 汽车货运代理

这类企业本身既不掌握货源也不掌握运输工具，它们以中间人身份一面向货主揽货，一面向运输公司办理托运，借此收取手续费用和佣金。有的汽车货运代理专门从事向货主揽取零星货物，加以归纳集中成为整车货物，然后自己以托运人名义向运输公司托运，赚取零担和整车货物运费之间的差额。

（三）根据货运营运方式的不同分类

1. 整车货物运输

整车货物运输是指托运人一次托运货物计费重量 3 t 以上或不足 3 t 但其性质、体积、形状需要一辆汽车进行运输。

2. 零担运输

零担运输是指托运人一次托运的货物重量在 3 t 以下的货物运输。

3. 集装箱汽车运输

集装箱汽车运输是指采用集装箱为装货设备，使用汽车进行运输。

（四）根据运送速度的不同分类

1. 一般货物运输

一般货物运输是指普通速度的货物运输或称慢运。

2. 快件货物运输

快件货物运输是指在规定的距离和时间内将货物运达目的地的货物运输。

3. 特快件货物运输

特快件货物运输是指应托运人要求，采取即托即运的方式。货物运达时间的计算，按托运人将货物交付给承运人起运的具体时刻起算,不得延误。

（五）根据保险或保价的不同分类

按是否保险或保价可分为不保险(不保价)运输、保险运输和保价运输。

凡保险或保价运输的货物,需要按规定缴纳保险金或保价费。保险运输由托运人向保险公司投保,也可委托承运;保价运输应在货运合同上加盖"保价运输"戳记。

（六）根据运送距离的不同分类

1. 长途运输

运距在 200 km 以上的运输为长途运输。主要特点是：运输距离长,周转时间长,行驶线路较固定。

2. 短途运输

运距在 50 km 以内的运输为短途运输。主要特点是：运输距离短,装卸次数多,车辆利用效率低;点多面广,时间要求紧迫;货物零星,种类复杂,数量忽多忽少。

四、公路运输设备设施

（一）公路货运工具

1. 小型厢式载货汽车(图 2.1)

一般用于运距较短、货物批量小、对运达时间要求较高的货物运输。封闭式的车厢可使货物免受风吹、日晒、雨淋,而且小型厢式载货汽车一般兼有滑动式侧门和后开车门,因此货物装卸作业非常方便。由于其小巧灵便,无论大街小巷均可长驱直入,真正实现"门到门"运输,因此这种载货汽车相当广泛地应用于商业和邮件运输等各种服务行业。

图 2.1　小型厢式载货汽车

2. 平板式载货汽车(图 2.2)

由小型/轻型送货车和大中型平板式货车组成。轻型送货车又称"皮卡",主要用于运送小批量的货物,而实际上,不足整车的小批量零担货物的分类和集收是同时进行的。轻型送货车一般有单厢(驾驶室只有一排座位)和双厢(驾驶室有两排座位)轻型送货车两种。轻型送货车主要被广泛应用于各种野外作业。

图 2.2　平板式载货汽车

3. 箱式载货汽车(图2.3)

箱式载货汽车是近年来国际货车市场上的一支主力军,其特点是载货容积大,货厢密封性良好,尤其是近年来轻质合金及增强合成材料的使用,为减轻车厢自重、提高有效载重量创造了良好的条件。

4. 拖挂车(图2.4)

拖挂车由拖车(又称"牵引车")和挂车两部分组成,通过一个连接机构把二者相连。拖挂运输是提高运输生产效率的有效手段。挂车有全挂车和半挂车之分,全挂车相当于一个完全独立的车厢,所负的荷载全部作用于本身的轮轴,只不过是由牵引车拖着行驶而已。而半挂车所负荷载只有一部分作用于挂车本身的轮轴,其余则是通过连接装置作用于牵引车的轮轴上。

图2.3 箱式载货汽车

a. 全挂车

b. 半挂车

图2.4 拖挂车

(二)公路道路

道路是指通行各种车辆和行人的工程基础设施。根据道路的所处位置、交通性质和使用特色,可将其分为公路、城市道路、厂矿道路、乡镇道路及人行小路或将其分为国道、省道、县道、乡道等,其基本组成部分包括行车道、防护工程、排水设施、信号标志等。

根据使用任务、功能和适应的交通量可将道路分为高速公路、一级公路、二级公路、三级公路、四级公路五个等级。

> **知识拓展**
>
> **几种公路道路的定义**
>
> **1. 国道**
>
> 国道是指具有全国性政治、经济意义的主要干线公路,包括重要的国际公路,国防公路,连接首都与各省、自治区、直辖市首府的公路,连接各大经济中心、港站枢纽、商品生产基地和战略要地的公路。

2. 省道

省道是指在省公路网中,具有全省性的政治、经济、国防意义,并经省、自治区、直辖市统一规划确定的省级干线公路,由全省(自治区、直辖市)公路主管部门负责修建、养护和管理。

3. 县道

县道是指具有全县(县级市)政治、经济意义,连接县城和县内主要乡(镇)等主要地方,由县、市公路主管部门负责修建、养护和管理的道路。

4. 乡道

乡道是指主要为乡(镇)内部经济、文化、行政服务的公路,以及不属于县道以上公路的乡与乡之间及乡与外部联络的公路。

5. 专用公路

专用公路是指专供或主要为特定的工厂、矿山、农场、林场、油田、电站、旅游区、军事要地等与外部联系的公路。

想一想 公路道路设施和辅助设备有哪些?举例说明。

(三) 公路站场

公路站场是办理公路货运业务、仓储保管、车辆保养修理以及为用户提供相关服务的场所,是汽车运输企业的生产与技术基地。公路站场一般包括货运站、停车场(库)、保修厂(站)、加油站及食宿楼等设施。

1. 货运站(图2.5)

公路运输货运站主要功能包括货物的组织与承运、中转货物的保管、货物的交付、货物的装卸以及运输车辆的停放、保修等。

公路货运站又可分为汽车零担站、零担中转站、集装箱货运中转站等。通常,公路货运站比较简单,有的货运站仅有供运输车辆停靠与货物装卸的场地,而大型的货运站会设有保养场、修理厂、加油站等。零担货运站一般是按照年工作量(即零担货物吞吐量)划分等级的,年货物吞吐量在6万吨以上的为一级站;在2万~6万吨的为二级站;在2万吨以下的为三级站。零担

图2.5 货运站

货运站应配备零担站房、仓库、货棚、装卸车场、集装箱堆场、停车场及维修车间、洗车台、材料库等生产辅助设施。集装箱货运中转站应配备拆装库、高站台、拆装箱作业区、业务(商务及调度)用房、装卸机械与车辆等。

2. 停车场(库)

停车场(库)的主要功能是停放与保管运输车辆。现代化的大型停车场还具有车辆维修、加油等功能。从建筑性质来看,停车场可以分为暖式车库、冷式车库、车棚和露天停车场

等。目前我国露天停车场采用较为普遍,尤其是专业运输和公交车辆广泛采用。停车场内的平面布置要方便运输车辆的驶出和进行各类维护作业,多层车库或地下车库还需设有斜道或升降机等,以方便车辆出入。

知识拓展

我国"十三五"期间公路运输发展规划

一、完善高速公路网络

加快推进由7条首都放射线、11条北南纵线、18条东西横线,以及地区环线、并行线、联络线等组成的国家高速公路网建设,尽快打通国家高速公路主线待贯通路段,推进建设年代较早、交通繁忙的国家高速公路扩容改造和分流路线建设。有序发展地方高速公路。加强高速公路与口岸的衔接。

实施京新高速(G7)、呼北高速(G59)、银百高速(G69)、银昆高速(G85)、汕昆高速(G78)、首都地区环线(G95)等6条区际省际通道贯通工程;推进京哈高速(G1)、京沪高速(G2)、京台高速(G3)、京港澳高速(G4)、沈海高速(G15)、沪蓉高速(G42)、连霍高速(G30)、兰海高速(G75)等8条主通道扩容工程。推进深圳至中山跨江通道建设,新建精河至阿拉山口、二连浩特至赛汗塔拉、靖西至龙邦等连接口岸的高速公路。

二、推进普通国道提质改造

加快普通国道提质改造,基本消除无铺装路面,全面提升保障能力和服务水平,重点加强西部地区、集中连片特困地区、老少边穷地区低等级普通国道升级改造和未贯通路段建设。推进口岸公路建设。加强普通国道日常养护,科学实施养护工程,强化大中修养护管理。推进普通国道服务区建设,提高服务水平。

实现G219、G331等沿边国道三级及以上公路基本贯通,G228等沿海国道二级及以上公路基本贯通。建设G316、G318、G346、G347等4条长江经济带重要线路,实施G105、G107、G206、G310等4条国道城市群地区拥堵路段扩能改造,提升G211、G213、G215、G216、G335、G345、G356等7条线路技术等级。推进G219线昭苏至都拉塔口岸、G306线乌里雅斯太至珠恩嘎达布其口岸、G314线布伦口至红其拉甫口岸等公路升级改造。

三、合理引导普通省道发展

积极推进普通省道提级、城镇过境段改造和城市群城际路段等扩容工程,加强与城市干道衔接,提高拥挤路段通行能力。强化普通省道与口岸、支线机场以及重要资源地、农牧林区和兵团团场等有效衔接。

全面加快农村公路建设。除少数不具备条件的乡镇、建制村外,全面完成通硬化路任务,有序推进较大人口规模的撤并建制村和自然村通硬化路建设,加强县乡村公路改造,进一步完善农村公路网络。加强农村公路养护,完善安全防护设施,保障农村地区基本出行条件。积极支持国有林场林区道路建设,将国有林场林区道路按属性纳入各级政府相关公路网规划。

(资料来源于 http://www.gov.cn/zhengce/content/2017-02/28/content_5171345.htm)

任务二　组织公路整车货物运输

案例导入

法国家乐福集团（Carrefour）成立于1959年，是大型超级市场概念的创始者，于1963年在法国开设了世界上第一家大型超市，是大卖场业态的首创者，是欧洲第一大零售商、世界第二大国际化零售连锁集团。家乐福的经营理念是以低廉的价格、卓越的顾客服务和舒适的购物环境为广大消费者提供日常生活所需的各类消费品。

家乐福的运输模式主要体现为运输网络分散度高的供应商直送模式。这种经营模式不但可以节省大量的仓库建设费用和仓储管理费用，商品运送也较集中配送更为便捷，能及时供应季商品或下架滞销商品。在运输方式上，除了较少数需要进口或长途运送的货物使用集装箱挂车及大型货运卡车外，由于大量商品来自本地生产商，故较多采用送货车。这些送货车中有一部分是家乐福的租车，而绝大部分则是供应商自己长期为家乐福各店送货的车。在配送方面，供应商直送的模式下，商品来自多条线路，而无论是各供应商还是家乐福自己的车辆都采用了"轻重配载"的策略，有效利用了车辆的装载空间，使单位货物的运输成本得以降低，进而在价格上取得主动地位。

家乐福送货模式体现为集中配送，据此实现了拥有少量库存，却增加了存货的项目分类的管理方式。尤其在那些占地很大的商店，商品必须被分类存储在各个商品架上，通过条码扫描技术提供的食品信息能保证供应新鲜产品并准确抛除原有商品架上的过期产品，而将指定的产品分配到相应的货架上。此外，家乐福也保留了从分销中心到商店运输的垂直管理，零售商与五个运输公司直接合作而且持久维系这种合作关系。

家乐福的采购与运营等主要经营权限很大程度上由各个门店和区域自行掌握，充分地调动了各地门店的积极性，使区域性本土管理能力得以加强，从而成为提升销售业绩的重要途径，使每个门店成为家乐福实际意义上的"利润中心"。相应地，家乐福实行的"店长责任制"使家乐福门店经理们能灵活决定所辖店内的货物来源、货物配送和销售模式等。商品管理权力可以使门店经理快速响应当地市场和顾客需求，适应本土的零售市场。

（资料来源：百度文库，内容有删改）

案例思考

家乐福在运输方面采用了哪些措施？有哪些作用？

知识链接

一、公路整车货物运输

（一）整车货物运输的概念

整车货物运输指一次拖运货物的计费重量达到3 t（含3 t）以上，或者虽然不足3 t，但是货物的性质、体积、形状需要一辆整车运输的,均为整车货物运输。

(二) 整车货物运输的特点

(1) 通常情况下,单次整车货物运输过程对应一张货票和一个发货人。整车货物运输过程中,当一个托运人托运的整车货物重量低于车辆额定载重量时,为了合理使用车辆的载运能力,可以拼装另一托运人的货物,表现为一车二票或多票。

(2) 整车货物在多点装卸时,其装运货物的载重量按照全程合计的最大载重量进行计重,当单次运输合计的最大载重量不足车辆额定载重量时,按车辆的额定载重量计算;办理整车货物的托运人选择自理装车时,即使未装足车辆标记载重量,也应按车辆额定载重量核收运费。

(3) 整车货物运输一般不需中间环节或中间环节很少,送达时间短,相应的货运集散成本较低。涉及城市间或过境贸易的长途运输与集散,如国际贸易中的进出口商通常愿意采用以整车为基本单位签订贸易合同,以便充分利用整车货物运输的快速、方便、经济、可靠等优点。

(三) 整车货物运输的对象

一般而言,整车货物运输对于运输货物没有明确的要求,只要能满足单次计费重量达到3 t的货物,均可以进行整车货物运输。然而,一些特殊物品或者特殊情况下的货物运输必须采取整车运输组织方式。以下的货物必须按整车运输:

(1) 鲜活货物,如冻肉、冻鱼、鲜鱼、活的牛、羊、猪、兔、蜜蜂等;
(2) 需用专车运输的货物,如石油、烧碱等危险货物,粮食、粉剂的散装货等;
(3) 不能与其他货物拼装运输的危险品;
(4) 易于污染其他货物的不洁货物,如炭黑、皮毛、垃圾等;
(5) 不易于计数的散装货物,如煤、焦炭、矿石、矿砂等。

想一想 除了上述货物外,还有哪些货物是需要整车运输的?

(四) 整车货物运输分类

1. 按照货物种类不同分类

整车货物运输按照货物种类不同,分为普通货物运输(图2.6)和特种货物运输(图2.7)。

图2.6 普通货物

图2.7 特种货物

普通货物运输指运输过程中不需要特殊防护的货物运输。如普通包裹快件,生活用品、服装鞋帽等的运输。

特种货物运输指运输过程中需要进行特殊防护的货物的运输,主要包含超限笨重货物运输、鲜活易腐货物运输和危险品货物运输。如大型机械设备、危险品、蔬菜、鱼类等的运输。

2. 按照货物运输距离的长短分类

整车货物运输按照货物运输距离的长短,分为长途运输、短途运输与计时包车运输。

(1)长途运输指运距超过 200 km 以上的货物运输;

(2)短途运输指运距在 25 km 以内(包括 25 km)的货物运输;

(3)计时包车是指因货物特性(如体积限制)不能按正常速度行驶等原因,不易计算货物重量或营运里程时可按计时包车办理。

(五)整车货物运输优势

相比较零担货物运输而言,整车货物从始发地直达目的地的过程中,中间的装卸环节较少,货物运输速度较快、运输效率较高,是长途干线运输的主要形式,适用于批量货物的运输。大型制造企业或者商贸企业零部件、半成品、产品的长距离运输,城际间的长途运输,国际贸易货物的运输一般采用整车货物运输。

二、公路整车货物运输组织的站务工作

车站是开始与结束货物运输的营业场所。整车货物运输组织过程中的站务工作可以分为发送、途中和到达三个阶段的工作。站务工作的具体内容包含了货物的托运与承运,货物装卸、起票、发车、运送与到达交付、运杂费结算与商务事故处理等流程。

(一)整车货物运输的发送站务工作

整车货物运输的发送站务工作包括货物在始发站的各项货运作业,主要由受理托运、组织装车和付费开票等三部分组成。

1. 受理托运

受理托运是整车货物运输工作的第一个环节,这一环节要做好货物包装、确定货物重量、办理相关单据等事务。

(1)货物包装。指的是做好待运输货物的外包装工作,同时在运输车辆上贴上货物的运输指示标志。

(2)确定重量。运输货物重量分为实际重量和计费重量。货物重量的确定必须准确。

知识拓展

整车货物运输的受理办法

无论是货物交给道路运输企业运输,还是道路运输企业主动承揽货物,都必须由货主和承运企业双方办理托运手续。整车货物运输托运、受理的主要方法归纳如下:

(1)登门受理。即由运输部门派人员去客户单位办理承托手续。

(2)产地受理。在农产品上市时节,运输部门下产地联系运输事宜。

(3)现场受理。在省、市、地区等召开物资订货、展销交流会议期间,运输部门在会议现场设立临时托运服务点,现场办理托运。

（4）驻点受理。对生产量较大、调拨集中、对口供应的单位，以及货物集散的车站、码头、港口、矿山、油田、基建工地等，运输部门可设点或巡回办理托运。

（5）异地受理。企业单位在外地的整车货物，运输部门根据具体情况，可向当地运输部门办理托运、要车等手续。

（6）电话、传真、信函、网上托运。经运输部门认可，本地或外地的货主单位可通过电话、传真、信函、互联网办理托运，由运输部的业务人员受理登记，代填托运单。

（7）合同受理。根据承托双方签订的运输合同或协议办理货物运输。对于长期货运合同，每一次提货同样要办理提货手续。

（8）站台受理。货物托运单位派人直接到运输部门办理托运。

（3）办理单据。托运人向起运车站办理托运手续，填写货物托运单。

2. 组织装车

组织装车前要对运输车辆进行技术检查和货运检查，确保运输安全和货物完好，同时充分利用好车辆的车载重量和容积。

3. 收费开票

发货人办理货物托运时，应按规定向车站缴纳运杂费，并领取承运凭证——货票。货票是一种财务性质的票据，是根据货物托运单填写的。在始发站，是向发货人核收运费的收费依据；在到达站，是与收货人办理货物交付的凭证之一；货票也是企业统计完成货运量，核算营业收入及计算有关货运工作指标的原始凭证。

(二) 整车货物运输的途中站务工作

货物在整个运送途中发生的各项货运作业，称为途中站务工作。途中站务工作主要包括途中货物交接，货物整理或换装等内容。

（1）途中货物交接。一般情况下交接双方可按货车现状及货物装载状态进行交接，必要时可按货物件数和重量交接，由交出方编制记录备案。

（2）途中货物整理或换装。货物在运输途中发现有装载偏重、超重、撒漏等情况时，要对货物加以整理或换装，必要时调换车辆，同时登记备案。

知识拓展

途中作业注意事项

1. 在运输途中，驾驶员或押运人员要不时检查车内货物，尤其要防止货物因路途不平、车辆颠簸而松动。如有异常情况，要及时解决。

2. 如果遇上交通堵塞、交通事故，可能会延误到达目的地的时间，要通过电话、手机通知公司或直接通知客户，以便采取措施。

3. 如果是拼装货物，途中有不同的卸货点，要特别注意不要误卸货物，否则造成的损失是很大的。

4. 遇上大雨、大雪等恶劣天气，以保护货物为首要任务。

5. 如果是冷藏运输，途中还需要维持和记录冷藏室的温度。

(三) 整车货物运输的到达站务工作

货物在到达站发生的各项货运作业，称为到达站务工作。到达站务工作主要包括货运票据的交接，货物卸车、保管和交付等内容。

整车货物一般直接卸在收货人仓库或者货场内，并由收货人自理。收货人确认卸下货物无误并在货票上签收后，货物交付即完毕。货物在到达地向收货人办完交付手续后，即完成该批货物的全部运输过程。

> **知识拓展**
>
> **货物到达的注意事项**
>
> 1. 到达目的城市后，如果是第一次送该点的货，建议驾驶员或送货人员要通过电话先联系收货人，确认准确的卸货地点。因为许多时候托运单上的地址不一定正确（往往是收货人的地址，而非卸货地点）。
>
> 2. 送货人员要注意周六、周日、节日、晚间等特殊时间的卸货问题，同时也要注意卸货地点是否允许货车通行。
>
> 3. 车辆装运货物抵达卸车地点后，收货人或车站货运员应组织卸车。卸车时，对卸下货物的品名、件数、包装和货物状态等应做必要的检查。
>
> 4. 货物交接是到达作业最重要的内容，对包装货物要"件交件收"，点件清楚；对散装货物尽可能做到"磅交磅收"，计重准确；对密封货物，如集装箱，凭铅封点交。
>
> 5. 货物运到交货地点，承运人应立即请收货人查验签收。之后，运输履行完毕。如发现有货损、货差情况，双方交接人员应做详情记录，并签章确认、交货，收货人不得为此拒收。货物交接时，如承、托（或收货人）双方中的任何一方对货物重量或内容有异议，均可提出查验与复磅要求。如有不符，应确定责任方，按有关规定处理。为此而发生的费用由责任方负担。
>
> 6. 在货物运到达站无人接收时，承运人一方面要妥善保管货物，另一方面要积极查找货主。

三、公路整车货物运输的组织

(一) 整车货物运输的组织过程

整车货物运输的组织过程包含从准备运输到货物送达过程中的组织活动，主要由四部分构成：运输准备过程、基本运输过程、辅助运输过程和运输服务过程。

运输准备过程即运输生产技术的准备过程，主要包括运输车辆车型的选择、运输线路的选择、装卸设备的配置、运输过程的装卸工艺、方案的设计。

基本运输过程是整车运输组织过程的主体，包括起运站装车过程、车辆运行线路设计以及终点站卸货工艺。

辅助运输过程主要包含运输车辆、装卸设施设备、承载器具以及专用设施、设备的维护与维修作业，以及各种商务事故、行车事故的预防和处理工作，营业收入结算等工序。

运输服务过程指的是服务于基本运输过程和辅助运输过程中的各种服务工作和活动。

如各种行车材料、配件的供应,代办货物储存、包装、保险等业务。

(二)整车货物运输组织的特点

整车货物运输的生产过程与工业企业的生产过程不同,主要表现在:工业企业的生产过程能够产出有形的、具体的物资产品,其生产过程的有效性通过物资产品的价值可以进行衡量。而整车货物运输不能提供有形的物资产品,只是提供给消费者空间移动的效用,运输生产和运输消费同时发生、同时结束、不能储存也不能调拨,整车货物运输组织的效用通过移动物品的重量和移动距离来表示。

四、公路整车货物运输过程中涉及的单据

货运票证是托运和承运货物的凭证,也是核收运杂费的依据。公路整车货物运输过程中涉及的单据包括货物托运单、货票、行车路单等票据。

(一)货物托运单

货物托运单是托运人向运输单位提出运输要求,同时说明货物内容、运输条件和其他约定事项的一种原始凭证,其式样如图2.8所示。货物托运单一般由承运方按照统一制式进行印刷,由申请运输的托运方进行填写。

托运单是发货人托运货物的原始依据,也是车站承运货物的原始凭证。单据规定了承托双方在货物运输过程中权利、义务和责任。货物托运单载有托运货物的名称、规格、件数、包装、质量、体积、货物保险价和保价值,发货人姓名和地址,货物装卸地点,以及承托双方有关货运的事项。车站接到发货人提出的货物托运单后,应进行认真审查,确认无误后办理登记。

货物托运单由各运输企业分别印制,虽然外在表现形式上各不相同,但包含的主体内容是一致的。

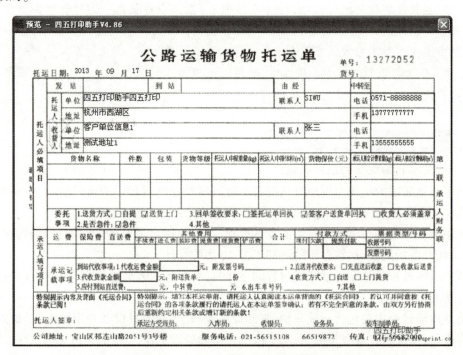

图2.8 公路运输货物托运单式样

（二）货票

发货人办理货物托运时,应按规定向车站交纳运杂费,并领取承运凭证——货票。货票是根据货物托运单填写的一种财务性质的票据。在始发站是向发货人核收运费的收费依据,在到站是收货人办理货物交付的凭证之一。货票式样如图2.9所示。

整车货票是承运整车货物时使用的票证。原则上一车一票(大吨位车或拖带挂车装运两个货主以上的货物时,应一个货主开一张票)。但大批运输,采用汇总结算方式的,可以多车汇总填发一票(免填车号和司机姓名)。

始发站在货物托运单和货票上加盖承运日期之时即算承运,承运标志着运输企业对发货人托运的货物开始承担运送义务和责任。

整车货物一般卸在收货人仓库或货场内,并由收货人自理。收货人确认卸下货物无误并在货票上签收后,货物交付即完毕,本次整车货物运输过程也结束。

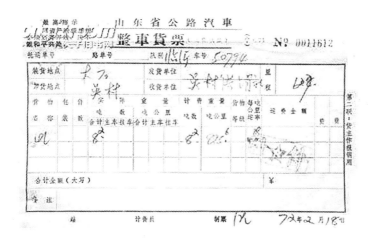

图2.9 货票式样

（三）行车路单

行车路单是整车货物运输营运车辆从事运输生产的凭证,是整车货物运输生产中一项最重要的原始记录,它是企业调度机构代表企业签发给汽车驾驶员进行生产的指令,其式样如图2.10所示。行车路单的管理采用"分工协作"的方法,即由企业的计划统计部门、业务调度部门、物资供应部门与车队、车站领导共同负责。

计划统计部门负责行车路单的印制、发放,对路单所包含的内容进行设计和规定填写要求,计算工作量及运行消耗和各项经济技术指标;调度部门主要进行行车路单的签发,车队完成任务后,车队调度员进行审核;车队的车辆驾驶员负责对行车的路线进行记录,作为整个货物运输过程的凭证;车站领导按照行车路单的记录对车辆的行驶线路进行审核。

行车路单的管理必须做到:

(1) 行车路单必须严格按顺序号使用,要采取有效措施防止空白路单的丢失;

(2) 每一运次(或每一工作日)结束,车辆回队后必须将完成运输任务的路单交回,不允许积压、拒交;

(3) 行车路单内记录必须按要求填准、填全,车队调度员对交回路单各项记录负初审责任；

（4）企业规定的路单使用程序、管理方法必须严格执行。

行车路单是否能够贯彻执行，关键在于各级领导的责任心，即自企业负责人起至各级车队领导的负责人应严格执行企业公布的管理制度，不断听取相关的合理化建议，改革管理中的薄弱环节，切实做好路单管理工作，从而确保车辆的行驶安全与车辆的运行效率。

图2.10　行车路单式样

五、影响公路整车货物运输效率的因素

公路整车货物运输作为公路运输的一种重要方式，主要适用于企业成批次货物的运输，整车运输效率受起点站的装载效率，车辆行驶过程中的运输效率和终点站的卸货效率的影响。

公路运输两端的装卸货效率除与装卸工具的效率相关外，也与货物自身的外包装、体积大小、货物性质等因素相关。

整车货物运输的时间和运输总里程及运输速度有关。因此，合理规划整车运输的线路，有利于极大地提高运输效率，缩短运输时间。整车运输线路一方面需要考虑线路运行的通畅性；另一方面需要考虑线路的总距离两个方面的因素。因此，整车运输合理的运输线路并不代表最短的运输距离。

任务三　组织公路零担货物运输

案例导入

广西先飞达物流股份有限公司位于南宁快速环道晖东停车场旁，占地30多亩。该公司创立于 2000 年 5 月 1 日，主要从事广西区内、全国各地公路汽车零担货物运输服务。其业务网络以南宁为中心，辐射广西全区及全国各大中城市。现已开通广西区内直达专线 22 条，分别到达桂林、柳州、玉林、贵港、百色、田东、田阳、平果、北海、合浦、钦州、防城港、东兴、横县、灵山、凭祥、崇左、梧州、上思，还有一条通往广州的区外直达专线。联运专线可达深圳、昆明、上海、武汉、南昌、长沙、合肥、南京、无锡、济南、西安、北京并可中转。

目前，先飞达物流公司公路零担货物运输存在的主要问题如下：

第一，先飞达目前有 81 辆货车，在 23 条线路上都有车辆运输，且每天每条线路至少发一趟车（货多则加发），发车时间都是凌晨 1 点左右，全部用自有车辆送货，且每条线路不论货多货少都会发车，这样就使公司的车辆运行成本很高，所需的车辆维护、保养费用比较高。比如，购买一辆 15 t 的福田牌汽车大约需要 200 000 元，折旧期为 10 年，二级维护与年审费为 1 500 元，保险费为 12 000 元，行车 100 km 大约耗油 30 L，目前平均油价为 5.9 元/L，车辆维修费平均为 0.25 元/km，每一辆车的固定成本非常高。

第二，由于公司在每条线路都配有车，当货物较多时需要每次发车两辆以上，而当货物较少时，就会有一部分车闲置，每天的闲置率为 30%左右。此外，由于每辆车都配有一名驾驶员，当在淡季时，就会有近 27 名驾驶员不出车，这样既浪费了劳动资源又造成公司不必要的支出。

先飞达物流公司每日工作流程大体如下：到达规定目的地并卸下货物；早上 9 点上班，开始接托；下午 5 点，从分点集货到总部；次日凌晨 1 点，发货到各目的地，随后货车从分点回到南宁总部；早上 8 点将火车开到南宁市的 18 个分点待货。从中我们可以看出，先飞达在运出货物到各分点之后，其车辆在返回到南宁时存在空车行驶的现象。

第三，先飞达在区内各县市有 22 个服务点，但有些服务点采用的专线是同一条线路。例如，发往柳州和桂林的线路是同一条线路。当淡季时，车辆常常不满载，但是其仍然每天都往各个服务点发一辆车。即使只有一两件货物也发一辆车，这样就没有充分利用车的载重吨位和容积，造成资源的浪费

第四，公司缺乏现代化的信息系统。公司仅有少量计算机设备，且没有联网，造成信息传递速度太慢、信息传递失真，对管理的资产状况没有实时的信息，工作效率不高，成本控制难度加大。在信息系统得到全面应用的市场环境下，其托运单、现金收入支出单等单证管理仍主要由手工完成，极大地影响了信息传递速度和工作效率。

从调查的结果看，该公司的运输车辆上没有安装 GPS。81 辆车分别行驶在广西境内的 22 个县市和广西区外的广州，由于没有 GPS 系统，公司很难了解货物运输的在途情况，不利于运输管理工作。

第五，先飞达物流公司现有员工 525 人。其中，初中文化程度及以下的占总人数的比例为 74%，具有中专或高中学历的占 18%。其员工中学物流专业的人只占总人数的 12%。可以看出，员工业务素质总体一般，公司在职业技术规范上尚缺乏一定的认识。而且由于业务繁忙，除了每周一安排当周任务的会议外，很少有时间对员工进行相关物流操作知识的培训。

因为员工的业务素质总体水平偏差，所以在开单时会出现自由化现象，且对于货物的搬运、摆放过于随意，同时在货物的运送过程中货损货差率也较高，由于员工问题导致的货损货差的比例达 56%之多。由于员工是固定工资收入，这在一定程度上使他们的工作积极性

不高，特别是部分较年轻的员工在工作时容易受个人主观情绪左右而影响公司服务质量。因此，这在很大程度上限制了先飞达物流公司的发展。

（资料来源：百度文库，内容有删改）

案例思考
1. 简述先飞达物流公司的零担货运流程。
2. 先飞达物流公司在公路零担货物运输方面存在的问题怎么解决？

一、公路零担货物运输基本内容

（一）零担货物运输含义

所谓零担货物，简单而言，指的是一张货物运单（一批）托运的货物重量或容积不够装一车的货物，即一次托运货物的计费重量不足 3 t 的货物运输。当一批货物的重量或容积不满一辆货车时，可与其他几批甚至上百批货物共用一辆货车装运时，叫零担货物运输。一般情况下，特殊货物的运输主要采用整车运输方式，很少采用零担运输方式，因此，零担货物运输主要针对普通货物而言，称为普通货物的零担运输。零担运输按照运输方式分为公路零担货物运输、海运零担货物运输和铁路零担货物运输，本任务主要针对公路零担货物运输。

（二）不能采用零担货物运输的货物类别

不能采用零担货物运输的货物类别主要有：
（1）需要冷藏、保温或加温运输的货物；
（2）规定按整车办理的危险货物；
（3）易于污染其他货物的污秽品（例如未经过消毒处理或未使用密封不漏包装的货物）；
（4）不易计算件数的货物；
（5）未装容器的活动物；
（6）一件货物重量超过 2 t，体积超过 3 m^3 或长度超过 9 m 的货物（经发站确认不致影响中转站和到站装卸车作业的除外）。

（三）零担货物运输的特点

1. 货源的不确定性和来源的广泛性

零担货物的流向、数量、流量具有一定的不确定性，其运输需求随机发生，货源地分布分散，且目的地也分布不均。

2. 组织工作的复杂性

零担货物运输的运输环节较多、运输过程中涉及的作业工序细致、需要设备繁杂；单次零担货物运输涉及多个站点的装卸作业及与多个货主之间的沟通，其间消耗大量时间与精力，对运输组织过程的要求较高。

零担货物运输过程中，货运站发挥着重要作用，主要完成零担货物运输的收集、确认、配载、装车、卸货等组织工作。

3. 单位运输成本较高

零担货运需要配备一定的仓库、货棚、站台，以及相应的装卸、搬运、堆码机械和专用的箱式车辆,涉及多次的停车装卸等活动,单位货运成本较高;同时,零担货物运输由于周转环节较多,更容易出现货损、货差等现象,赔偿费用较高。

(四) 零担货物运输的优越性

1. 适应各类人群的需要

零担货物运输对于货物的种类及重量要求不高,适合于各种物品、各种批次、各种数量的货物的运输,能够满足不同层次人民群众对商品流通的需求,方便了大众物资生产和流动的实际需要。

2. 零担货物运输机动灵活

零担货物运输组织一般采取定时间、定线路、定点装卸的方式进行,其间各站点的工作人员可以随时组织装卸货物,有利于整条线路上货源的组织,从而提高整条线路的实载率。

(五) 公路零担货物运输的未来发展趋势

公路零担货物运输作为公路货物运输的一种主要运输方式,曾为搞活经济、促进城乡物资交流、满足人民物质文化生活的需求以及为增加公路收入发挥了重要作用。但是,随着市场经济的不断发展,航空货物运输以及铁路货物运输对零担货源的分流,尤其是对部分优质货源的分流,导致汽车零担货物运量不断下降。近年来,随着零担货运车辆进入的低门槛,零担运输市场竞争日趋激烈,同时外界人力成本、仓储成本等的不断升高,导致零担货运的利润也越来越低。

根据经济学理论,有需要就有市场,有市场就有潜力。当前我国所处的经济发展阶段以及电子商务迅猛发展的市场状态下,汽车零担货物运输的市场需求在一定时期依然存在,对公路运输而言,这还是一块不小的蛋糕。未来加强零担运输组织化程度,提升公路零担货物运输的效率,将是当前公路运输组织的一大课题。

因此,加强专线零担运输组织,促进零担运输的发展,最重要的是组建专业化的运输公司,要像行包公司、快运公司一样,组建零担运输公司,实现资源的最优配置,实现零担运输的利益最大化。要在零担运输组织上做调整,降低运输成本,逐步取消沿途零担车及中转整零车,将直达整零车做大。同时可将运输组织条件适当降低,能装一站、不装两站,能装两站、不装三站。同时,不断取消零担业务量小的站点,将办理零担业务站点的辐射范围扩大,以利于集中货源。

对于零担运输企业而言,要大力推广计算机管理,提高现代化管理水平,建立全路零担货物运输网络平台,实现信息共享,随时优化运输方案。零担运输未来的发展方向应该是行包运输和集装箱运输。

二、公路零担货物运输的组织形式

零担货物运输仓库是开办零担货运的首要条件,零担货运站是办理零担货运业务的主体,零担货车配备是开办和发展零担货运的保证,班线运输是零担货运组织的基本形式,组织零担货物联运是增强零担货运活力的关键。

(一) 零担货物运输线路的选择

公路零担货物运输中线路的组织主要采取汇集式路线的方式。所谓汇集式路线,是指按单程进行货运生产组织的车辆行驶路线。一般情况下为封闭路线。可沿环形线路运行,也可在直线上往返运行。选择汇集式路线,应以每单程(或周转)总行程最短为佳,在总行程一样时,以载重行程最短或周转量最少为佳。

想一想 与整车运输相比,零担货物运输路线有何不同?

(二) 零担货物运输中货源信息的调查

零担货运是货物运输的一个组成部分,其市场调查的内容、方式、方法与货物运输基本相同,主要是进行货流起讫点调查,即对货物起始点及到达地点的分布、货物种类、货物托运、保管、装卸地点及货物分布的调查,货物流向与流量的调查。通过调查,了解零担货物的需求情况。合理安排货运站及营业网点的分布,组织货运服务。为了保证运输企业的经济效益,确保零担货物运输货源的稳定,运输企业应积极开展零担货物的市场调查,才能做好货源组织工作。零担货物运输货源的调查方法有以下几种。

1. 经常性调查

经常性调查是通过利用日常受理业务,定期对运单进行分析,召开货主座谈会,收集货主意见,积累调查资料,摸清货流规律的一种调查方式。

2. 重点调查

重点调查是对本地区的重点货主单位定期进行走访,了解货主对零担货运的要求,根据货主的需要,及时调整或开辟新的线路。

3. 地区性调查

地区性调查就是对本地区工矿企业生产和商品流通等情况进行综合性调查,探索和掌握本地区零担货运发展的规律和趋势,结合本地区的实际货源情况,开设零担货运班线。

通过调查、收集资料,并对资料进行整理、分析,从中得出零担货流的相关信息,为企业组织零担货物运输选择合理的运输组织形式提供依据。

(三) 零担货物运输中货源的组织

零担货物运输过程,涉及多个承运人和多点的多次装卸活动。因此,车辆的配载是否合理直接影响到货物运输的效率。零担货物运输组织工作应贯彻"多装直达,合理中转,巧装满载,安全迅速"的原则,以便于提高零担货物运输的效率。零担货物运输的货源组织方法如下。

1. 实行合同运输

零担运输企业可以与需求单位签订长期运输合同,实行合同运输。合同运输有利于逐步稳定货源数量;有利于合理安排运输车辆;有利于加强企业责任感,提高运输服务质量;有利于简化运输手续,减少费用支出;有利于改进产、运、销之间的关系,优化资源配置。

2. 设立零担货运代办站或代办点

零担货物具有零星、分散、品种多、批量小和流向广的特点。零担货物运输企业可以自行独立设置货运站或货运点。也可以与其他社会部门或企业联合设立零担货运代办站或代办点。这样,一方面可以增加零担货运站点的密度,另一方面又可以有效利用社会资源,减少企业成本,弥补企业在发展中资金、人力的不足。零担货运代办站或代办点一般只负责零担货物的受理、中转和到达业务,不负责营运。

3. 委托相关企业代理零担货运业务

零担货运企业可以委托货物联运公司、日杂百货公司和邮局等单位代理零担货运受理业务,利用这些单位的既有设施及其社会关系网络,取得相对稳定的货源。

4. 采用多样化的受理手段

在有较稳定零担货源的物资单位聘请货运信息联络员,可以随时掌握货源信息,以零带整,组织整车货源;通过开展电话受理业务,可以使托运人就近办理托运手续,为货主提供方便;利用现代信息技术,创建信息化零担货运受理平台,进行网上业务接单和业务受理。

(四)零担货物运输组织形式

零担货物运输由于集零为整、站点、线路较为复杂,业务烦琐,因而开展零担货运业务,必须采用合理的车辆运行组织形式。

零担货物运输形式通常有固定式零担货运组织形式和非固定式零担货运组织形式。

1. 固定式零担货运组织形式

固定式零担货运组织形式也称汽车零担货运班车,即所谓的"四定运输",指车辆运行采取定线路、定班期、定车辆、定时间的一种组织形式。

零担货运班车主要采取以下几种方式运行:

(1)直达式。直达式指在起运站,将各发货人托运到同一到达站,而且性质适合配装的零担货物,同车装运直接送至到达站。直达式运输组织由于其避免了中间换装作业,节省了中转环节和中间换装作业等工序,因此,它是固定式零担货物运输组织方式中最为经济的一种运输组织形式。

(2)中转式。中转式是指在起运站将各托运人发往同一去向,不同到达站,而且性质适合于配装的零担货物,同车装运到规定的中转站,到站卸货后另行配装,重新组成新的零担班车运往各到达站的一种组织形式。

(3)沿途式。沿途式是指在起运站将各个托运人发往同一线路,不同到站,且性质适宜配装的各种零担货物,同车装运,按计划在沿途站点卸下或装上零担货物后再继续前进,运往各到达站的一种组织形式。

2. 非固定式零担货运组织形式

非固定式零担车是指按照零担货流的具体情况,根据实际需要,临时组织而成的零担车。通常在新辟零担货运线路或季节性零担货运线路上使用。

> **想一想** 几种零担货物运输方式有何不同?

三、公路零担货物运输的组织流程

零担货物运输的组织过程包含起始站的托运作业,途中作业和到达站务工作。具体组织流程如图2.11所示。

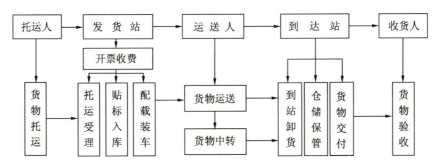

图2.11 公路零担货物运输组织流程

下面重点介绍一下流程中的几个关键环节。

(一) 托运受理

零担货物承运人根据营业范围内的线路、站点以及运营车辆的装载能力,货物性质和受运限制等规则按照相关规定接受零担货物,办理托运手续。托运受理是零担货运作业的第一项环节。由于零担货运涉及的货品种类繁多,形状各样。因此,对办理货物受理人的要求也相对较高,需要各受理人掌握营业范围内的线路、站点、中转的范围、车辆及站点的装卸及装载能力,货物的理化性能以及受运限制等一系列相关规定。

1. 受理托运的基本工作

(1) 承运人应明确公布办理零担的线路、站点班期及收费标准;

(2) 张贴托运须知,包装要求和限运规定。

2. 受理托运的方法

零担货物运输由于线路较多,每一条零担货运线路较为确定,因此在托运货物前,需要对每一条线路上的货物进行有效的收集,以确保线路上货源的稳定。货物受理的方式包含随时受理制、预先审批制和日历承运制。

(1) 随时受理制:对托运日期没有具体的要求,发货人可随时将货物送到托运站办理托运手续。这种方式对货主来讲最为方便,然而由于货源信息随时产生,缺乏对每一次货运量信息的计划性,导致货物运输中车辆的利用率低。

(2) 预先审批制:发货人事先向货运站提出申请,车站再根据各个发货方向及站点的运量,结合车辆的运量等情况进行货物的分装与配载,组成不同的零担班车。

(3) 日历承运制:货运站结合以往各运输线路的流量和流向的规律,编制承运日期表并且事先公布,发货人根据规定的日期办理托运手续。采用日历承运制,承运人可以有计划地组织货物的运输。

3. 托运单的填写

零担货物托运人办理托运手续时必须办理托运单。托运单作为发货方与承运人之间货物交接的有效凭证。原则上由托运人填写之后经承运人审核无误才可进行货物交接。

填写托运单的注意事项:

(1) 托运单的填写必须干净整齐,不得涂改;

(2) 审核到达站是否与收货人地址相一致,以免误运;

(3) 对货物的种类及性质进行核查,不得运输违禁超限货物,同时对同一批货物的包装及数量进行准确记录,以免错提错交;

(4) 如有特殊要求,应在备注栏内进行标注;

(5) 对于贵重物品及高价值物品,由托运人自愿选择进行投保,进行保价运输的,必须在备注栏内进行备注。

零担货物托运单一式两份,一份于起运站仓库存查,一份于开票后随货同行。货物到站在零担班车运行线路范围内的,称为"直线零担",可填写"零担货物托运单";须通过中转换装的,称为"联运零担",可填写"联运零担货物托运单"。公路零担货物的托运单格式如表2.1所示。

表 2.1　公路零担货物托运单

托运日期　　年　月　日										
起运站			到达站							
托运单位			详细地址				电话			
收货单位(人)			详细地址				电话			
货名	性质	包装	件数	重量(t)	计费里程(km)		计费重量(t)	体积(m^3)		运费
合计										
发货人记载事项			起运站记载事项							
进货仓位			仓库理货验收员							
到站交付日			发运日期					托运人(签章)		
托运人注意事项： （1）托运单一式两份；（2）托运货物必须包装完好，捆扎牢固；（3）不得瞒报货物名称，否则在运输过程中发生的一切损失，均由托运人负责赔偿；（4）托运货物不得夹带易燃危险品。 以上各栏，由托运人详细填写。										

（二）验货司磅

验货司磅即托运人在收到托运单后，审核托运单填写内容与货物实际情况是否相符，检查包装，过磅量方，进行扣贴标签、标志等活动。

1. 核对运单

承运人按照承运线路、站点、车辆装载能力等，核对托运单上的信息填写是否完整，同时是否与本次运输线路相一致，填写的货物名称、数量、包装标识等信息是否与实际接收的货物相一致。

2. 检查货物

货物包装是货物运输、中转、仓储等过程安全的基本保障，包装的好坏直接关系到运输质量和货物自身的安全。因此，必须对货物外包装进行检查，确保在运输过程中的安全性。检查外包装可采用以下方法：

（1）看。检查外包装是否符合相关规定要求，有无破损、缝隙等现象。特殊物品及贵重物品需要查看其是否采取了适当防护措施及进行报价。

（2）听。听有无异响。

（3）闻。闻有无不正常气味。

（4）摇。检查包装内衬垫是否充实，货物在包装内是否晃动。

3. 过磅量方

零担货物运输中，按照所到站点分别进行过磅计算，不同站点的计费标准会有所不同。

零担货物一般按照毛重进行计费,计费重量起步为 1 kg;对于实重货物而言,计费重量为实际重量;对于轻泡货物(指每立方米体积重量不足 333 kg 货物)而言,其计费重量需要根据其体积进行折算,根据其外部的最大长、宽、高尺寸计算其体积,按 1 m³ 折合 333 kg 确定其计费重量。

4. 扣、贴标签、标志

货物标签是货物本身与运输货票之间的联系,是运输过程中进行理货、装卸、中转、交付的重要凭证。标签的各栏目需要认真填写,并且在每件货物的正面与侧面各贴一张。

(三)验收入库

零担仓库需要有良好的通风、防潮、防火、灯光设备和安全保卫能力,安全设施到位,库房内应严禁烟火。露天堆放货物时,要有安全防护措施。仓库应适当划分货位,一般可划分进仓待运货位、急运货位、到达待交货位,以便分别堆放。零担货物验收入库是车站对货物履行责任运输、保管的开始,在经复点无误之后在托运单上注明货位,经办人盖章后生效。

1. 入库要求

入库必须做到:

(1)凡未办理托运手续的货物,一律不准进入仓库;

(2)认真核对运单、货物,坚持照单验收入库;

(3)货物必须按流向堆码在指定的货位上;

(4)一批货物不要堆放两处,库内要做到层次分明,留有通道,互不搭肩,标签向外,箭头向上;

(5)露天堆放的货物要注意下垫上盖。

2. 验收入库的日常管理

(1)经常检查仓库四周,可将有碍货物安全的物品堆放在仓库周围,保持仓库内外整洁。

(2)货物在仓库待运期间,要经常进行检视核对,以票对货、票票不漏。

(四)开票收费

托运人根据托运单上货物的数量及重量等信息,核算货物的运费及相关杂费项目。零担货物运费包含实际运输费用与各项杂费。实际运输费用计算公式为 $F = W \times L \times P$(F 为实际运输费用,W 为货物重量,L 为运输距离,P 为货运单价)。

1. 零担货运的杂费项目

(1)渡费(零担运输车辆如果需要过渡运行,由起始站代收渡费);(2)标签费;(3)标志费;(4)联运服务费;(5)中转包干费(联运中转换装产生的装卸、搬运、仓储、整理包装劳务等费用,全程包干,汽运站一次核收);(6)退票费;(7)保管费;(8)快件费;(9)保价(保险)费。

2. 营收报解与营收审核

收费人员每日将所收款项的数目与开出的票据进行核对。

(五)配载装车

1. 装车前的准备工作

(1)根据随货通行的单据,按照中转、直达将货物进行分类;

(2)根据车辆的吨位、箱体容积等确定需要装载的货物,同时编制货物的交接清单。

2. 装车组织

根据货物的特性、种类及到达的先后顺序,进行货物装车。其过程包含备货、交代装车、监装。监装是由仓库报关员发货,随车理货员或者驾驶员随即装车的活动。

3. 配载原则

(1) 坚持中转先运、急件先运、先托先运、合同先运的原则。对一张托运单和一次中转的货物,须一次运清,不得分批运送。

(2) 凡是可以直达运送的货物,必须直达运送;必须中转的货物,应按合理流向配载,不得任意增加中转环节。

(3) 同一批货物应堆置在一起,货件的货签应向外,以便工作人员识别;运距较短的货物,应堆放在车厢的上部或后面,以便卸货作业顺利进行。

(4) 充分利用车辆的载重量和容积,进行轻重配装,巧装满装。根据车辆容积和货物情况,均衡地将货物重量分布于车底板上;紧密地堆放货物,以期充分利用车辆的载重量和容积,防止在车辆运行中因发生振动而造成的货物倒塌和破损;认真执行货物混装限制规定,确保运输安全。

(5) 加强预报中途各站的待运量,并尽可能使同站装卸的货物在吨位和容积上相适应。

4. 站车交接

起运站与承运车辆,依据"零担货物装交接清单"办理交接手续,按交接清单有关栏目,在监装时逐批点交,逐批接收。交接完毕后,由随车理货员或驾驶员在交接清单上签收。交接清单应一站一单,以利运杂费结算;同时填写公路汽车零担货物交接及运费和杂费结算清单。

(六) 货物中转

中转站主要是将来自各不同方向仍需继续运输的零担货物卸车后重新集结待运,继续运至终点站。中转作业一般有三种方法:落地法、坐车法、过车法。

(1) 落地法:将到达车辆上的全部零担货物卸下入库,按方向或到达站在货位上重新集结,再重新装配。这种方法简单易行,车辆载货利用较好,但装卸量大,行车速度慢,仓库和场地的占用面积大。

(2) 坐车法:将到达车辆上运往前面同一到站,且中转数量较多或卸车困难的那部分核心货物留在车上,将其余货物卸下后再加装到同一到达站的其他货物,核心货物不用卸车,减少了装卸作业量,加快了中转作业速度。

(3) 过车法:当几辆零担车同时到站进行中转时,将车内的部分中转货物由一辆车直接换装到另一辆车上。组织过车时,可以向空车上过,也可以向留有核心货物的重车上过。

(七) 到达作业

1. 到站卸货

零担班车到站后,对普通货物和中转联运零担货物分别理卸。办理仓储和中转作业时,应注意:

(1) 办理好承运车和车站的交接工作。车站货运人员向随车理货员索要货物交接清单以及随附的有关单证,两者要注意核对,如有不符,应在交接清单上注明不符情况。

(2) 认真检查。确认货物在运送过程中的状态和完整性,以便在发生货损货差时划清责任并防止误卸。

发现货票不符时的处理原则：

（1）有票无货，原票退回；

（2）流向错运，越站错运，原车带回；

（3）货物短少、损坏以及有货无票，均不得拒收，应在交接单上签注并做出记录；

（4）有货无票的应联系沿途各站查询处理。

2. 到货通知

零担到货卸理验收完毕后，到达本站的货物，应登入"零担货物到货登记表"，以"到货通知单"和"到货布告"或电话发出通知，催促收货人提货。

3. 收票交货

货物交付完毕，收回货票提货联，公路汽车的责任结束。货物交付包括内交付（随货同行单证交付）和外交付（现货交付）。为了防止误交，应做到：

（1）不得白条提货；

（2）凭货票提货联交付者，由收货人在提货联上加盖与收货人名称相同的印章并提出有效身份证件；

（3）凭到货通知单交付的，由收货人在到货通知上加盖身份证件印章，并在货票提取联上签字交付；

（4）凭电话通知交付的，凭收货单位介绍信，提货经办人在货票上签字交付；

（5）委托其他单位代提的，收货人盖相同印章；

（6）零担货物交付时，应认真核对货物品名、件数和票签号码。

四、影响公路零担货物运输效率的因素

公路零担货物运输作为服务于大众消费者以及个人客户的一种运输组织方式，在国民经济的发展中发挥着重大作用，而且因为其具有灵活、便利、单次批量小等特征，具有整车运输组织所无法比拟的优势。但同时，作为服务于多数不确定客户的零担货物运输组织方式，其运输组织效率受到以下因素的影响。

（1）基础设施。基础设施作为运输组织运行的先决条件，其完善程度直接决定了零担运输的运送范围及运行效率。近年来，我国高速公路网络体系的不断完善以及国、省、县、乡等干线网络的不断健全，也极大地便利了公路运输效率。

（2）运输线路。零担货运效率的高低，也和其运行的线路有关。在货源来往频繁的城市之间的线路上进行零担货物运输，由于货源量大，车辆可以有选择性地进行配载，同时可以根据具体情况进行站点的设置，有利于提高运输线路上的运输效率。

（3）装卸效率。在某一条零担运输线路上，由于涉及在多个站点上货物的装卸，因此，站点装卸设备的装卸效率将极大地影响到货物运输的效率。

（4）货物配载。零担货物运输涉及多个发货人的不同货物，货物的性质及包装等各不相同，货物的合理配载，可以有效提高车厢内部的有效装载率，提高车厢的有效利用率，从而间接达到提高单次运输效率的目的。

任务四　计算公路货物运费

案例导入

某工艺品公司委托联众物流通过公路运输运送40件精美玉雕产品,每件价值5万元,总重量2 t。内包装纸箱、外包装木箱,规格均为120 cm×80 cm×60 cm。托运方要求在运输、装卸过程中注意防止货品跌落和碰撞。预计送达时间2天。货物保险由承运方办理,按照货物总价的1.5倍投保,保险费为投保金额的0.5‰,由中国人民保险公司上海分公司承保。

案例思考

上述案例中,运费的构成有哪些?如何确定?

知识链接

一、公路货物运费

公路货物运费包括运费和其他费用。运费是指公路承运人在运输货物时依照所运货物的种类、重量、运送距离而收取的费用,它是公路货物运输费用的重要组成部分。其他费用也称杂费,主要是指包括装卸费在内的公路货物运输过程中产生的相关费用。

公路货物运输包含整车运输、零担运输、集装箱运输以及计时包车货物运输,不同的运输方式,其运输费用计算方式不同。

二、公路货物运费的计算步骤

（一）确定计费重量

1. 计费单位

整批货物运输以吨为单位,零担货物运输以kg为单位,集装箱货物运输以箱为单位。

2. 重量确定

（1）一般货物:无论整批、零担货物,计费重量均按毛重计算。整批货物吨以下计至100 kg,尾数不足100 kg的,四舍五入。零担货物起码计费重量为1 kg。重量在1 kg以上,尾数不足1 kg的,四舍五入。

（2）轻泡货物:装运整批轻泡货物的高度、长度、宽度,以不超过有关道路交通安全规定为限度,按车辆的标记吨位计算重量。零担运输轻泡货物以货物外包装最长、最宽、最高部位的尺寸计算其体积,按每立方米折合333 kg计算重量。

（3）包车运输按车辆的标记吨位计算。

(4) 货物重量一般以起运地过磅为准。起运地不能或不便过磅的货物,由承托运双方协商确定计费重量。

(5) 散装货物,如砖、砂、石、土、矿石、木材等,按体积由各省、自治区、直辖市统一规定的重量换算标准计算重量。

(二) 确定货物等级

货物按其性质分为普通货物和特种货物两种。

普通货物实行分等计价,以一等货物为基础,二等货物加成15%,三等货物加成30%。

特种货物分为长大、笨重货物,危险货物,贵重、鲜活货物三类。

1. 大型特型笨重货物运价

(1) 一级大型特型笨重货物在整批货物基本运价的基础上加成40%~60%;

(2) 二级大型特型笨重货物在整批货物基本运价的基本上加成60%~80%。

2. 危险货物运价

(1) 一级危险货物在整批(零担)货物基本运价的基础上加成60%~80%;

(2) 二级危险货物在整批(零担)货物基本运价的基础上加成40%~60%。

3. 贵重、鲜活货物运价

在整批(零担)货物基本运价的基础上加成40%~60%。

(三) 确定计费里程

1. 里程单位

货物运输计费里程以千米为单位,尾数不足1 km的,进整为1 km。

2. 里程确定

(1) 货物运输的营运里程,按交通运输部和各省、自治区、直辖市交通行政主管部门核定、颁发的《营运里程图》执行。《营运里程图》未核定的里程,由承、托双方共同测定或经协商按车辆实际运行里程计算。

(2) 出入境汽车货物运输的境内计费里程以交通运输主管部门核定的里程为准;境外里程按毗邻(地区)交通主管部门或有权认定部门核定的里程为准。未核定里程的,由承、托双方协商或按车辆实际运行里程计算。

(3) 货物运输的计费里程,按装货地点至卸货地点的实际载货的营运里程计算。

(4) 因自然灾害造成道路中断,车辆需绕道行驶的,按实际行驶里程计算。

(5) 城市市区里程按当地交通主管部门确定的市区平均营运里程计;当地交通主管部门未确定的,由承托双方协定确定。因自然灾害造成道路中断,车辆需绕道而驶的,按实际行驶里程计算。

(四) 运费计算

1. 整车货物运费计算

公路运输规定,凡一次托运同一起讫地点的货物,其重量在3 t或其以上者,按整批货物运价计费。整批货物运输以吨为计费重量单位,以元/(t·km)为运价单位,对整批货物运输在计算运费的同时,按货物重量加收吨次费。整批货物运费计算公式为:

整批货物运费 = 吨次费 × 计费重量 + 整批货物运价 × 计费重量 × 计费里程 + 其他费用。

其中,吨次费是指在计算整批货物运费的同时,按货物重量加收的费用。

[例题一] 某货主托运一批瓷砖,重4 538 kg,承运人公布的一级普货运价率为1.2元/(t·km),吨次费为16元/t,该批货物运输距离为36 km,瓷砖为普货三级,计价加成30%,途中通行收费35元。计算货主应支付的运费是多少?

解:(1)瓷砖重4 538千克,超过3 t按整车办理,计费重量为4.5 t。
(2)瓷砖为三级普货,计价加成30%,故运价率=1.2×(1+30%)=1.56元/(t·km),货主应支付运费=16×4.5+1.56×4.5×36+35≈360元。

2. 零担货物运费计算

一次托运的一批货物不足3 t的为零担运输,零担货物运输以千克为计费重量单位,以元/(kg·km)为运价单位。一般来说,由于零担货物批量小,到站分散,货物种类繁多,因而在运输中承运方需要支出的成本费用要比整车运输多,所以同一品名的零担货物运价高于整车同等货物的运价。零担货物运费的计算公式为:

零担货物运费 = 计费重量×计费里程×零担货物运价 + 其他费用

[例题二] 有一批塑料制品(普通二级货物)由南京运往上海,重2 584.6 kg,体积为7.8 m³,价值8万元,托运人采用保价运输(按5‰计收),由承运人负责装卸(装卸费率为8元/吨)。计算运费。(南京—上海:349 km,基本运价率:0.000 58元/(kg·km))

解:该塑料制品属于轻泡货物,其体积重量=货物体积×333=7.8×333=2 597.4 kg,2 597.4>2 584.6,因此计费重量为2 597 kg。

基本运费=零担运价×计费里程×计费重量=0.000 58×(1+15%)×2 597×349=605(元)

保价费=保价金额×5‰=80 000×5‰=400(元)

装卸费=装卸费率×毛重×装卸次数=8×2.584 6×2=41(元)

因此,运输费用=基本运费+保价费+装卸费=605+400+41=1 046(元)

3. 集装箱运费计算

集装箱运价适用于利用集装箱运送的货物。集装箱运输以箱为计费重量单位,以元/(箱·km)为运价单位。对汽车集装箱运输在计算运费的同时,加收箱次费。箱次费按不同箱型分别确定。集装箱运价一般按照高于整车运价但低于零担运价的原则来制定。集装箱运费的计算公式为:

重(空)集装箱运费=重(空)箱运价×计费箱数×计费里程+箱次费×计费箱数+其他费用

箱次费是指在计算汽车集装箱运输费用的同时,按不同箱型分别加收的费用。

重箱运价按照不同规格箱型的基本运价执行,空箱运价在标准集装箱重箱运价的基础上减成计算。

4. 包车运费计算

对于包车进行的货物运输,要按照包车运输承载的货物种类、运输的特征,以及包车行驶所占用的时间来考虑包车运费。包车运费的计算公式为:

包车运费=包车运价×包用车辆吨位×计费时间+其他费用

包车货运计费时间:计费时间以小时为单位,起码计费时间为4 h;使用时间超过4 h,按实际包用时间计算。整日包车,每日按8 h计算;使用时间超过8 h按实际使用时间计算。时间尾数不足0.5 h舍去,达到0.5 h进整为1 h。

(五) 公路货物运输的其他费用

（1）调车费。应托运人要求，车辆调出所在地而产生的车辆往返空驶，应计收调车费。

（2）延滞费。车辆按约定时间到达约定的装货或卸货地点，因托运人或收货人责任造成车辆和装卸延滞，应计收延滞费。

（3）装货（箱）落空损失费。应托运人要求，车辆开至约定地点装货（箱）落空造成的往返空驶里程，按其运价的50%计收装货（箱）落空损失费。

（4）排障费。运输大型特型笨重物件时，因对运输路线的桥涵、道路及其他设施进行必要的加固或改造所发生的费用，称为排障费。排障费由托运人负担。

（5）车辆处置费。应托运人要求，运输特种货物、非标准箱等需要对车辆改装、拆卸和清理所发生的工料费用，称为车辆处置费。车辆处置费由托运人负担。

（6）检验费。在运输过程中国家有关检疫部门对车辆的检验费以及因检验造成的车辆停运损失，由托运人负担。

（7）装卸费。由托运人负担。

（8）通行费。货物运输需支付的过渡、过路、过桥、过隧道等通行费由托运人负担，承运人代收代付。

（9）保管费。货物运达后，明确由收货人自取的，从承运人向收货人发出提货通知书的次日（以邮戳或电话记录为准）起计，第4天开始核收货物保管费；应托运人的要求或托运人的责任造成的需要保管的货物，计收货物保管费。货物保管费由托运人负担。

（10）道路阻塞停车费。汽车货物运输过程中，如发生自然灾害等不可抗力造成的道路阻滞，无法完成全程运输，需要就近卸存、接运时，卸存、接运费用由托运人负担。

（11）运输变更手续费。托运人要求取消或变更货物托运手续，应收变更手续费。

三、公路货物运费的结算

结算公路货物运费时，应遵守如下规定：

（1）货物运费在货物托运、起运时一次结清，也可按合同采用预付费用的方式，随运随结或运后结清。托运人或者收货人不支付运费、保管费以及其他运输费用的，承运人对相应的运输货物享有留置权，但当事人另有约定的除外。

（2）运费尾数以元为单位，不足1元时四舍五入。

（3）货物在运输过程中因不可抗力灭失，未收取运费的，承运人不得要求托运人支付运费；已收取运费的，托运人可以要求返还。

项目巩固

一、名词解释

1. 行车路单
2. 公路整车货物运输
3. 公路零担货物运输

二、单选题

1. 公路运输网的密度比铁路、水路网的密度要大(　　)倍,且分布面广。
   A. 5　　　　　　B. 15　　　　　　C. 25　　　　　　D. 30
2. 公路运输(　　),这对抢险、救灾工作和军事运输具有特别重要的意义。
   A. 可实现"门到门"直达运输　　　　B. 有较高的运送速度
   C. 原始投资少,资金周转快　　　　　D. 机动性比较大
3. 在五种运输方式中,运输成本最高的是(　　)运输。
   A. 铁路运输　　B. 公路运输　　C. 航空运输　　D. 水路运输
4. 公路运输的轻泡货物是指密度小于(　　)kg/m³的货物。
   A. 200　　　　B. 300　　　　C. 333　　　　D. 6 000
5. 快件货物运输的具体要求是从货物受理日15时起算,300 km运距的,要(　　)h内运达。
   A. 8　　　　　B. 12　　　　　C. 24　　　　　D. 36
6. 相对于其他运输方式,公路运输的最大特点是(　　)。
   A. 速度快　　　B. 成本低　　　C. 货损率低　　D. "门到门"服务
7. 零担运输是指托运人一次托运的货物计费总量在(　　)以下的货物运输。
   A. 1 t　　　　B. 2 t　　　　C. 3 t　　　　D. 4 t
8. 在公路运输(　　)经济里程内,铁路、水运的装卸成本和时间成本以及运输频率均不如公路运输。
   A. 200 km　　B. 300 km　　C. 400 km　　D. 100 km
9. 甩挂运输适用于(　　)。
   A. 比较费时的固定性大宗货源　　　B. 适于散运散装货物
   C. 容易搬运的小型货物　　　　　　D. 使用性较强的货物
10. 我国规定50 km为短途运输,(　　)km以内为中途运输。
    A. 100　　　　B. 150　　　　C. 200　　　　D. 300

三、多选题

1. 公路运输企业的固定资产主要是(　　)。
   A. 车辆　　B. 货运车站　　C. 装卸机械　　D. 公路　　E. 员工
2. 特种货物运输包括(　　)。
   A. 贵重货物　　B. 鲜活货物　　C. 危险货物　　D. 轻泡货物
   E. 长大笨重货物
3. 根据道路(　　),可将道路分为高速公路、一级公路、二级公路、三级公路、四级公路五个等级。
   A. 所处位置　　B. 使用任务　　C. 交通性质　　D. 功能
   E. 适应的交通量
4. 公路站场一般包括(　　)等设施。
   A. 食宿楼　　B. 加油站　　C. 保修厂　　D. 停车场　　E. 货运站

四、简答题

1. 公路运输有哪些技术经济特征?

2. 整车货物运输组织方式适用于哪些情况下？

3. 零担货物运输组织方式适用于哪些情况下？

4. 整车运输、零担运输、集装箱运输及包车运输的运费如何计算？

五、计算题

1. 某货主向凯达汽车运输公司托运食用植物油 5 t，承运人公布的一级普货费率为 1.5 元/(t·km)，吨次费为 16 元/t，该批货物运输距离为 75 km，查运价分级表知该批货物为普货三级，计价加成 30%，途中通行收费 45 元。请计算货主应支付的运费。

2. 从杭州运送一批上海宝钢的普通钢材至洛阳，里程 1 010 km，重量 30 t，装卸费 8 元/t，装车一次，卸车一次，单程空驶费按 30% 计算，暂无其他收费，杭州至洛阳整批货物基础运价为 330 元/t。计算这批货物运费。

3. 杭州至西宁，里程 2 800 km，50 木箱收音机，每箱尺寸 400 mm × 400 mm × 400 mm，木箱包装皮重 2 kg，每个收音机 0.2 kg，每箱可装 45 个。按里程折算后，杭州至西宁零担货物基础运价为：重货 1.2 元/kg，轻泡货 240 元/m^3，无其他费用。请计算货主支付的运费。

实战演练

公路整车货物运输作业

【技能训练目标】

知道整车货物运输受理作业的程序；清楚受理作业的作业内容；知道各作业内容的要点和工作职责；能叙述调度工作和押运工作的主要内容；会熟练操作各项作业。

【技能训练准备】

1. 分组

每 7 人一组，各人角色如下：货主 1 人，收货人 1 人，运单审核员 1 人，监装、监卸员 1 人，调度员 1 人，押运员 1 人，货物交付 1 人。

2. 单据准备

汽车货物运单（甲种），调度命令登记簿，交运物品清单。

3. 机械器具准备

汽车一辆，叉车一辆，整车待运货物若干。

4. 训练地点

汽车货运站（模拟汽车货运站）。

【技能训练步骤】

公路整车货物运输作业技能训练步骤如下图所示。

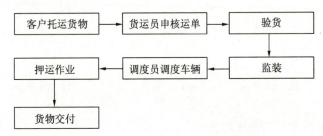

【技能训练注意事项】
1. 在货运站训练时,听从安排,注意安全;
2. 在训练时,注意来往的车辆和装卸机械,不要在货场内玩耍、追逐打闹;
3. 在各项作业的操作中,按要求进行;
4. 训练时注意各种单据的流转。

【技能训练评价】
公路整车货物运输作业技能训练评价表如下所示:

公路整车货物运输作业技能训练评价表

被考评人				
考评地点				
考评内容	公路整车货物运输作业			
考评标准	内　　容	自我评价	教师评价	综合评价
	运单审核认真仔细			
	监装、监卸工作正确			
	调度工作的叙述真确			
	叙述押运工作内容清楚			
	货物交接正确			
该项技能能级				

备注:
1. 综合评价:以教师评价为主,自我评价作为教师对学生初期技术能力评价的参考条件。
2. 能级标准:
1 级标准:在教师指导下,能部分完成某项实训作业或项目;
2 级标准:在教师指导下,能全部完成某项实训作业或项目;
3 级标准:能独立地完成某项实训作业或项目;
4 级标准:能独立地又快又好地完成某项实训作业或项目;
5 级标准:能独立地又快又好地完成某项实训作业或项目,并能指导其他人。

【技能训练建议】
建议采用角色互换循环训练的方法。

【附录】
附录一 公路普通货物运价分等表

公路普通货物运价分等表

等级	序号	货类	货物名称
一等货物	1	砂	砂子
	2	石	片石、渣石、寸石、石硝、粒石、卵石
	3	非金属矿石	各种非金属矿石
	4	土	各种土、垃圾
	5	渣	炉渣、炉灰、水渣、各种灰烬、碎砖瓦等
二等货物	1	粮食及加工品	各种粮食(稻、麦、各种杂粮、薯类)及其加工品
	2	棉花、麻	皮棉、籽棉、絮棉、旧棉、棉胎、木棉、各种麻类
	3	油料作物	花生、芝麻、油菜籽、蓖麻子及其他油料作物
	4	烟叶	烤烟、土烟
	5	植物的种籽、草、藤、树条	树、草、菜、花的种籽、干花、牧草、谷草、稻草、芦苇、树条、树根、木柴、藤等
	6	肥料、农药	化肥、粪肥、土杂肥、农药(具有危险货物性质的除外)等
	7	糖	各种食用糖(包括饴糖、糖稀)
	8	酱菜、调料	腌菜、酱菜、酱油、醋、酱、花椒、茴香、生姜、芥末、腐乳、味精及其他调味品
	9	土产杂品	土产品、各种杂品
	10	皮毛、塑料	生皮张、生熟皮毛、鬃毛绒及其加工品、塑料及其制品
	11	日用百货、一般纺织制品	各种日用小百货、一般纺织品、针织品
	12	药材	普通中药材
	13	纸、纸浆	普通纸及纸制品、各种纸浆
	14	文化体育用品	文具、教学用具、体育用品
	15	印刷品	报刊、图书及其他印刷品
	16	木材	圆木、方木、板料、成材、杂木棍等
	17	橡胶、可塑材料及其制品	生橡胶、人造橡胶、再生胶及其制品、电木制品、其他可塑原料及其制品
	18	水泥及其制品	袋装水泥、水泥制品、预制水泥构件等
	19	钢材(管、丝、线、绳、板、皮条)、钢铁、有色金属及其制品	生铁、毛坯、铸铁件、有色金属、材料、大、小五金制品、配件、小型农机具等
	20	矿物性建筑材料	普通砖、瓦、缸砖、水泥瓦、乱石、块石、级配石、条石、水磨石、白云白、蜡石、莹石及一般石制品、滑石粉、石灰膏、电石灰、矾石灰、石膏、石棉、白垩粉、陶土管、石灰石、生石灰

续表

等级	序号	货类	货物名称
二等货物	21	金属矿石	各种金属石
	22	煤	原煤、块煤、可燃性片岩等
	23	焦碳	焦碳、焦碳末、石油焦、沥青、焦木炭等
	24	原煤加工品	煤球、煤砖、蜂窝煤
	25	盐	原盐及加工精盐
	26	泥、灰	泥土、淤泥、煤泥、青灰、粉煤灰等
	27	废品及散碎品	废钢铁、废纸、破碎布、碎玻璃、废鞋靴、废纸袋等
	28	空包装容器	篓、坛罐、桶、瓶、箱、筐、袋、包、箱皮、盒等
	29	其他	未列入表中的其他货物
三等货物	1	蜂	蜜蜂、蜡虫
	2	蚕、茧	蚕、蚕子、蚕蛹、蚕茧
	3	观赏用花、木	观赏用长青树木、花草、树苗
	4	蔬菜、瓜果	鲜蔬菜、鲜菌类、鲜水果、甘蔗、瓜类
	5	植物油	各种食用、工业、医药用植物油
	6	蛋、乳	蛋、乳及其制品
	7	肉脂及制品	鲜、腌、酱肉类、油脂及制品
	8	水产品	干鲜鱼、虾、蟹、贝、海带
	9	干菜、干果	干菜、干果、子仁及各种果脯
	10	橡胶制品	轮胎、橡胶管、橡胶布类及其制品
	11	颜料、染料	颜料、染料及助剂与其制品
	12	食用香精、树胶、木蜡	食用香精、糖精、樟脑油、芳香油、木榴油、木蜡、橡蜡（橡油、皮油）、树胶等
	13	化妆品	护肤、美容、卫生、头发用品等各种化妆品
	14	木材加工品	毛板、企口板、胶合板、刨花板、装饰板、纤维板、木构件等
	15	家具	竹、藤、钢、木家具
	16	交电器材	普通医疗器械、无线电广播设备、电线电缆、电灯用品、蓄电池（未装酸液）、各种电子元件、电子或电动玩具
	17	毛、丝、棉、麻、呢绒、化纤、皮革制品	毛、丝、棉、麻、呢绒、化纤、皮革制品、鞋帽、服装
	18	烟、酒、饮料、茶	各种卷烟、各类瓶罐装的酒、汽水、果汁、食品、罐头、炼乳、植物油精（薄荷油、桉叶油）、茶叶及其制品
	19	糖果、糕点	糖果、果酱（桶装）、水果粉、蜜饯、面包、饼干、糕点
	20	淀粉	各种淀粉及其制品

续表

等级	序号	货类	货物名称
三等货物	21	冰及冰制品	天然冰、机制冰、冰淇淋、冰棍
	22	中西药品、医疗器具	西药、中药(丸、散、膏、丹成药)及医疗器具
	23	贵重纸张	卷烟纸、玻璃纸、过滤纸、晒图纸、描图纸、绘图纸、国画纸、蜡纸、复写纸、复印纸
	24	文娱用品	乐器、唱片、幻灯片、录音带、录像带及其他演出用具及道具
	25	美术工艺品	刺绣、蜡或塑料制品、美术制品、骨角制品、漆器、草编、竹编、藤编等各种美术工艺品
	26	陶瓷、玻璃及其制品	瓷器、陶器、玻璃及其制品
	27	机器及设备	各种机器及设备
	28	车辆	组成的自行车、摩托车、轻骑、小型拖拉机
	29	污染品	炭黑、铅粉、锰粉、乌烟(墨黑、松烟)、涂料及其他污染人体的货物、角、蹄甲、牲骨、死禽兽
	30	粉尘品	散装水泥、石粉、耐火粉
	31	装饰石料	大理石、花岗岩、汉白玉
	32	带釉建筑用品	玻璃瓦、琉璃瓦、其他带釉建筑用品、耐火砖、耐酸砖、瓷砖瓦

附录二 综合装卸费表

综合装卸费表

单位:元/t

货物分类项目	一等货物	二等货物	三等货物	特殊危险货物
装	1.8	2.2	4.0	4.0
卸	1.2	2.2	3.8	3.8
装卸费	3.0	4.4	7.8	7.8

注:当机械装自卸车运输砂石料时只计装车费,沥青(水泥)砼的装卸费按7.8元/t计,水泥稳定砂砾料的装卸费按4.4元/t计。

附录三 公路货物运率表

公路货物运率表

单位:元/(t·km)

货物分类运距(km)	一等货物	二等货物	三等货物	危险货物
1	1.710	1.967	2.223	2.565
2	1.200	1.380	1.560	1.800
3	1.100	1.265	1.430	1.650
4	0.890	1.024	1.157	1.335

续表

货物分类运距(km)	一等货物	二等货物	三等货物	危险货物
5	0.840	0.966	1.092	1.260
6	0.800	0.920	1.040	1.200
7	0.780	0.897	1.014	1.170
8	0.760	0.874	0.988	1.140
9	0.740	0.851	0.962	1.110
10	0.720	0.828	0.936	1.080
11	0.700	0.805	0.910	1.050
12	0.680	0.782	0.884	1.020
13	0.660	0.759	0.858	0.990
14	0.640	0.736	0.832	0.960
15	0.620	0.713	0.806	0.930
16	0.600	0.690	0.780	0.900
17	0.580	0.667	0.754	0.870
18	0.560	0.644	0.728	0.840
19	0.540	0.621	0.702	0.810
20	0.520	0.598	0.676	0.780
21	0.500	0.575	0.650	0.750
22	0.480	0.552	0.624	0.720
23	0.460	0.529	0.598	0.690
24	0.440	0.506	0.572	0.660
25	0.420	0.483	0.546	0.630
26	0.400	0.46	0.520	0.600
27	0.380	0.437	0.494	0.570
28	0.360	0.414	0.468	0.540
29	0.340	0.391	0.442	0.510
30	0.320	0.368	0.416	0.480
30 以上	0.310	0.360	0.400	0.470

附录四 全国主要城市间公路里程表（单位：km）

铁路运输

学习目标

【知识目标】
1. 了解铁路运输的概念、特点、相关设施和流程；
2. 掌握铁路运输的组织形式和运费的计算方法；
3. 掌握铁路运输合同、铁路运单和铁路运输货票的填制；
4. 了解货物交接检查的内容及处理方法；
5. 掌握货物运到期限的计算。

【能力目标】
1. 学会铁路运输费用的计算；
2. 学会铁路运输合同、铁路运单和铁路运输货票的填制。

学习任务提要

1. 铁路运输的概念、特点、相关设施和流程；
2. 铁路运输的组织形式和运费的计算方法；
3. 铁路运输合同、铁路运单和铁路运输货票的填制；
4. 货物运到期限的计算。

工作任务提要

1. 通过查阅资料、企业访谈、参观铁路运输企业，了解铁路运输在国民经济中的地位；
2. 掌握铁路运输的特点、了解铁路运输的相关设施；
3. 掌握铁路运输的流程及运费的计算。

建议教学时数

8学时。

任务一　认识铁路运输

案例导入

大秦铁路是中国第一条重载单元铁路,与以往的铁路运输相比,大秦铁路选择重载(开行万吨列车)、单元列车(品种单一不混装)、循环不解体的运输方式,具有重(开行重载单元列车)、大(大通道)、高(高质量、高效率)等特点。

案例思考

1. 我国有哪些主要铁路运输线路?
2. 铁路货运车辆具体有哪些类型?

知识链接

一、铁路运输的概念

铁路运输是一种陆上运输方式,是指利用机车、车辆等技术沿途铺设轨道,用铁路运送货物的运输方式。铁路运输是我国国民经济的大动脉,它与水路运输、公路运输衔接形成了以铁路运输为主要方式的运输网络。

二、铁路货运的特点

(一) 铁路运输安全性较好

随着计算机和自动控制系统在铁路系统的推广和应用,有效地降低了列车的运行风险,大大地减轻了行车事故的损害程度,安全风险远比海上运输小。

(二) 适应性较强

铁路运输几乎不受气候影响,一年四季可以不分昼夜地进行定期地、有规律地、准确地运转,可以保持较好的运输连续性,适应性较强。

(三) 铁路运输成本较低

铁路运输费用仅为公路运输费用的几分之一到十几分之一;运输耗油约是公路运输的二十分之一。

(四) 运输量比较大

一列铁路货物列车一般能运送 3 000~5 000 t 货物,远远高于航空运输和公路运输。

(五) 铁路运输速度比较快

铁路货运速度每昼夜可达几百千米,一般货车可达 100 km/h 左右,远远高于海上运输。

(六) 环境污染程度小

铁路运输对环境和生态平衡的影响程度较小,从单位运输量产生的大气污染物排放量分析,若采用内燃机牵引,铁路交通氮氧化合物排放量约为私人用车的70%,而碳氧化合物排放量仅为私人用车的4%;如果采用电力机车牵引,则基本没有废气污染。

（七）初期投资大

铁路运输需要铺设轨道、建造桥梁和隧道,建路工程艰巨复杂;需要消耗大量钢材、木材,还需要占用土地,其初期投资大大超过其他运输方式。

想一想 铁路运输的特点与公路运输的特点有什么不同？

三、铁路运输的相关设施

开展铁路货物货物运输必须具有相应的基本条件,从物流的角度可以分为运输节点、运输线路和运输工具三个方面,即进行铁路货物运输的基础设施和工具。

（一）铁路机车与铁路车辆

1. 铁路机车

铁路机车一般由蒸汽机、内燃机、电动机等动力机械直接或通过传动装置驱动牵引列车,其本身不载运旅客或货物。按照牵引动力不同,可将铁路机车分为蒸汽机车、内燃机车、电动机车和动车组。

图 3.1　蒸汽机车

（1）蒸汽机车（图3.1）。蒸汽机车是以蒸汽机作为原动力,通过传动装置驱动车轮的机车,一般动力来源为煤炭。

（2）内燃机车（图3.2）。内燃机车以内燃机作为原动力,通过传动装置驱动车轮的机车。根据机车上内燃机的种类,在我国铁路上采用的内燃机绝大多数是柴油机。

（3）电力机车（图3.3）。电力机车又称电力火车,是指从供电网（接触网）或供电轨中获取电能,再通过电动机驱动车辆行驶的火车。

图 3.2　内燃机机车

图 3.3　电力机车

> 知识拓展

表3.1　三种铁路机车的对比

项目/形式	蒸汽机车	内燃机车	电力机车
构造与造价	简单,低廉	复杂,较高	复杂,较高
运行速度	最小	较高	最高
功率	最小	较大	最大
热能效率	最低	较高	最高
空气污染度	最严重	轻微	没有
维护难易度	容易	困难	容易

（4）动车组（图3.4）。动车组是火车的一种类型，是由至少两节机车或带动力的车厢和若干节不带动力的车厢所组成的列车。

2. 铁路车辆

铁路车辆是装运货物、运送旅客的运载工具。它没有动力装置，需要把车辆连挂在一起由机车牵引，才能完成客货运输任务。铁路车辆根据运输的需要，可分为客车、货车两大类。货车是指以运输货物为主要目的的铁道车辆。

图3.4　动车组

（1）棚车，也有称作篷车（图3.5）。指具有车顶、侧墙、端墙，并设有窗和滑门的车辆。主要承运粮食、食品、日用工业品等怕晒、怕湿货物和贵重物品，必要时还可运送人员和马匹。

图3.5　棚车

（2）敞车（图3.6）。敞车没有车顶，其车体四周有较高的端墙与侧墙，它们与地板共同构成装置空间。主要装运煤、矿石、砂、木材、钢材等不怕日晒、雨淋的货物。货物上盖上防水篷布，可代替棚车运送怕湿货物。

（3）平车（图3.7）。平车无车顶和端、侧墙，或者具有可以放倒的侧板和端板。平车为单纯的底架承载结构，可装运大型建筑材料、压延钢材、汽车、拖拉机及军用装备。低边平车还可装运矿石、煤炭等货物。

图 3.6　C80B 型不锈钢运煤敞车

图 3.7　NX70 型通用平车

(4)罐车(图 3.8、图 3.9)。罐车的外形为一个卧放的圆筒体。罐车从结构上可分为有底架和无底架两种结构。罐体既是装货容器,又是主要的承载部件。罐车专门用于装运液体、液化气体或粉末状货物。

图 3.8　U60 型立式散装水泥罐车

图 3.9　GY60 型液态气体罐车

(5)冷藏车(图 3.10)。外形结构类似棚车,也是整体承载结构;车体设有隔热层,满足货物保鲜的需要;主要有加冰冷藏车、机械冷藏车和冷冻冷藏车等类型。

(6)漏斗车(图 3.11)。漏斗车车体的下部设有一个或多个漏斗形卸货口,卸货时货物从这里卸下。漏斗车的主要特点是卸货方便,打开漏斗口的挡板,货物靠重力自行卸下。

图 3.10　B22 型冷藏车

图 3.11　漏斗车

另外,还有自翻车、家畜车、守车(又称望车,是挂在货物列车尾部供运转车长乘坐以便于瞭望车辆及协助刹车的工作车)、钢水车、铸锭车、鱼苗车等。

我国货车的基本型号用大写的汉语拼音字母来表示。这些字母多数是各类货车名称的第一个汉字的汉语拼音首字母,但也有个别例外。

> **知识拓展**

表3.2 我国货车基本型号

车种	基本型号	车种	基本型号	车种	基本型号	车种	基本型号	车种	基本型号
棚车	P	罐车	G	矿石车	K	家畜车	J	特种车	T
敞车	C	保温车	B	长大货物车	D	水泥车	U	守车	S
平车	N	集装箱车	X	毒品车	W	粮食车	L		

（二）铁路车站

车站是铁路运输的基本生产单位，它集中了运输有关的各项技术设备，并参与整个运输过程的各个作业环节。车站按技术作业性质可分为中间站、区段站、编组站；按业务性质可分为客运站、货运站、客货运站；按等级可分为特级站、一至五等站。

1. 中间站

中间站是为提高铁路区段通过能力，保证行车安全和为沿线城乡旅客及工农业生产服务而设的车站。其主要任务是办理列车会让、越行和客货运业务。中间站的主要作业包括：

(1) 列车的到发、通过、会让和越行；
(2) 旅客运输和行包的承运、保管与交付；
(3) 货物的承运、装卸、保管与交付；
(4) 本站作业车的摘挂作业和向货场、专用线取送车辆的调车作业；
(5) 客货运量较大的中间站，还有始发、终到客货列车的作业。

> **知识拓展**
>
> **会车、会让与越行**
>
> 在单线铁路上，当两辆列车沿相对方向行驶时，先到的列车在本站停车，等待反方向的列车到达本站。两个列车互相交会，称为会车；中间站安排先到的列车停车，让后到的车通过，称为会让。
>
> 如果两列车来自同一方向，中间站让先到的列车停车，让后到的列车通过，称为越行。

2. 区段站

区段站多设在中等城市和铁路网上牵引区段的分界处。其主要任务是办理货物列车的中转作业，进行机车的更换或机车乘务组的换班以及解体、编组区段列车和摘挂列车。区段站的主要作业包括：

(1) 客运业务：与中间站基本相同，但数量较大。
(2) 货运业务：与中间站基本相同，但作业量较大。
(3) 运转作业：主要办理旅客列车接发、货物列车的中转作业，区段、摘挂列车的编组与解体、向货场及专用线取送车作业等。某些区段站还相当少量始发直达列车的编组任务。
(4) 机车业务：主要是机车的更换或机车乘务组的换班，对机车进行整备、检修。

（5）车辆业务：办理列车的技术检查和车辆检修业务。

3. 编组站

编组站是铁路网上办理大量货物列车解体和编组作业，并设有比较完善的调车设备的车站，有"列车工厂"之称。编组站和区段站统称技术站，但二者在车流性质、作业内容和设备布置上均有明显区别。区段站以办理无改编中转货物列车为主，仅解编少量的区段、摘挂列车；而编组站主要办理各类货物列车的改编作业，且多数是直达列车和直通列车，改编作业量往往占站作业量的60%以上，有的高达90%。

编组站的主要任务是解编各类货物列车；组织和取送本地区车流；整备、检修机车；货车的日常技术保养等四项。

4. 铁路枢纽

铁路枢纽是指在两条或两条以上的铁路线交汇处，由若干个车站、线路及一系列设备组成的运输生产综合体。铁路枢纽的任务是办理各线间大量客货列车的解体、编组、转线等业务。铁路网就是由众多的大大小小性质不同的铁路枢纽和铁路线组成的。

铁路枢纽是客货流从一条铁路线转运到另一条铁路线的中转地区，也是城市、工业区客货到发和联运的地区。它除办理枢纽内各种与车站有关作业外，在货物运转方面，还办理各方向间的无调中转和改编列车的转线以及枢纽地区车流交换的小运转列车作业。此外，还提供列车动力，进行机车车辆的检修等作业。

我国铁路枢纽众多，重要的铁路枢纽有北京、郑州、天津、广州、株洲、武汉、上海、徐州、石家庄、哈尔滨、沈阳、贵阳、重庆、昆明、成都、柳州、西安、乌鲁木齐、兰州、呼和浩特等。

（三）运输线路

铁路线路是为进行铁路运输所修建的固定路线，是铁路固定基础设施的主体，是列车运行的基础，起着承受列车巨大重量、引导列车运行方向等作用。

铁路线路是由路基，桥隧建筑物（包括桥梁、涵洞、隧道等）和轨道（包括钢轨、轨枕、联结零件、道床、防爬设备和道岔等）组成的一个整体工程结构物。

我国铁路已基本形成全国铁路网，铁路干线纵贯南北，横穿东西，如图3.12所示。

图 3.12　中国铁路干线示意图

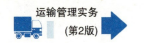

任务二 组织铁路货物运输

案例导入

2017年12月10日,新疆天山种子站和乌鲁木齐火车站签订了一份运输合同,合同约定,新疆天山种子站于2017年12月15日将120 t黄豆交给乌鲁木齐火车站运往郑州北站,收货人为河南省沈丘县种子公司,运号为00129。随后,乌鲁木齐车站于2017年12月15日配给天山种子站2辆60 t的棚车,车号分别为P3041493和P3041494;编织袋包装计2 400件,每件50 kg。装车后发站施封二枚,封号分别为00977和00978,由乌鲁木齐火车站负责装车和施封,天山种子站当即支付全部运杂费用,货票第12号。该批货物到站后卸货作业分三个车站分卸。上述各公司的相关职员共同完成此次铁路货物运输的全过程。

案例思考

1. 通过查阅相关资料制作和填写铁路运单和货票。
2. 类比公路运输,分析铁路运输的流程及相关工作人员的职责。

知识链接

一、铁路货物运输的种类

铁路货物运输按照托运货物的重量、体积、性质、形状等因素,可以分为整车运输、零担运输和集装箱运输三种。

（一）整车运输

一般来说,一批货物的重量、体积、性质或形状需要单独使用30 t以上的一辆或一辆以上铁路货车装运(用集装箱装运除外)即为整车运输。整车运输装载量大,运输费用较低,运输速度快,能承担的运量也较大,是铁路的主要运输形式。

我国铁路运输规则规定,货物运输需要整车运输须符合以下条件:

1. 货物的重量或体积

我国现有的货车以棚车、敞车、平车和罐车为主。标记载重量(简称为标重)大多为50 t和60 t,棚车容积在100 m³以上,达到这个重量或容积条件的货物,应按整车运输。

2. 货物的性质或形状

有些货物,虽然其重量、体积不够一车,但按性质与形状需要单独使用一辆货车时,应按整车运输。下列货物除按集装箱运输外,应按整车运输办理:

(1) 需要冷藏、保温、加温运输的货物;

(2) 规定按整车运输的危险货物(装入铁路批准使用爆炸品保险箱运输的除外);

(3) 易于污染其他货物的污秽品(经过卫生处理不致污秽其他货物的除外);

(4) 蜜蜂;

(5) 不易计算件数的货物;

(6) 未装容器的活动物(铁路局管内零担运输办法允许者除外);

(7) 单件重量超过 2 t、体积超过 3 m^3 或长度超过 9 m 的货物(经发站确认不影响中转站和到站装卸作业的除外)。

(二) 零担运输

一批货物的重量、体积、性质或形状不需要一辆铁路货车装运(用集装箱装运除外)即属于零担运输,简称为零担。

1. 零担运输的条件

(1) 单件货物的体积最小不得小于 0.02 m^3(单件货物重量在 10 kg 以上的除外)。

(2) 每批货物的件数不得超过 300 件。

2. 零担货物的分类

根据零担货物的性质和作业特点,零担货物分为:

(1) 普通零担货物,简称普零货物或普零,即按零担办理的普通货物。

(2) 危险零担货物,简称危零货物或危零,即按零担办理的危险货物。

(3) 笨重零担货物,简称笨零货物或笨零,是指一件重量在 1 t 以上、体积在 2 m^3 以上或长度在 5 m 以上,需要以敞车装运的货物。货物的性质适宜敞车装运和吊装吊卸的货物。

(4) 零担易腐货物,简称鲜零货物或鲜零,即按零担办理的鲜活易腐货物。

(三) 集装箱运输

铁路货物运输中,符合集装箱运输条件的可按集装箱托运。符合集装箱运输条件的货物为:以贵重、易碎、怕湿货物为主的"适箱货物",如家电、仪器、仪表、小型机械、玻璃陶瓷、建材、工艺品、文化体育用品、医药、卷烟、酒、食品、日用品、化工产品、针纺织品、小五金和其他适合集装箱运输的货物。

不能使用集装箱运输的货物如下:

(1) 易损坏、污染箱体的货物;

(2) 鲜活货物;

(3) 危险货物。

知识拓展

铁路集装箱运输方式

1. 集装箱定期直达列车

发达国家普遍使用这种方式。特点是:定期、定线、定点运行;固定车底循环使用;对始端站要求不高;列车编组不专,一般 20 节车厢为一列。

2. 集装箱专运列车

同定期直达列车的区别在于不定期,可缓解船期不定和货源不均衡的矛盾。

3. 一般快运列车

小批量集装箱编入快运列车的方式。

4. 普通货运列车

更小批量集装箱编入普通列车装运,到货慢,效率低。

(四) 整车运输、零担运输和集装箱运输的区别

1. 在数量上的区别

零担货物规定一批货物的重量和体积不足一个货车,一件货物的体积最小不得小于 $0.02 \, m^3$,每批货物的件数不得超过300件;使用集装箱运输的货物重量,每箱不得超过集装箱最大载重量。

2. 在货物品类及其性质上的区别

按零担或集装箱运输时有一定的限制,零担运输规定中所列 7 类货物不能按零担承运;集装箱运输规定中所列的三类货物不能使用集装箱装运;而按整车运输时则没有这类限制。

3. 在货物运送单位上的区别

整车以每车为一批,跨装、爬装及使用游车的货物,以每车组为一批;零担或集装箱运输的货物,则以每张运单为一批;使用集装箱运输的货物,铁路按批办理,每批必须同一箱型、至少一箱,最多不得超过铁路货车一车所能装运的箱数。

4. 在货物运费核收上的区别

不同批次的整车货物与零担货物的运价号、运价率都不同。按集装箱运输时,一整车集装箱按货车标重及其适用的整车运价率计费;零担集装箱按货物重量(低于起码重量的按起码重量)及其适用的零担运价率计算。

> **知识拓展**
>
> **铁路运输的"一批"**
>
> 一、一批的概念
>
> 一批是铁路办理货物承运的基本计算单位,一批货物就代表一份运输合同(使用一张货物运单和一份货票)。
>
> 二、一批的条件
>
> 发货人、收货人、发站、到站、装车地点、卸车地点(整车分卸除外)必须相同。
>
> 三、一批的划分
>
> (1) 整车货物原则上以每车为一批;
>
> (2) 跨装、爬装及使用游车的货物以每一车组为一批;
>
> (3) 大宗循环列车(即整列装、卸的不拆散车底固定发、到站的列车)一列一批;
>
> (4) 零担货物和集装箱货物则以每张运单为一批。
>
> 四、不得按一批办理的货物
>
> (1) 易腐货物和非易腐货物;
>
> (2) 危货和非危货(另有规定者除外);
>
> (3) 根据货物的性质不能混装的货物;
>
> (4) 按保价运输和不保价运输的货物;
>
> (5) 投保运输险与未投保运输险的货物;
>
> (6) 运输条件不同的货物。

知识拓展

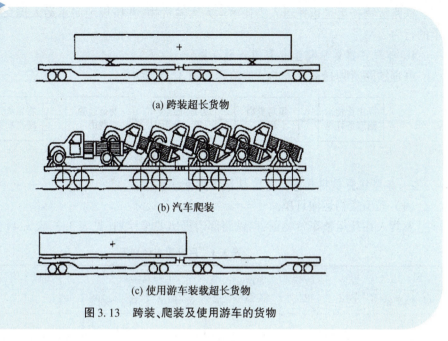

图 3.13 跨装、爬装及使用游车的货物

二、铁路货运业务的组织

铁路货物的运输过程就是利用线路、机车、车辆、通信信号等技术设备,将发货人托运的货物从一个生产地点运送到另一个生产地点或消费地点,交付给收货人。全部过程可分为发送作业、途中作业与到达作业。铁路货物作业流程如图 3.14 所示。

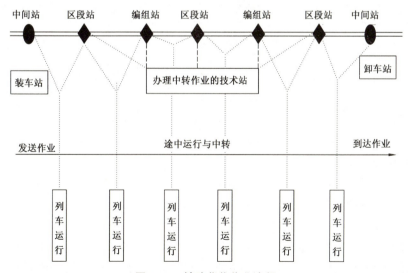

图 3.14 铁路货物作业流程

（一）铁路货物的发送作业

办理铁路货物运输首先需要签订货运合同。货运合同是承运人将货物从发站运输至指定地点,托运人或支付人支付运输费用的合同。在铁路货物运输中,货运合同指铁路运单,

在铁路货物运输中具有重要位置。

铁路货物托运是指托运人委托承运人运输货物,并按规定向承运人提交托运计划和运单的行为。

1. 办理铁路货物托运业务的一般流程

办理铁路货物托运业务的一般流程如图 3.15 所示。

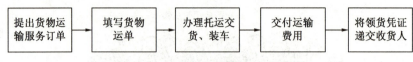

图 3.15　铁路货物托运业务一般流程

2. 办理铁路货物托运业务的具体作业流程

(1)提出货物运输订单。

发货人在托运整车货物前,向铁路部门提出要车计划(见表 3.3、表 3.4),交车站审核。

表 3.3　月份要车计划表

到达		发货单位	收货单位	货物名称	车种及车数					出口	附注	发送局
局	车站				篷	敞	平	罐	保湿			
												发送车站货物品类
		合	计									

表 3.4　旬要车计划表

计划号码	货物		到达		车种车数					合计车数	日装车数	直达列车			记事
	品类	品名	局名	站名	篷	敞	平	罐	其他			列数	车数	到站	

(2)填写货物运单。

货运单既是托运人向承运人托运货物的申请书,也是承运人承运货物和核收运费、填制货票以及编制记录和备查的依据。如图 3.16 所示,整车货物运单由货物运单和领货凭证两部分组成。

运单由承运人印制,在办理货运业务的车站按规定的价格出售。运单有现付运单(黑色)、到付运单(红色)、快运货物运单(黑色)、剧毒品专用运单(黄色,并有剧毒品标志图形)四种。

铁路货物运单一般由托运人填写并确认无误后交给发运车站,发运车站受理后装运发货,将运单转交到到站车站,最后由到站车站将其交给收货人。即托运人→发站→到站→收货人。

领货凭证由托运人填写并确认无误后交给发运车站,发运车站确认无误后交给托运人,然后由托运人将其转交收货人,最后作为收货人领取相关货物的凭证。即托运人→发站→托运人→收货人→到站。

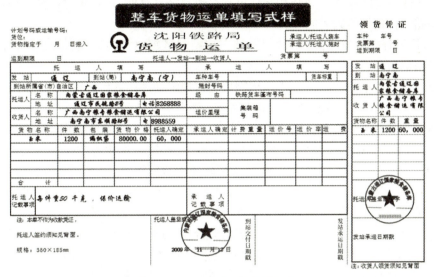

图 3.16　整车货物运单填写式样

知识拓展

在填写货物运单时,若货物较多,不能填完,则另填"物品清单"(表3.5)。物品清单一式三份,一份发站存查,一份递交到站,一份托运人留存。

表 3.5　铁路物品清单

发站　　　　　　　　　　　　　　　　　　　　　货票第＿＿＿号

货件编号	包　装	详细内容	件数或尺寸	重量	价格

(3)铁路货物托运的接收。

承运人(铁路部门)办理铁路货物托运接收业务,其一般流程如图 3.17 所示。

图 3.17　托运接收业务一般流程

① 评审运单。

车站对托运人提出的货物运单经检查填写正确、齐全,到站营业办理范围符合规定后,应在"货物指定于×月×日搬入"栏内,填写指定搬入日期,并应填记运输号码,由经办人签字或盖章,交还托运人,作为将货物搬入车站的凭证。

② 填制运单、货票。

a. 经由栏的填写:本栏按货物运价里程最短路径计算时,可不填;按绕路计算运费时,应填记绕路经由的接算站名或线名。

b. 运价里程栏的填写:本栏填写发站至到站间最短路径的里程,但绕路运输时,应填写绕路经由的里程。

c. 计费重量栏的填写:本栏零担货物填记按规定处理尾数后的重量或起码重量。

d. 运价号栏的填写:按"货物运价分类表"规定的该货物运价号填写。在填写时,《铁路货物运输品名分类与代码表》(简称《分类表》)是用来判定货物的类别代码和确定运价号的工具。《分类表》由代码、货物品类、运价号(整车、零担)、说明等项组成。根据货物所属的类型,便可确定货物的运价号。代码由 4 位阿拉伯数字组成,是类别码(前 2 位表示货物品类的大类,第 3 位表示中类,第 4 位表示小类),对应运价号。铁路运输的货物共分 26 类,每一类都是按大类、中类、小类的顺序排列。

e. 运价率栏的填写:按该批货物确定的运价号和运价里程,从"铁路货物运价率表"中找出该批(项)货物适用的运价率进行填写。《铁路货物运价率表》是用来查找不同运价号货物的发到基价和运行基价的。(《铁路货物运价率表》本项目附录一所示)

f. 承运人记载事项栏的填写填记需要由承运人记明的事项。

g. 货票各联的填写:货票各联根据货物运单记载的内容填写,金额不得涂改,如果填写错误要按作废处理。

货票印有固定号码,分甲、乙、丙、丁 4 联。甲联留在发站以备存查,作为本站统计和管理的依据;乙联上报分局供审核、记账用,由分局定期将票据送路局,进行货物发送吨统计、局间货票资料交换、分货物品类别和区段货物流量统计等精密统计,然后再返回分局保存;丙联交给托运人作为承运和报销凭证;丁联为运输凭证,由发站随货物递交到站存查,在到站由收货人签章交付,作为完成运输合同的唯一依据。

h. 运单中上所附的领货凭证:领货凭证由发站加盖承运日期戳后,连同货票丙联一并交给托运人。

i. 货票丁联"收货人盖章或签字"栏:由收货人在领取货物时,盖章或签字。

j. 货票丁联"卸货时间"栏:由本栏到站按卸车完毕的日期填写;"到货通知时间"按发出到货催领通知的时间填写。铁路货物运输的货票甲联见表 3.6,表 3.7 是货票丁联的背面。

表 3.6 铁路货物运输的货票甲联

××铁路局

计划号码或运输号码				货　　票		甲　联
货物运到期限　　　日				发 站 存 查		A00001
发　站			到站(局)	车种车号	货车标重	承运人/托运人装车
托运人	名称			施封号码		承运人/托运人施封
	住址		电话	铁路货车篷布号码		
收货人	名称			集装箱号码		
	住址		电话	经由		运价里程

续表

货物名称	件数	包装	货物重量/kg		计量重量	运价号	运价率	现付	
			托运人确定	承运人确定				费别	金额
								运费	
								装费	
								取送车费	
								过秤费	
合计									
集装箱号码									
记事								合计	

发站承运日期戳

表 3.7　铁路货物运输的货票丁联背面

货票丁联背面

1. 货物运输变更事项				2. 关于记录事项		
受理号	电报号	变更事项	运杂费收据号码	编制站	记录号	记录内容
处理站日期戳			经办人盖章			

3. 交接站日期戳

1.	2.	3.	4.	5.	6.

4. 货车在中途站摘车事项

车种、车号车次、时间	摘车原因	货物发出时间、车次车种、车号	车种、车号车次、时间	摘车原因	货物发出时间、车次车种、车号
摘车站日期戳		经办人盖章	摘车站日期戳		经办人盖章

③ 托运货物验收。

第一步,验货。

a. 托运人在车站将发运货物清点无误后,托运人凭运单向货运员进行实物交接。

b. 铁路货运员按规定检查货物名称、件数是否与运单记载相符。

c. 按一批托运的货物品名过多或搬运搬家货物，运单上的"货物名称"栏不够填写时，托运人须同时提出"物品清单"一式三份（1份发站存查、1份随运单交到站、1份退还收货人）。

第二步，检查货物包装。

根据货物的性质、重量、运输种类、运输距离、气候差异以及货车装载等条件，检查货物包装。

a. 货物包装及加固材料是否符合运输要求。

b. 货物包装是否便于装卸作业。

c. 在运输过程中货物包装能否保证货物安全。货物有缺陷，检查认为不致影响运输安全（货物自身安全和其他货物安全）的，可在货物运单"托运记载事项"栏内注明货物状况的具体情况。

d. 装载整车货物所需要的货车装备物品或加固材料是否齐备。

第三步，检查货物标识。

a. 检查每件货物是否都有货物标识，货件上的旧标记是否撤换或抹销。

b. 运单和货物标识内容是否完全一致，不一致的内容以运单为主。

c. 对照运单检查确认无误后，签章承运。

④ 货物入库。

第一步，过磅。

a. 以杠式台秤、地秤过磅，使用前应进行检查。要求：摆放平稳，四角着实，台板保持灵活；将游砣移至零点时，横梁保持平衡；标尺与增砣的比率必须一致；地秤的台板与秤枢间必须保持平衡、灵活。

b. 往衡器上放置或取下货件时，须关闭制动器。过磅时不准触动调整砣、砣盘，禁止以其他物品代替增砣。

c. 定期检查衡器。按台建立衡器履历簿，及时、正确地填写。衡器发生损坏、检定证明丢失、空秤不能调整平衡、机件缺损变形，或称量误差超过国家规定标准，均不得使用。

第二步，货物入库堆码。

过磅完毕的货物放入指定货位。

a. 货物堆垛码应根据箭头向上等包装指示标志进行，要做到轻拿轻放、大不压小、重不压轻、稳固整齐、标签向外、按批分清。纸箱包装的货物要箱口向上，液体货物封口向上；怕湿货物露天堆码地面要铺垫防湿垫木，上部要起脊并苫盖严密。

b. 货垛码放形状要便于清点保管和下一道工序的装卸、搬运，保证人身、货物、行车安全。

c. 堆码时货物货签向外，留有检查通路，装车的货物须距钢轨外侧 2 m 以上，货垛与站台边沿距离不得小于 1 m。货垛与货垛之间应留出机械或人行通道，货垛与电源开关、消火栓等设备的距离不得少于 2 m。

d. 凡存放在装卸场所内的货物，应距离货物线钢轨外侧 1.5 m 以上，并应堆放整齐、稳固。

（二）铁路货物运输的途中作业

车辆安排妥当即可组织货物装车和发送，货物运输途中主要办理如下业务：铁路运输合同的变更、铁路运输合同的解除、运输阻碍的处理等。

1. 铁路货运合同的变更

(1) 变更的概念。

铁路货运合同的变更,是指经合同双方同意,对运输的货物、运期、到站及收货人等,在法律允许的范围内进行更改的法律行为。

(2) 变更到站。

货物已经装车挂运,托运人或收货人可按批向货物所在的中途站或到站提出变更到站。但是为了保证运输安全,液化气体罐车不允许进行运输变更或重新起票办理新到站,如遇特殊情况需要变更或重新起票办理新到站的,需要经铁路局批准。

(3) 变更收货人。

货物已经装车挂运,托运人或收货人可按批向货物所在的中途站或到站提出变更收货人。

(4) 变更的特点。

① 托运人变更合同的要求不是在发站提出,而是向货物所在的途中站或到站提出;

② 由于铁路货运合同的收货人可以是托运人以外的人,他虽未参加订立合同,但作为合同一方当事人的关系人,也可以提出变更合同的要求;

③ 铁路货运合同的变更,不仅应提出变更要求书,还应提出领货凭证或其他有效证明文件,以避免变更合同后原收货人向承运人提出领货要求而出现不必要的货运纠纷。

(5) 变更的限制。

铁路是按计划运输货物的,合同变更必然会给铁路运输的正常秩序带来一定影响。因此,铁路货运合同在下列情况下,不得办理变更:

① 违反国家法律、行政法规、物资流向或运输限制的;

② 变更后的货运期限,长于货物允许运输期限的;

③ 第二次变更到站的;

④ 变更一批货物中的一部分的。

(6) 变更的处理。

托运人或收货人要求变更的,应提出领货凭证或其他有效证明文件和货物运输变更要求书(表3.8),提不出领货凭证的应提供其他有效证明文件,并在货物运输变更要求书内注明。

表 3.8　货物运输变更要求书

			受理变更顺序号		第　号	
提出变更单位名称:＿＿＿＿＿印章＿＿＿＿＿					年　月　日	
变更事项						
	运单号码	发站	到站	托运人	收货人	办理种别
车种车号	货物名称		件数	重量	承运日期	
	记事					
承运人记载事项						经办人

2. 铁路货运合同的解除

（1）铁路货运合同的解除的概念。

铁路货运合同的解除，是指合同有效成立后，基于当事人双方的意思表示，使特定的铁路货运合同中托运人与承运人之间的权利义务关系归于消灭的法律行为。具体地说，就是整车货物和大型集装箱在承运后挂运前，零担和其他型集装箱货物在承运后装车前，托运人可向发站提出取消托运，经承运人同意，货运合同即告解除。

（2）铁路货运合同的解除的条件。

铁路货运合同的解除应具备下列条件之一：

① 货运合同在货物发送前，经双方同意，可以解除，但不得因此损害国家利益和社会公共利益。

② 订立货运合同所依据的产品调拨计划、铁路运输计划等国家计划被取消。

③ 由于不可抗力或由于一方当事人虽无过失但无法防止的外因致使合同全部义务不能履行，一方有权通知另一方解除合同。

④ 由于另一方在合同约定的期限内没有履行合同，致使合同的履行已无意义，当事人一方有权通知另一方解除合同。

（3）办理手续。

解除合同，发站退还全部运费及押运人乘车费。但是特种车使用费和冷藏车回送费不退。按规定支付变更手续费和保管费等费用。

3. 运输阻碍的处理

运输阻碍是指因不可抗力的原因致使行车中断的现象。货物运输发生阻碍时，铁路局对已承运的货物可指示绕路运输，或者在必要时先将货物卸下妥善保管，待恢复运输时再行装车继续运输。因货物性质特殊（如危险货物发生燃烧、爆炸或动物死亡、易腐货物腐烂等），绕路运输或者卸下再装，可能造成货物损失时，车站应联系托运人或收货人请其在要求的时间内提出处理办法。超过要求的时间未接到答复或因等候答复将使货物造成损失的，比照无法交付货物处理，所得剩余价款（缴纳装卸、保管、运输、清扫、洗刷除污费后）通知托运人领取。

（三）铁路货物运输的到达作业

货物在到站所进行的各项货物作业，统称为货物的到达作业，铁路货物运输的到达作业流程如图3.18所示。

1. 货物到达查询

托运人在将货物托运后，将"领货凭证"寄交收货人。收货人接到"领货凭证"后，及时向到站联系货物的到达情况。

承运人组织卸车的货物，到站应不迟于卸车结束的次日内，用电话或书信向收货人发出催领通知并在货物内记明通知的方法和时间。有条件的车站可采用电报、挂号信、长途电话、登广告等通知方法，收货人也可与到

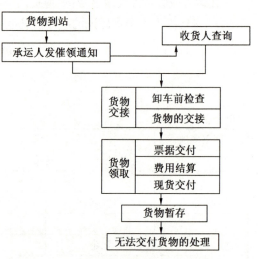

图3.18 铁路货物运输的到达作业流程

站商定其他通知方法。采用电报等或商定的方法通知的,车站应按实际支出向收货人核收催领通知费用。

收货人在到站查询所领取的货物未到时,到站应在领货凭证背面加盖车站日期戳证明货物未到。

2. 整车货物的交接

(1) 卸车前的检查。

① 铅饼施封失效条件:麻绳、棉绳、铁线任何一端可以从铅饼中脱出;麻绳、棉绳、铁线折断;封饼上的站名、号码无法辨认。

② 施封的货车,到站在接收和拆封时,应进行核对检查。当发生货运事故时,将封饼与有关的货运单据一并保存,供判明责任参考。

③ 卸车单位在拆封前,应根据货物运单或货车装载清单、货运票据封套记载的施封号码与施封环号码核对,并检查施封是否有效。

拆封时,从环带空白处剪断,不得损坏环带和环盒上的印文,并保持原来长度(使用施封环剪断钳剪断的环带长度两截相加,可较原来短少 1 mm),每一货车上拆下的施封环应拴在一起,妥善保管,建立登记、备查和销毁制度,保管期须满 1 年。

④ 发现施封锁有下列情况之一,即按失效处理:钢丝绳的任何一端可以自由拔出,锁芯可以从锁套中自由拔出;钢丝绳断开后再接,重新使用;锁套上无站名、号码和站名或号码不清、被破坏。

⑤ 卸车单位在拆封前,应根据货物运单、货车装载清单或货运票据封套上记载的施封号码与施封锁号码核对,并检查施封是否有效。拆封时,从钢丝绳处剪断,不得损坏站名、号码。拆下的施封锁,对编有记录涉及货运事故的,自卸车之日起,须保留 180 天备查。

(2) 货物的交接。

① 施封的货车,凭封印交接。

② 不施封的货车、棚车和冷藏车凭车门窗关闭状态交接,敞车、平车、砂石车不苦盖篷布的,凭货物装载状态或规定标记交接,苦盖篷布的凭篷布现状交接。如承运人发出会同卸车通知时起超过 2h 而收货人未到站时,到站应编制铁路部门普通记录表(表 3.9)证明封印状况或货车现状后,以收货人责任拆封、卸车。

表 3.9　铁路部门普通记录表

_____铁路局

第_____次列车在_____站与_____站间 *
发站_____发局_____托运人_____
到站_____到局_____收货人_____
货票号码_____车种车型_____车号_____
货物名称_____

于 20____年____月____日____时____分第____次列车到达

续表

发生的事故情况或车辆技术状态：		
厂修		
段修		
辅修	轴检	

参加人员：　　　　　　　　　　　　　　　单位戳记
车站
列车段
车辆段
其他
20　　年　　月　　日

注：1. 本记录一式两份，一份存查、一份交有关单位。
　　2. 编号由填发单位自行编排掌握。
　　3. 如换装整理或其他需要调查时，应作抄件送责任单位。
　　4. ＊表示车长在列车内编制时填写。
（规格：185 mm×130 mm）

(3) 货物的领取。

① 票据交付：收货人领取货物必须凭"领货凭证"和相关证件到货运室办理货物领取手续。收货人为个人的，还应有本人证件(户口簿或身份证)；收货人为单位的，应有单位出具所领货物和领货人姓名的证明文件及领货人本人身份证。

如果收货人不能提出"领货凭证"，收货人必须持收货人所在单位开具提货证明和收货人的证件；单位持本单位证明文件，证明文件上必须详细说明发站、票号、托运人、品名、件数、重量并附有本单位营业执照副本复印件。当委托他人代领时，代领人必须携带"领货凭证"、证明委托的介绍信及代领人本人身份证。

② 费用结算：货物在运输途中发生的费用(如包装整修费、托运人责任的整理或换装费、货物变更手续等)和到站发生的杂费，在到站应由收货人支付。铁路部门在收货人支付完费用，并在货票丁联盖章(或签字)后，留下领货凭证，在运单和货票上加盖到站交付日期戳，然后将运单交给收货人，凭此领取货物。

③ 现货交付：现货交付即承运人向收货人点交货物。收货人持货运室交回的运单到货物存放地点领取货物，货运员向收货人点交货物完毕后，在运单上加盖"货物交讫"戳记，并记明交付完毕的时间，然后将运单交还给收货人，凭此将货物搬出货场。

在车站公共场所内卸车的整车蔬菜、瓜果、牲畜、散堆装货物，收货人在领取货物时，应将货物的防护、衬垫物和从货位清扫出的残留物全部搬出。如未搬出和未清扫货位时，应按规定支付货位清扫费。在交付货物时，由铁路负责装车的，不核收货位清扫费。

收货人持加盖"货物交讫"的运单将货物搬出货场，门卫对搬出的货物应认真检查品名、件数、交付日期与运单记载是否相符，经确认无误后放行。

（4）货物的暂存。

在实行整车货物交付前保管的车站，货物交付完毕后，如收货人不能在当日将货物全批撤出车站时，对其剩余部分，按件数和重量承运的货物，可按件数点交车站负责保管，只按重量承运的货物，可向车站声明。

对到达的货物，收货人有义务及时将货物搬出，铁路也有义务提供一定的免费保管期间，以便收货人安排搬运车辆，办理仓储手续。免费保管期间规定为：由承运人组织卸车的货物，收货人应于承运人发出催领通知的次日（不能实行催领通知或会同收货人卸车的货物为卸车的次日）起算，2天（铁路局规定1天的为1天）内将货物搬出，超过此期限未将货物搬出，其超过的时间核收货物暂存费。

3. 无法交付货物的处理

货物运抵到站，收货人应及时领取。拒绝领取时，应出具书面说明，自拒领之日起，3日内到站应及时通知托运人和发站，征求处理意见。托运人自接到通知之日起，30日内提出处理意见答复到站。

从承运人发出催领通知次日起（不能实行催领通知时，从卸车完了的次日起），经过查找，满30日（搬家货物满60天）仍无人领取的货物或收货人拒领，托运人又未按规定期限提出处理意见的货物，承运人可按无法交付货物处理。

对性质不宜长期保管的货物，承运人根据具体情况，可缩短通知和处理期限。在未最后确定处理意见前，铁路部门对这些货物应做到：

（1）应及时收集和整理，集中专库保管，不准以货车或集装箱代库；
（2）应指定专人负责，账物相符，妥善保管。

任务三　计算铁路货物运费

 案例导入

托运人张某与上海铁路局于2022年8月31日签订运输合同一份。货物是苹果1 500箱，纸箱包装，承运人运输期限6天，到达站为南京西站，收货人为张某本人。上海铁路局配给张某棚车一辆，棚车标记载重量45 t。张某自行装车，装苹果2 700箱，货物标明"鲜活易腐"。9月1日18时挂有该棚车的111次列车从济南车站出发。

 案例思考

这批货物的托运人张某应付多少运费？

 知识链接

铁路货物运费是铁路货物运输企业所提供的各项生产服务消耗的补偿，包括运行费用、车站费用、服务费用和额外占用铁路设备的费用等。铁路货物运费由铁路货物运输企业按照货票和运杂费收据核算。

一、铁路运输货物运价体系

计算铁路货物运输费用依据是《铁路货物运价规则》(简称《价规》)及其附件,它规定了计算货物运输费用的基本条件,各种货物应用的运价号、运价率,各种杂费的核算办法、费率及运价里程等。

(一) 铁路运输货物运价分类

1. 按适用范围分类

(1) 普通运价。

凡在路网上办理正式营业的铁路运输线上都适用统一运价(优待运价、国际联运运价及地方运价等除外)。现行铁路的整车货物、零担货物、集装箱货物、保温车货物运价都属于普通运价。普通运价是计算运费的基本依据。

(2) 优待运价。

优待运价是对一定机关或企业运输的一切货物或对于不同的托运人运送给一定机关或企业的货物而规定的低于普通运价的一种运价。

(3) 国际联运运价。

国际联运运价是指经铁路国际联运的货物所规定的运价,凡国际铁路联运货物国内段的运输费用按《价规》的规定办理。

(4) 地方运价。

地方运价是铁路局经铁道部批准对某些管内支线或地方铁路所规定的运价。

2. 按货物运输种类分类

(1) 整车货物运价。

整车运价是《价规》中规定的按整车运送的货物的运价,由按货种别的每吨的发到基价和每吨的公里或每轴公里的运行基价组成。

(2) 零担货物运价。

零担货物运价是铁路对按零担运送的货物所规定的运价,由按货种别的每 10 kg 的发到基价和每 10 kg·km 的运行基价组成。

(3) 集装箱货物运价。

集装箱货物运价是铁路对按集装箱运送的货物所规定的运价,由每箱的发到基价和每箱公里的运行基价组成。

(二) 铁路货物运价核收依据

铁路货物运输费用根据《铁路货物运价规则》(简称《价规》)核收。《价规》是计算铁路货物运输费用的依据,承运人、托运人和收货人必须遵守《价规》的规定。

铁路营业线的货物运输,除军事运输、水陆联运、国际铁路联运、过境运输及其他另有规定者外,均按《价规》计算货物的运输费用。《价规》以外的货物运输费用,按铁道部的有关规定计算核收。

二、铁路货物运费的计算程序和方法

铁路货物运输的运费在托运人办理托运时付清,当托运人或收货人迟交运费时,应收取运费迟交金,铁路货物运输运费的核算流程如图3.19所示。

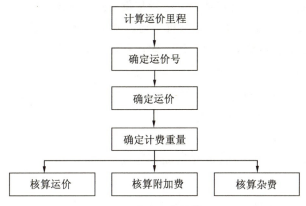

图 3.19 铁路运费核算流程

（一）计算运价里程

根据运单上填写的发站栏和到站栏,按《铁路货物运价里程表》算出发站至到站的运价里程。计算货物运费的起码里程为 100 km。

（二）确定货物运价等级和运价率

根据运单上填写的货物名称查找《铁路货物运输品分类与代码表》（本项目附录五）,确定出适用的运价号;然后整车零担货物按照货物适用的运价号、集装箱货物根据箱型、冷藏车货物根据车种分别在《铁路货物运价率表》(本项目附录一)中查到适用的发到基价和运行基价。

（三）确定计费重量

计费重量是根据运输种别、货物名称、货物重量与体积确定的。

1. 整车货物运输计费重量的确定

整车货物运输时,一般按货车标记载重量(以下简称标重)计算运费,以吨为单位,吨以下四舍五入;货物重量超过标记载重量时,按货物实际重量计费。

2. 零担货物运输计费重量的计算

按一批办理的零担货物,其起码计费重量为 100 kg,计费单位是 10 kg,不足 10 kg 的进为 10 kg。若是每立方米重量不足 500 kg 的轻泡零担货物,则按货物重量或体积折合重量择大计费,即每立方米体积折合重量 500 kg。

3. 集装箱货物运输计费重量的确定

集装箱货物的运费按照使用的箱数和《铁路货物运价率表》中规定的集装箱运价率计算,但罐式集装箱、其他铁路专用集装箱的运价率,按《铁路货物运价率表》的规定分别加成 30%、20% 计算。

运价率不同的货物在一个包装内或按总重量(或箱)托运时,按该批或该项货物中高的运价率计费。在货物运单内分项填记重量的货物,应分项计费,但运价率相同时,应合并计算。自备集装箱空箱运价率按其适用重箱运价率的 40% 计算。

（四）计算运价

货物适用的发到基价,加上运行基价与货物的运价里程相乘之积,算出运价,再与确定的计费重量(集装箱为箱数)相乘,算出运费。

(1) 整车货物每吨运价 = 发到基价 + 运行基价 × 运价千米。

(2) 零担货物每 10 kg 运价 = 发到基价 + 运行基价 × 运价千米。

(3) 集装箱货物每箱运价 = 发到基价 + 运行基价 × 运价千米。

(五) 计算附加费用

根据要求分别计算货物的电气化附加费、新路新价均摊运费、铁路建设基金等三项费用,再与运费相加即为货物的运输费用。

1. 电气化附加费的计算

货物运输通过电气化铁路区段的要增加电气化附加费。电气化附加费费率见表3.10。

计算公式为:

电气化附加费 = 费率 × 计费重量(箱数或轴数) × 电气化里程

表 3.10 铁路电气化附加费费率表

种类		项目	
		计费单位	费率
整车货物		元/(t·km)	0.001 2
零担货物		元/(10 kg·km)	0.000 12
自轮运转货物		元/(轴·km)	0.036
集装箱	1吨箱	元/(箱·km)	0.007 2
	5~6吨箱	元/(箱·km)	0.06
	10吨箱	元/(箱·km)	0.100 8
	20英尺箱	元/(箱·km)	0.192
	40英尺箱	元/(箱·km)	0.408
空自备箱	1吨箱	元/(箱·km)	0.003 6
	5~6吨箱	元/(箱·km)	0.03
	10吨箱	元/(箱·km)	0.050 4
	20英尺箱	元/(箱·km)	0.096
	40英尺箱	元/(箱·km)	0.204

2. 新路新价均摊运费的计算

货物运输通过铁路新路区段的要增加新路新价均摊运费。其计算公式为:

新路新价均摊运费 = 均摊运价率 × 计费重量(箱数或轴数) × 运价里程

新路新价均摊运费费率见表3.11。

表 3.11 新路新价均摊运费费率表

种类	项目	
	计费单位	费率
整车货物	元/(t·km)	0.011
零担货物	元/(10 kg·km)	0.000 011

续表

种类		项目	
		计费单位	费率
自轮运装货物		元/(轴·km)	0.003 3
集装箱	1 吨箱	元/(箱·km)	0.000 066
	5~6 吨箱	元/(箱·km)	0.005 5
	10 吨箱	元/(箱·km)	0.009 24
	20 英尺箱	元/(箱·km)	0.017 6
	40 英尺箱	元/(箱·km)	0.037 4
	空自备箱 1 吨箱	元/(箱·km)	0.000 33
	空自备箱 5~6 吨箱	元/(箱·km)	0.004 62
	空自备箱 10 吨箱	元/(箱·km)	0.050 4
	空自备箱 20 英尺箱	元/(箱·km)	0.088
	空自备箱 40 英尺箱	元/(箱·km)	0.018 7

3. 铁路建设基金的计算

计算公式为：

$$铁路建设基金 = 费率 \times 计费重量(箱数或轴数) \times 运价里程$$

铁路建设基金的费率见表 3.12。

表 3.12 铁路建设基金费率表

项目		项目		磷矿石 棉花	其他货物
		计费单位	农药		
整车货物		元/(t·km)	0.019	0.028	0.033
零担货物		元/(10 kg·km)	0.000 19	0.000 33	
自轮运转货物		元/(轴·km)	0.099		
集装箱	1 吨箱	元/(箱·km)	0.019 8		
	5~6 吨箱	元/(箱·km)	0.165		
	10 吨箱	元/(箱·km)	0.277 2		
	20 英尺箱	元/(箱·km)	0.528		
	40 英尺箱	元/(箱·km)	1.122		
	空自备箱 1 吨箱	元/(箱·km)	0.009 9		
	空自备箱 5~6 吨箱	元/(箱·km)	0.082 5		
	空自备箱 10 吨箱	元/(箱·km)	0.138 6		
	空自备箱 20 英尺箱	元/(箱·km)	0.264		
	空自备箱 40 英尺箱	元/(箱·km)	0.561		

注：化肥、黄磷免征铁路建设基金。棉花仅指籽棉、皮棉。

（六）杂费的计算

铁路货运杂费是铁路运输的货物自承运到交付的全过程中,铁路运输企业向托运人、收货人提供的辅助作业、劳务,以及托运人或收货人额外占用铁路设备、使用用具、备品所发生的费用。铁路货运杂费分为货运营运杂费,延期使用运输设备、违约及委托服务杂费和租金,占用运输设备杂费三大类。

铁路货物装卸搬运作业费收费项目分整车、零担、集装箱、杂项作业四种。各地区、各车站按其实际发生的项目和铁道部规定的费率标准核收,铁路货运营运杂费费率见附录四。

（七）费用总额

上述各项费用相加,就是运输费用总额。

[例题一] 铁路整车运输运费计算范例

沈阳发到大连洗选煤一车,使用一辆60 t的棚车装运。计算此次货物运输的运费。

【分析】 由于货物使用一辆60 t的棚车装运,故此批货物应按整车运输计算运费。计算运费的关键是确定计费里程、整车货物运价、计费重量和其他费用。

步骤1 经查中国铁路总公司核发的《铁路货物运价里程表》,沈阳至大连的营运里程为397 km。

步骤2 经查《铁路货物运输品名分类与代码表》,原煤的运价号为4,对应的整车发到基价为6.8元/t,运行基价为0.031 1元/(t·km)。

步骤3 由于整车货物每吨运价=发到基价+运行基价×运价里程,所以此次运输的运价为:6.8+0.031 1×397=19.146 7元/t。

步骤4 整车货物运输时,一般按货车的标重计算运费,故本批货物的计费重量为60 t。

步骤5 经查证,本次运输未经过电气化区段和新路区段,所以只收取铁路建设基金,具体为0.033×60×397=786.06元。

由此可以得出本次货物的运费如下:

运费=19.146 7×60+786.06=1 934.862=1 934.9元(不足1角,四舍五入)。

[例题二] 铁路零担运输运费计算范例

北京广安门站办理一批到满洲里的装饰材料26 000 kg,与另一货主拼装一辆40 t的棚车。计算托运这批装饰材料应收取的运费。

【分析】 由于该批装饰材料与另一批货物拼装,故此批货物应按零担运输计算运费。计算运费的关键是确定计费里程、零担货物运价、计费重量和其他费用。

步骤1 经查中国铁路总公司核发的《铁路货物运价里程表》,北京至满洲里的营运里程为2 115 km,即此次运输的运价里程为2 115 km。

步骤2 经查《铁路货物运输品名分类与代码表》,装饰材料的零担运价号为22,对应的零担发到基价为0.101元/10 kg,运行基价为0.000 42元/(kg·km)。

步骤3 由于零担货物每10 kg运价=发到基价+运行基价×运价里程,

所以此次运输的运价为:0.101+0.000 42×2 115=0.989 3元/10 kg。

步骤4 按照规定,本批货物的计费重量为26 000 kg。

步骤5 经查证,本次运输经过的电气化里程为1 257 km,新路区段里程为2 115 km。

所以,本次运输应收取的电气化附加费=0.000 12×(26 000/10)×1 257=392.184元;

新路新价均摊运费 = 0.000 011 × (26 000/10) × 2 115 = 60.489 元；
铁路建设基金 = 0.000 33 × (26 000/10) × 2 115 = 1 814.67 元。
综上，运费 = 0.989 3 × (26 000/10) + 392.184 + 60.489 + 1 814.67
 = 4 839.523 = 4 839.5 元(不足 1 角，四舍五入)。

三、货物运到期限的计算

（一）铁路货物运到期限

铁路在现有技术设备条件和运输工作组织水平基础上，根据货物运输种类和运输条件将货物由发站运至到站而规定的最长运输限定天数，称为货物运到期限。

（二）铁路货物运到期限的计算

铁路承运货物的期限从承运货物的次日起按下列规定计算：

货物运到期限按日计算。起码日数为 3 天，即计算出的运到期限不足 3 天时，按 3 天计算。运到期限由以下三部分组成：

1. 货物发送期间($T_发$)

货物发送期间($T_发$)为 1 天。货物发送期间是指车站完成货物发送作业的时间，它包括发站从货物承运到挂出的时间。

2. 货物运输期间($T_运$)

每 250 运价千米或其未满为 1 天；按快运办理的整车货物每 500 运价千米或其未满为 1 天。货物运输期间是货物在途中的运输天数。

3. 特殊作业时间($T_特$)

特殊作业时间是为某些货物在运输途中进行作业所规定的时间，具体规定如下：

（1）需要中途加冰的货物，每加冰 1 次，另加 1 天。

（2）运价里程超过 250 km 的零担货物和 1 t、5 t 型集装箱另加 2 天，超过 1 000 km 加 3 天。

（3）单件货物重量超过 2 t、体积超过 3 m³ 或长度超过 9 m 的零担货物另加 2 天。

（4）整车分卸货物，每增加一个分卸站，另加 1 天。

（5）准、米轨间直通运输的货物另加 1 天。

对于上述五项特殊作业时间应分别计算，当一批货物同时具备几项时，应累计相加计算。

若运到期限用 T 表示，则：

$$T = T_发 + T_运 + T_特$$

[例题三] 广安门站承运到石家庄站零担货物一件，重 2 300 kg，计算运到期限。已知运价里程为 274 km。

解：(1) $T_发$ = 1(天)

(2) $T_运$ = 274/250 = 1.096 = 2(天)

(3) 因运价里程超过 250 km 的零担货物另加 2 天，一件货物重量超过 2 t 的零担货物另加 2 天，则 $T_特$ = 2 + 2 = 4(天)

所以这批货物的运到期限为：$T = T_发 + T_运 + T_特$ = 1 + 2 + 4 = 7(天)

[例题四] 从牡丹江站运到乌鲁木齐站零担货物一件，重 3 000 kg，运价里程为

5 055 km，计费运到期限。

解：$T_发 = 1(天)$

$T_运 = 5\ 055/250 = 20.22 = 21(天)$

$T_特 = 3 + 2 = 5(天)$

$T = T_发 + T_运 + T_特 = 1 + 21 + 5 = 27(天)$

想一想　1. 某托运人欲从甲站托运易腐货物到乙站，运价里程为 1 293 km，途中加冰一次，托运人声明运输期限不得超过 5 天。这种要求车站能受理吗？

2. 某托运人欲委托甲站从北京托运一件零担危险货物到广州，重 1 202 kg，货物长度 4 m，经过上海和长沙时加冰，运价里程为 1 500 km，托运人在运单"托运人记载事项"栏中注名"允许运输期限 13 天"。请问甲站可否承运？为什么？

知识拓展

货物运到逾期

如果货物的实际运到天数超过规定的运到期限时，即为运到逾期。

若货物运到逾期，不论收货人是否因此受到损害，铁路均应向收货人支付违约金。违约金的支付是根据逾期天数按承运人所收运费的百分比进行违约金支付的。

快运货物运到逾期，除按规定退还快运费外，货物运输期间，按 250 运价公里或其未满为 1 天，计算运到期限仍超过时，还应按上述规定向收货人支付违约金。

超限货物、限速运行的货物、免费运输的货物以及货物全部灭失时，若运到逾期，承运人不支付违约金。

从承运人发出催领通知的次日起(不能实行催领通知或会同收货人卸车的货物为卸车的次日起)，如收货人于 2 天内未将货物搬出，即丧失要求承运人支付违约金的权利。

货物在运输过程中，由于不可抗力(如风灾、水灾、雹灾、地震等)、托运人的责任致使货物在途中发生换货、整理、托运人或收货人要求运输变更、运输的活动物在途中上水以及其他非承运人的责任之一造成的滞留时间，应从实际运到天数中扣除。

项目巩固

一、单项选择题

1. 制定铁路货物运输合同的依据是(　　)。

A. 承、托双方的协商意见

B. 当地运输协会的有关意见

C. 国家有关法律、法规

D. 由承运人、托运人、收货人三方共同协商的意见

2. 铁路运输主要承担的货运是(　　)。

A. 远距离、大批量　　　　　　　　　B. 近距离、大批量

C. 近距离、小批量　　　　　　　　D. 远距离、小批量

3. 下列最适宜装运钢材的车辆是(　　)。
   A. 棚车　　　　B. 平车　　　　C. 罐车　　　　D. 漏斗车

4. 下列可用敞车装运的货物是(　　)。
   A. 精密仪器　　　　　　　　　　B. 装往深圳北的活牛
   C. 展览品　　　　　　　　　　　D. 空铁桶(绳网加固)

5. 由承运人负责装卸的货物有(　　)。
   A. 罐车运输的货物　　　　　　　B. 冻结易腐货物
   C. 蜜蜂　　　　　　　　　　　　D. 零担货物

6. (　　)多设在中等城市和铁路网上牵引区段的分界处。
   A. 中间站　　　B. 会让站　　　C. 区段站　　　D. 编组站

7. 铁路运单的格式由两部分组成,左侧为运单,右侧为(　　)。
   A. 托运单　　　B. 货票　　　　C. 物品清单　　D. 领货凭证

8. 铁路运输货票中交给托运人作为承运与报销的凭证是(　　)。
   A. 甲联　　　　B. 乙联　　　　C. 丙联　　　　D. 丁联

9. 铁路运输的经济里程在(　　)。
   A. 800 km 以上　　　　　　　　B. 500 km 以上
   C. 无限制　　　　　　　　　　　D. 200 km 以上

10. 整车货物和使用集装箱运输的货物由(　　)确定重量。
    A. 发货人　　　B. 托运人　　　C. 承运人　　　D. 收货人

二、判断题

1. 用棚车装运的货物都必须施封。　　　　　　　　　　　　　　　　(　　)
2. 所有的货物都应该是由承运人装车的。　　　　　　　　　　　　　(　　)
3. 去到站领取个人货物时,有领货凭证就可以要求车站办理交付。　　(　　)
4. 集重货物就是货物重量超过车辆标记载重的货物。　　　　　　　　(　　)
5. 货物运单填记的重量应该包括货物包装的重量。　　　　　　　　　(　　)
6. 不够整车运输条件的货物必须按照零担托运。　　　　　　　　　　(　　)
7. 对承运后的货物,发站可以办理变更。　　　　　　　　　　　　　(　　)
8. 押运人数除特定者外,每批不得少于2人。　　　　　　　　　　　 (　　)
9. 超限货物必须使用平车装运。　　　　　　　　　　　　　　　　　(　　)
10. 货票是承托双方划分责任的原始依据。　　　　　　　　　　　　 (　　)

三、思考题

1. 简述铁路运输的优缺点。
2. 简述铁路运输的基本设施。
3. 简述铁路货物运输运费的计算。
4. 装车作业的注意事项。
5. 铁路不办理哪些情况的货物运输变更?

四、计算题

1. A站于10月1日承运至B站(运价里程1 100 km)集装箱一批,2件,该车3日挂运,

承运人于10日卸车完毕,并于当日发出催领通知,13日收货人到站领取货物并搬出车站。计算这批货物的运到期限应为几日?实际运到日数从何日起算?至何日止?共用了几天?这批货物运到是否逾期?铁路是否要支付违约金?为什么?

2. 从兰州北站运往天水水泥桥梁一件,使用65 t平车为主车,计算有关的运杂费。

已知:运价里程364 km;电气化里程359 km;基价1 = 10.20元/t;基价2′= 0.049 1元/(t·km);建设基金费率:0.033元/(t·km);电气化费率:0.012元/(t·km)。

实战演练

铁路运费的计算

【技能训练目标】

熟悉铁路货物运输运费计算的流程;会根据铁路货物运输业务熟练地计算运费。

【技能训练准备】

1. 单据准备

常见的货物运价号;铁路电气化区段表;铁路货物运输品名分类与代码表;铁路货物运价率表;货物运价里程表;铁路货运营运杂费费率表。

2. 训练地点

教室。

【技能训练步骤】

1. 查表训练

附录中的铁路货物运价率表、货物运价里程表、铁路电气化区段表、铁路货运营运杂费费率表的查阅练习。

2. 计算运价练习

第一,确定运价里程;

第二,确定运价号;

第三,确定基价;

第四,确定计费重量。

3. 计算附加费练习

第一,确定电气附加费;

第二,确定新路新价均摊费;

第三,确定铁路建设基金费。

4. 各项杂费计算练习

5. 计算运杂费练习

【技能训练的注意事项】

1. 运费的计算是铁路运输中比较重要的内容。在训练时,可以根据情况增加技能训练内容中的业务题。

2. 注意各附录中查询的相关要求。

3. 训练中的各项计算要完整,准确。

【技能训练评价】

铁路货物运输运费的计算技能训练评价表如下：

铁路货物运输运费的计算技能训练评价表

被考评人				
考评地点				
考评内容	铁路货物运输运费的计算			
考评标准	内容	自我评价	教师评价	综合评价
	正确查阅各表			
	正确计算运价			
	正确计算附加费			
	正确计算杂费			
	正确计算运费			
	该项技能能级			

备注：
1. 综合评价：以教师评价为主，自我评价作为教师对学生初期技术能力评价的参考条件。
2. 能级标准：
1 级标准：在教师指导下，能部分完成某项实训作业或项目；
2 级标准：在教师指导下，能全部完成某项实训作业或项目；
3 级标准：能独立地完成某项实训作业或项目；
4 级标准：能独立地又快又好地完成某项实训作业或项目；
5 级标准：能独立地又快又好地完成某项实训作业或项目，并能指导其他人。

【技能训练练习】

1. 托运人王小强 2022 年 3 月 16 日与武昌铁路局订立了一份货物运输合同。货物是一批钢材，无包装，到达站是上海车站，收货人是托运人王小强本人。3 月 18 日武昌铁路分局配给王小强敞车一辆，货车标记载重量 40 t。合同中规定由王小强自行装车。计算王小强的这批钢材的运费。

2. 2022 年 6 月 18 日，东南煤炭公司和山西大同铁路局签订了一份货物运输合同运输一批煤炭，收货人是南京紫光电力公司，到站是南京东站。6 月 21 日大同铁路分局拨付 20 辆车，由东南煤炭公司在专用线上自行装车，铁路部门提供篷布。计算这批煤炭的运输费用。

3. 2022 年 4 月 19 日，托运人广东省物资储运公司广州东站托运甘油，收货人是上海宏隆实业有限公司。货物运单记载，货物是甘油，共 240 件，铁桶包装。货物装入 P632697 号 60 t 棚车，由托运人自装自锁，施封号码 0276 号，托运人确定重量 60 t。计算这批货物的运费。

4. 2022 年 4 月 19 日，侯某和发运站天津南仓站签订运输合同，将 27 件 BRV 电线发运至长春火车站。收货人吉林省长春市海达线缆有限公司。到达站长春车站，货名电线，数量 27 件，托运人确认质量 1 350 kg，价值 1 万元，4 月 21 日，侯某将货物交付南仓站，并支付运费。天津南仓站将 070454 号铁路货物运单、领货凭证交付侯某。计算侯某交付的运费。

5. 李安 2022 年 4 月 16 日由哈尔滨站托运零担货物，货物品名为豆饼，250 件，1.8 万千克，货物实际价值 17 万元，均用麻袋包装，收货人为石家庄红星饲料试验厂，用棚车装运。

计算这批零担货物的运费。

6. 2022年1月16日,托运人福建省平和县果品食杂公司给收货人商贸公司从上海铁路局萧山站发运柑橘一车,到站是乌鲁木齐站,件数5 100件,货物重量50 t。货主自行装卸。计算这批柑橘的运费。

【技能训练建议】

训练时,可以根据当地的实际铁路货物运输业务进行训练。

【附录】

附录一 铁路货物运价率表

铁路货物运价率表

类别	运价号	发到基价		运行基价	
		单位	标准	单位	标准
整车	1	元/t	4.6	元/(t·km)	0.021
	2	元/t	5.2	元/(t·km)	0.023 9
	3	元/t	6	元/(t·km)	0.027 3
	4	元/t	6.8	元/(t·km)	0.031 1
	5	元/t	7.6	元/(t·km)	0.034 8
	6	元/t	8.5	元/(t·km)	0.039
	7	元/t	9.6	元/(t·km)	0.043 7
	8	元/t	10.7	元/(t·km)	0.049
	9	元/t		元/(轴·km)	0.15
	机保	元/t	8.3	元/(t·km)	0.045 5
	机保	元/t	9.8	元/(t·km)	0.067 5
零担	21	元/10 kg	0.085	元/(10 kg·km)	0.000 35
	22	元/10 kg	0.101	元/(10 kg·km)	0.000 42
	23	元/10 kg	0.122	元/(10 kg·km)	0.000 504
	24	元/10 kg	0.146	元/(10 kg·km)	0.000 605
集装箱	1 吨箱	元/箱	7.2	元/(箱·km)	0.031 8
	5~6 吨箱	元/箱	55.2	元/(箱·km)	0.243 8
	10 吨箱	元/箱	85.3	元/(箱·km)	0.376 8
	20 英尺箱	元/箱	149.50	元/(箱·km)	0.660 3
	40 英尺箱	元/箱	292.3	元/(箱·km)	1.290 9

* 运费计算方法：发到运费 = 发到基价 × 计费重量(箱数)

运行运费 = 运行基价 × 运价里程 × 计费重量(箱数)

* 整车棉花(籽棉、皮棉)按发到基价 4.90 元/t、运行基价 0.022 4 元/(t·km)执行。

* 整车化肥、磷矿石按发到基价 4.20 元/t、运行基价 0.019 2 元/(t·km)执行。

附录二 铁路货物运价里程表

全国铁路主要站间货运里程表 单位：km

	北京	天津	沈阳	长春	哈尔滨	济南	合肥	南京	上海	杭州	南昌	福州	石家庄	郑州	武昌	长沙	广州	南宁	西安	兰州	西宁	乌鲁木齐	成都	贵阳	昆明	太原	呼和浩特	银川
北京																												
天津	137																											
沈阳	707																											
长春	741	1 012	305																									
哈尔滨	1 046	1 345	547	242																								
济南	1 288	360	1 067	1 375	1 614																							
合肥	497	973	1 680	1 985	2 227	613																						
南京	1 074	1 023	1 730	2 035	2 277	663	312																					
上海	1 160	1 326	2 033	2 335	2 577	966	615	303																				
杭州	1 463	1 452	2 159	2 464	2 706	1 092	451	429	201																			
南昌	1 589	1 444	2 151	2 456	2 689	1 137	478	838	837	636																		
福州	1 449	2 197	2 904	3 209	3 451	1 837	1 196	1 174	1 173	972	622																	
石家庄	2 334	419	1 126	1 431	1 673	301	914	964	1 267	1 393	1 915																	
郑州	277	831	1 638	1 843	2 085	666	645	695	998	1 124	1 549	412																
武昌	689	1 225	1 367	1 972	2 277	2 519	1 181	1 231	1 230	1 029	391	1 013	927	536														
长沙	1 583	1 725	2 330	2 635	2 877	1 560	1 222	1 200	1 199	998	418	984	1 306	894	358													
广州	2 289	2 431	3 036	3 341	3 591	2 151	1 826	1 804	1 803	1 602	1 022	1 588	2 012	1 600	1 064	706												
南宁	2 561	2 703	3 411	6 313	3 855	2 538	2 098	2 076	2 075	1 874	1 294	1 860	2 282	1 870	1 336	978	1 334											
西安	1 159	1 301	1 906	2 211	2 453	1 177	1 156	1 206	1 509	1 635	1 412	2 389	923	511	1 047	2 111	2 383											
兰州	1 811	1 948	2 552	2 962	3 099	1 853	1 832	1 882	2 185	2 311	2 088	3 065	1 599	1 187	1 723	2 081	2 787	3 059	676									
西宁	2 092	2 235	2 839	3 144	3 386	2 069	2 048	2 098	2 401	2 527	2 304	3 281	1 815	1 403	1 939	2 297	3 003	3 275	892	216								
乌鲁木齐	3 768	3 911	4 515	4 820	5 062	3 745	3 724	3 774	4 077	4 065	4 391	4 957	3 491	3 079	3 615	3 973	4 679	4 951	2 568	1 892	2 108							
成都	2 042	2 185	2 789	3 094	3 336	2 019	1 998	2 048	2 351	2 552	2 239	2 805	1 765	1 353	1 737	1 923	2 527	1 832	842	1 172	1 388	3 026						
贵阳	2 539	2 681	3 286	3 591	3 833	2 516	2 076	2 054	2 053	1 852	1 272	1 838	2 262	1 850	1 314	956	865	1 809	2 139	2 355	3 993	967						
昆明	3 178	3 320	3 925	4 230	4 472	3 119	3 098	2 693	3 069	2 868	2 477	2 901	2 489	1 953	1 595	1 504	1 942	2 272	2 488	4 126	1 100	639						
太原	514	650	1 255	1 560	1 802	532	1 145	1 195	1 498	1 624	1 944	2 521	231	577	1 179	1 537	2 243	2 515	651	1 327	1 543	3 219	1 493	2 460	2 593			
呼和浩特	667	804	1 408	1 713	1 955	1 164	1 777	1 827	2 130	2 256	2 674	3 303	871	1 362	1 898	2 256	2 962	3 234	1 291	1 144	1 360	3 036	2 133	3 100	3 233	640		
银川	1 313	1 480	2 084	2 389	2 631	1 840	2 002	2 052	2 335	2 481	2 258	3 235	1 547	1 357	1 893	2 251	2 957	3 229	846	468	684	2 008	1 342	2 309	2 442	1 316	676	

附录三 铁路电气化区段表

铁路电气化区段表

序号	线名	电化区段	区段里程/km	序号	线名	电化区段	区段里程/km
1	京山线	秦皇岛—山海关	16	24	焦柳线	月山—关林	129
2	丰台西线	丰台—丰台西	5	25	怀化南线	怀化—怀化南	4
3	京承线	丰台—双桥	43	26	宝成线	宝鸡—成都东	673
4	京秦线	双桥—秦皇岛	280	27	阳安线	平阳关—安康	357
5	京包线	沙城—大同	252	28	成渝线	成都东—重庆	500
6	大秦线	韩家岭—柳村南	652	29	川黔线	小南海—贵阳南	438
7	段大线	段甲岭—大石庄	7	30	贵昆线	贵阳南—昆明西	644
8	丰沙线	丰台—沙城	104	31	漳州线	郭坑—漳州	11
9	京广线	丰台—武昌南	1 221	32	包兰线	石嘴山—兰州西	581
10	京广线	郴州—韶关	153	33	太岚线	太原北—镇城底	55
11	孟宝线	孟庙—平顶山东	64	34	口泉线	平旺—口泉	10
12	石太线	石家庄—太原北	251	35	宝中线	虢镇—迎水桥	502
13	北同蒲线	大同—太原北	347	36	干武线	干塘—武威南	172
14	玉门沟线	太原北—玉门沟	22	37	汤鹤线	汤阴—鹤壁北	19
15	太焦线	长治北—月山	153	38	马滋线	马头—新坡	12
16	汉丹线	襄樊—老河口东	57	39	侯月线	侯马北—翼城东	50
17	襄渝线	老河口东—小南海	850	40	平汝线	平罗—大武口	11
18	鹰夏线	鹰潭—厦门	694	41	成昆线	成都—昆明东	1 108
19	湘黔线	株洲北—贵定	821	42	小梨线	小南海—梨树湾	23
20	黔桂线	贵定—贵阳南	68	43	西重线	西永—重庆	24
21	陇海线	郑州北—兰州西	1 192	44	胡大线	胡东—大同东	21
22	兰新线	兰州西—武威南	279	45	渡口线	三堆子—密地	10
23	西固城线	兰州西—西固城	21				

附录四 铁路货运杂费费率表

铁路货运杂费费率表

序号	项目		单位	费率
1	过秤费	整车轨道衡	元/车	30
		整车普通磅秤	元/t	4
		零担	元/10^2 kg	0.4
		1 吨箱	元/箱	1.5

续表

序号	项目			单位	费率
1	过秤费	10 吨箱		元/箱	15
		20 英尺箱		元/箱	30
		40 英尺箱		元/箱	60
2	表格费 材料费	运单	普通货物	元/张	0.1
			水陆联运货物	元/张	0.2
			国际联运货物	元/张	0.2
		货签	纸制	元/个	0.1
			其他材料	元/个	0.2
		施封材料费		元/个	1.5
		月度要车计划表		元/张	0.1
		危险货物包装标志		元/个	0.2
		物品清单		元/张	0.1
3	冷却费			元/t	20
4	机械冷藏车制冷费	5 辆型		元/车组·日	600
		9 辆型		元/车组·日	960
5	空车回送费	冷藏车(取消托运时)		元/车	150
		长大货物车		元/轴	300
6	专用货车使用费	罐车		元/车	150
		专用散装粮食车		元/车	120
		专用散装水泥车		元/车	80
		毒品专用车		元/车	60
		家畜车		元/车	60
7	长大货物使用费	标重 180 t 以上		元/(t·km)	0.3
		标重不足 180 t		元/(t·km)	0.25
8	长大货物延期使用	标重 180 t 以上		元/t 日	9.6
		标重不足 180 t		元/t 日	4.8
9	取送车费			元/车 km	6
10	取送车隔离车使用费			元/车	20
11	机车作业费			元/半吨	60
12	货车中转技术作业费			元/250 km	0.05
13	暂存费	整车货物		元/车日	15
		零担货物		元/批 10^2 kg	15

续表

序号	项目			单位	费率
13	暂存费	1 吨箱		元/箱日	0.3
		5~6 吨箱		元/箱日	5
		10 吨箱		元/箱日	7.5
		20 英尺箱		元/箱日	15
		40 英尺箱		元/箱日	30
14	清扫费	货位清扫	蔬菜、瓜果、牲畜	元/车	10
			散堆装货物	元/车	2
		集装箱清扫箱	1 吨箱	元/(吨·箱)	0.2
			5、6 吨箱	元/箱	0.1
			10 吨箱	元/箱	1.5
			20 英尺箱	元/箱	2.5
			40 英尺箱	元/箱	5
		货车清扫费		元/车	5
15	货车洗刷除污费	整车货物毒害品		元/车	100
		其他		元/头	60
		按零担办理的马、骡、驴、骆驼		元/头	1
16	货车篷布使用费	500 km 以内		元/张	50
		501 km 以上		元/张	70
17		货车篷布管理费		元/张日	20
18		自备篷布管理费		元/张	10
19		地方铁路货车篷布使用费		元/张日	20
20	集装箱使用费	1 吨箱	500 km 以内	元/箱	5.00
			501~2 000 km 每增加 100 km 加收	元/箱	0.40
			2 001~3 000 km 每增加 100 km 加收	元/箱	0.20
			3 001 km 以上计收	元/箱	13.00
		5~6 吨箱	500 km 以内	元/箱	30.00
			501~2 000 km 每增加 100 km 加收	元/箱	3.00
			2 001~3 000 km 每增加 100 km 加收	元/箱	1.50
			3 001 km 以上计收	元/箱	90.00
		10 吨箱	500 km 以内	元/箱	50.00
			501~2 000 km 每增加 100 km 加收	元/箱	5.00
			2 001~3 000 km 每增加 100 km 加收	元/箱	2.50
			3 001 km 以上计收	元/箱	150.00

续表

序号	项 目		单 位	费 率
20	集装箱使用费	20英尺箱 500 km 以内	元/箱	100.00
		20英尺箱 501~2 000 km 每增加 100 km 加收	元/箱	10.00
		20英尺箱 2 001~3 000 km 每增加 100 km 加收	元/箱	5.00
		20英尺箱 3 001 km 以上计收	元/箱	300.00
		40英尺箱 500 km 以内	元/箱	200.00
		40英尺箱 501~2 000 km 每增加 100 km 加收	元/箱	20.00
		40英尺箱 2 001~3 000 km 每增加 100 km 加收	元/箱	10.00
		40英尺箱 3 001 km 以上计收	元/箱	600.00
		一箱多批	元/10 千克	0.20
21	集装箱延期使用费	1 吨箱	元/箱日	2
		5、6 吨箱	元/箱日	10
		10 吨箱	元/箱日	20
		20 英尺箱	元/箱日	前 5 日内 10 自第 6 日 60
		40 英尺箱	元/箱日	为 20 英尺箱的两倍
22	自备集装箱管理费	1 吨·箱	元/箱日	3
		5、6 吨箱	元/箱日	15
		10 吨箱	元/箱日	25
		20 英尺箱	元/箱日	100
		40 英尺箱	元/箱日	200
23	地铁路集装箱使用费	1 吨箱	元/箱日	2
		5、6 吨箱	元/箱日	10
		10 吨箱	元/箱日	20
		20 英尺箱	元/箱日	40
		40 英尺箱	元/箱日	80
24	地方铁路货车使用费		元/车 t	2
25	新线货车使用费		元/车 t	1
26	自备车或租用铁路停放费		元/车日	20
27	货车租用费	在营业线上 冰冷车、家畜车(J2、J4 除外)	元/t 日	4
		在营业线上 罐车,散装水泥,粮食专用车,PJD 型车	元/t 日	2.4
		在营业线上 其他货车(机冷车、长大货物车除外)	元/t 日	2
		在用、用路专线专铁上 冰冷车、家畜车(J2、J4 除外)	元/t 日	8
		在用、用路专线专铁上 罐车,散装水泥,粮食专用车,PJD 型车	元/t 日	5
		在用、用路专线专铁上 其他货车(机冷车、长大货物车除外)	元/t 日	4
		机械冷藏车 5 辆型	元/车组日	440
		机械冷藏车 9 辆型	元/车组日	880
		长大货物车 标重 180 t 以上	元/t 日	8.6
		长大货物车 标重不足 180 t	元/t 日	2.4

续表

序号	项目			单位	费率
28	守车租用费			元/车日	60
29	铁路码头使用费			元/t	0.6
30	路产专用线租用费			元/延米年	200
31	押运人乘车费			元/人百公里	3
32	分卸作业费			元/车次	80
33	运输变更手续费	变更到站(含同时变更收货人)	整车货物和20、40英尺箱	元/批	200
			零担货物和其他集装箱货物	元/批	10
		变更收货人或发送前取消托运	整车货物和20、40英尺箱	元/批	50
			零担货物和其他集装箱货物	元/批	10
34	货物装卸作业费			按铁道部《铁路货车装卸作业计费办法》和《铁路货物装卸作业费率》的规定核收	
35	专用线、专用铁路货车使用费			按铁道部《货车使用费核收暂行办法》的规定核收	
36	货物保价费			按铁道部《关于修订货物保价费率的通知》的规定核收	

附录五 铁路货物运输品名分类与代码表

铁路货物运输品名分类与代码表

类码	类名	代码		货物品类	说明
1	煤	1	0	原煤	含未经入洗、筛选的无烟煤、炼焦烟煤、一般烟煤、褐煤
		2	0	洗精煤	含冶炼用炼焦精煤及其他洗精煤
		3	0	块煤	含各种粒度的洗块煤和筛选块煤
		4	0	洗、选煤	指洗精煤、洗块煤以外的其他洗煤(含洗混煤、洗中煤、洗末煤、洗粉煤、洗原煤、煤泥),及筛选块煤以外的其他筛选煤(含筛选混煤、筛选末煤、筛选粉煤)
		5	0	水煤浆	
		9	0	其他煤	含煤粉、煤球、煤砖、煤饼、蜂窝煤等煤制品,泥炭、风化煤及其他煤。不含煤矸石(列入0897)
2	石油	1	0	原油	含天然原油、页岩原油、煤炼原油
		2	0	汽油	含各种用途的汽油
		3	0	煤油	含灯用煤油、喷气燃料及其他煤油
		4	0	柴油	含轻柴油、重柴油及其他柴油
		5	0	重油	

续表

类码	类名	代码		货物品类	说　　明
2	石油	6	0	润滑油、脂	含机械油、车轴油、齿轮油、轴承油、压缩机油、内燃机油、液压油、刹车油、电器绝缘用油、防护、防蚀用油、电缆油、热处理油等各种用途的润滑油;机械用脂、铁道润滑脂、合成润滑脂、仪器仪表脂、防锈脂等各种用途的润滑脂
		9	0	其他成品油	含本类0220～0260以外的其他石油加工油,如燃料油、溶剂油、标准油、白色油、原料油、渣油等。不含沥青、沥青油(列入1591),以及石蜡、地腊、凡士林(列入1595)、液化石油气(列入1570)等固体和气体的石油副产品
3	焦炭	1	0	焦炭	指用煤制焦炭、含机焦、型焦、土窑焦、半焦、天然焦、焦粒、焦末、焦粉
		2	0	沥青焦、石油焦	指用煤沥青或石油沥青炼制的焦炭
4	金属矿石				含原矿和筛分加工后的矿石、矿砂、矿粉、精矿
		1	0	铁矿石	含铁矿石的原矿、成品矿,铁精矿、烧结铁矿、球团铁矿、其他人造富铁矿及再冶炼用的钢铁渣
		2	0	放射性矿石	含独居石、锆英石、铀矿石等放射性的矿石、矿砂、矿粉、矿渣
		9	0	其他金属矿石	含锰矿石的原矿、成品矿、锰精矿、富锰矿、富锰渣、天然和人造锰粉。含铬矿石、有色金属矿石、稀土金属矿石的原矿、成品矿、精矿、矿粉。含再冶炼用的有色金属的渣、灰,如铅锌炉渣、钒渣、高钛渣等
5	钢铁及有色金属	1	0	生铁	含炼钢生铁、铸造生铁、含钒生铁
		2	0	钢锭、钢坯	含普通钢、优质钢、合金钢的锭和坯
		3	0	钢材	含普通钢、优质钢、合金钢的各种型材(如角钢、槽钢、工字钢、异形钢等)、线材(含盘条、钢筋等)、板材(含各种厚度的钢板和镀层钢板,如厚钢板、薄钢板、波纹薄钢板、镀锡薄钢板、镀锌薄钢板、塑料复合钢板等)、钢管(含无缝钢管、焊接钢管)、硅(矽)钢片、钢带、钢球料及其他钢材
		4		钢轨及其配件	
		4	1	钢轨	含各种轨型的铁道用钢轨、轨排、工业用轨、导电轨、起重机用轨及废钢轨
		4	2	钢轨配件	含鱼尾板、垫板等各种材质的钢轨配件及道钉。不含转辙器(列入1899)
		5		铁合金及其他钢铁	
		5	1	铁合金	含普通铁合金(如碳素锰铁、硅铁、锰硅合金等)及特殊铁合金(如钨铁、钛铁、硼铁、硅铬合金、金属锰、电解锰、金属铬、电解铬、锆铝合金、稀土铁合金等)
		5	2	废钢铁	凭废金属回收、调拨或回炉冶炼证明托运
		5	9	其他杂项钢铁	含钢铁边角料、钢屑、钢砂、铁砂、铁粉、吸铁石等

续表

类码	类名	代码		货物品类	说　明
5	钢铁及有色金属	6		有色金属及其合金	
		6	1	有色金属及其合金的锭	含铜、铅、锌、镍、锡、锑、铝、钨、钼、金属镧、金属铈、高纯铜、高纯锡、铝合金、锌铝合金、钨钴硬质合金、铍铜合金等有色金属及其合金的锭、条，不含焊锡（列入1699），放射性金属如钋、镭、铀等（列入1570）
		6	2	氧化铝。氢氧化铝。镁砂	氧化铝又称铝氧。氢氧化铝又称铝氢。镁砂含电容镁砂，镁矿砂列入0699
		7		有色金属及其合金的加工材、粉	
		7	1	有色金属及其合金的加工材	含铜、铝、铝合金、锌、锌合金、镍、镍合金、锡、锑、铅、钨、钼等有色金属及其合金的板材、带材、箔材、棒材、型材、线材、丝材及其他加工材。不含导电铜线、铝线（列入1893）
		7	2	有色金属粉	含铜粉、铝粉、镍粉、铅粉、镁粉、钛粉、铝镁合金粉和其他有色金属的加工粉，以及废有色金属粉
		7	3	半导体材料	含锗、单晶锗、锗片、硅、硅粉、单晶硅、多晶硅、硅外延片、砷化镓单晶、砷化镓外延片、磷化镓外延片等。不含晶体管等半导体元、器件（列入1899）
		7	4	石油套管、油管	
		7	9	其他有色金属	含有色金属及其合金的边角料、屑、废料等。不含废有色金属粉（列入0572）
6	非金属矿石				含原矿和筛分加工后的矿石、矿砂、矿粉、精矿
		1	0	硫铁矿	指用于加工硫磺、硫酸的矿石
		2	0	石灰石	
		3	0	铝矾土	含铝土矿、铝矾土、矾土、铁铝矾土、矾石
		4	0	石膏	含天然石膏和化工副产的石膏、生石膏、熟石膏、石膏块、粉
		9		其他非金属矿石	

项目四

水路运输

 学习目标

【知识目标】

1. 掌握水路运输的概念及种类,了解水路运输系统的组成要素,掌握水路运输方式的优缺点;
2. 了解班轮运输概述,掌握运输业务及货运程序,重点掌握海洋货运单据;
3. 了解班轮运价与运费,理解班轮运价表和班轮运费的计收标准,掌握班轮运输费用的计收;
4. 掌握租船业务及租船营运方式,熟悉航次租船合同的主要条款,重点掌握航次租船的主要操作程序和注意事项。

【能力目标】

1. 通过学习,掌握水路运输业务的工作流程,能够在实际工作中正确组织水路运输;
2. 能够正确填写水路运输相关单证,正确计算运费。

 学习任务提要

1. 水路运输的概念、特点、种类以及水路运输系统的组成要素;
2. 班轮运输的概念、特点及各关系方,班轮运输的航线、航次和船期表,杂货班轮运输的程序;
3. 海运主要货运单证及其使用流程,班轮运输费用的计收;
4. 租船运输的概念、特点以及主要的租船营运方式。

 工作任务提要

1. 通过查阅资料、企业访谈、参观港口码头,了解水路运输在国民经济中的地位;
2. 掌握水路运输工作流程,填写水路运输相关单证,正确计算相关运费。

项目四 水路运输

建议教学时数

8 学时。

任务一 认识水路运输

案例导入

举世闻名的京杭大运河,是世界上开凿最早、长度最长的一条人工河道。大运河北起北京,南达杭州,流经北京、河北、天津、山东、江苏、浙江六个省市,全长 1 794 km,沟通了海河、黄河、淮河、长江、钱塘江五大水系,在中华民族的发展史上,为发展南北交通,沟通南北之间经济、文化等方面的联系做出了巨大的贡献。京杭大运河从公元前486年始凿,至公元1293年全线通航。

图 4.1 京杭大运河路线概略

案例思考

1. 京杭大运河属于哪种货物运输方式?
2. 该运输方式有哪些特点?

知识链接

一、水路运输的概念及分类

(一)水路运输的概念

水路运输是利用船舶等水运工具,在江、河、湖、海及人工运河等水道运输旅客、货物的一种运输方式。水路运输承担大批量货物运输,是开展国际贸易的主要方式,是发展经济和友好往来的主要交通工具。

中国水路运输发展很快,目前中国的商船已航行于世界100多个国家和地区的400多个港口。中国当前已基本形成一个具有相当规模的水运体系。在相当长的历史时期内,中国水路运输对经济、文化发展和对外贸易交流起着十分重要的作用。

(二)水路运输的特点

1. 水路运输的优点

(1)运能大,能够运输数量巨大的货物。
(2)通用性较强,客货两宜。
(3)能越洋运输大宗货品,连接被海洋所分割的大陆。远洋运输是发展国际贸易的强

107

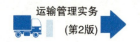

大支柱。

(4) 运输成本低,能以最低的单位运输成本提供最大的货运量,尤其在运输大宗货物或散装货物时,可以取得更好的技术、经济效果。

(5) 平均运输距离长。

2. 水路运输的缺点

(1) 受自然气象条件因素影响大,一年中中断运输的时间较长。

(2) 营运范围受到限制,如果没有航道则无法运输。

(3) 航行风险大,安全性略差。

(4) 运送速度慢,准时性差,经营风险增加。

(5) 搬运成本与装卸费用高。这主要是因为水路运输的运能最大,导致了装卸作业量最大,搬运成本和装卸费用相对较高。

想一想 水路运输相较于公路运输和铁路运输更适合于哪类货物,举例说明。

(三) 水路运输的分类

1. 按航行的区域分类

按航行的区域,水路运输可以分为内河运输和海上运输。其中,海上运输又分为远洋运输、近洋运输和沿海运输。

(1) 内河运输是使用船舶在陆地内的江、河、湖、川等水道进行运输的一种方式,主要使用中、小型船舶。

(2) 远洋运输是使用船舶跨大洋的长途运输形式,主要依靠运量大的大型船舶。

(3) 近洋运输是使用船舶通过大陆邻近国家海上航道运送客货的一种运输形式,视航程可使用中型船舶,也可使用小型船舶。

(4) 沿海运输是使用船舶通过大陆附近沿海航道运送客货的一种方式,一般使用中、小型船舶。

2. 按货物包装分类

按货物的包装状况,水路运输分为散装货物(无包装)、集装箱、单元滚装运输等。集装箱运输和散装货物运输是我国水路运输的主要形式。

3. 按运输货物性质和特点分类

按运输货物性质和特点,水路运输分为普通大宗货物运输(如煤、砂、矿石等)和特种货物运输(如活植物、活动物、危险品货物、长大笨重货物、易腐货物等)。

4. 按船舶运营组织形式分类

按船舶运营组织形式,水路运输分为航次租船运输、定期租船运输和包运租船运输。

(1) 航次租船运输是指船舶出租人向承租人提供船舶的全部或者部分舱位,装运约定的货物,从一港(站、点)运至另一港(站、点)的运输形式。

(2) 定期租船运输是指船舶所有人将配备船员的船舶出租给租船人使用一定时期的租船方式。

(3) 包运租船运输指船舶所有人提供给租船人一定吨位(运力),在确定的港口之间,以事先约定的年数、航次周期和每航次较均等的货运量,完成运输合同规定的全部货运量的租船方式。

二、水路运输的相关设施设备

水路运输的相关设施设备主要有港口、船舶、航道与航标等。

（一）港口

港口是水路运输中停靠船舶，装卸货物和上下旅客的场所。港口的任务是为船舶提供能安全停靠的设施，及时完成货物和旅客由船至岸或由岸到船以及由船到船的转运，并为船舶提供补给、修理等技术服务和生活服务。港口是水路交通运输的终端，又是连接水陆运输的枢纽。

港口设施分为港口水域设施及港口陆上设施。港口水域设施包括港池、航道与锚地。为保证船舶货物的流通，港口陆地通常有配套的铁路、道路、货物仓库与堆场、港口机械、给排水和供电系统。

图4.1 港口设施

重要提示

港口的设施布局会根据其实际情况做相应调整，有的利用天然地势建造，有的需要人工创造条件。

知识拓展

全球十大最有影响力港口

1. 香港维多利亚港

香港维多利亚港是世界三大天然良港之一，一年四季皆可自由通航，港阔水深，还可当作航母停靠地点，100多年来它见证和促进着香港的经济发展。

2. 迪拜港

迪拜港地处亚欧非三大洲的交汇点，是中东地区最大的自由贸易港，转口贸易发达，是世界首屈一指的转口贸易大港。

3. 宁波舟山港

宁波舟山港是传承千年海丝文明的港口,如今依旧焕发新颜。如今的舟山港沟通全球100多个国家的200多个港口,2017年货物吞吐量位列世界第一。

4. 上海港

上海港有全球最繁忙的集装箱码头,平均每一秒就有一个集装箱在这里起吊装卸,其年货物吞吐量占全国港口的20%,曾连续6年保持世界第一。

5. 广州港

广州港是世界海上交通史上唯一两千多年长盛不衰的大港,目前它是华南地区的龙头港口,也是中国第四大港,货物吞吐量居世界第五位。

6. 深圳港

深圳港是和广州港、香港港优势互补的华南港口枢纽。2016年,深圳港集装箱吞吐量达到2 398万标箱,连续四年位居全球第三。

7. 釜山港

釜山港是韩国最大的港口,也是世界第六大集装箱港,在韩国对外贸易中占主导地位。

8. 厦门港

厦门港是一个天然良港,万吨巨轮不受潮水影响可随时进出,且港阔水深,终年不冻,今它已经跻身全球集装箱港15强。

9. 青岛港

青岛港是一个具有125年历史的老港,也是中国第四大集装箱运输港口,此外它还有世界最先进、亚洲首个全自动化集装箱码头。偌大的码头空无一人,作业却在有条不紊地进行,这一切全靠计算机控制下的无人驾驶转运车、全自动化桥吊等完成,作业效率极高,是目前全球自动化程度最高、装卸效率最快的集装箱码头。

10. 新加坡港

新加坡港是亚太地区最大的转口港,也是世界最大最繁忙的集装箱港口之一,平均每12分钟就有一艘船舶进出,被称为世界利用率最高的港口。

（二）船舶

船舶是水路运输的主要工具。运输船舶按运输种类可分为客船(包括客货船)、杂货船、液货船(包括油船、液化气船等)、散货船、兼用船、集装箱船、滚装船、载驳船、冷藏船、多用途船、自卸船、重件运输船等;按有无自航能力可分为机动船(货船、拖船、推船等)和非机动船(驳船);按动力装置可分为蒸汽机船、内燃机船、汽轮机船和核动力船等;按推进装置可分为螺旋桨船、喷水船、水翼船、气垫船等。主要船舶种类如图4.2所示。

滚装船　　　　　　　　　　　　　集装箱船

液化气船　　　　　　　　　　　　油船

拖船　　　　　　　　　　　　　　驳船

图4.2　主要船舶种类

(三) 航道与航标

1. 航道

航道是供船舶航行的水道,航道是水路运输的基础。随着运输生产与科学技术的发展,船舶尺度的增大,船舶运行密度的增加和纵横水运网的逐步形成,现代水上航道已不仅是天然航道,而是包括人工运河、进出港航道以及保证航行安全的航行标志系统和现代通讯导航设备系统在内的工程综合体。对海上航道来说,主要的还是自然水道,人工水道、运河及过船建筑只是作为自然水道的补充或改进。

全世界内河通航里程约50万千米,一些航运发达国家较早进行河流的综合开发和利用,统筹考虑航运、防洪、灌溉、发电等综合效益,大力整治航道并使之渠化,重视内河航道网的建设,制定分期实施的长远规划。中国内河航道里程有 12.8 万千米,近年来制定了主要通航河流的近期和远期航道规划,进行了有计划的治理,以提高内河航道的通过能力。为适应海洋船舶大型化趋势,各国对海港的进港航道和港池进行了较大规模的疏浚和拓宽工程。

航道主要分为以下三类:

(1) 海上航道:属自然水道,通过能力几乎不受限制;
(2) 内河航道:利用天然河流附加引航设施构成;
(3) 人工航道:人工开凿的水道,又称运河,通常用于沟通两个或两个以上的水系。

想一想 任务案例导入京杭大运河属于哪种航道?你还能举出几种航道来吗?

2. 航标

航标是帮助引导船舶航行、定位和标示碍航物与表示警告的人工标志,它是为各种水上活动提供安全信息的设施或系统。航标主要起到以下作用:

(1) 定位:为航行船舶提供定位信息;
(2) 警告:提供碍航物及其他航行警告信息;
(3) 交通指示:根据交通规则指示航行方向;
(4) 指示特殊区域:如锚地、测量作业区、禁区等。

航标根据所处的区域主要分为海区航标和内河航标,其中海区航标又分为视觉航标(图 4.3)、音响航标和无线电航标(图 4.4)三种,内河航标又分为航行标志、信号标志和专用标志三种(图 4.5)。

图 4.3 视觉航标

图 4.4 音响航标和无线电航标

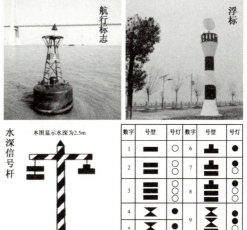

图 4.5 内河航标

知识拓展

我国内河航道等级

根据中华人民共和国国家标准《内河通航标准》(GB50139—2014),中国内河航道的等级划分如表 4.1 所示。

表 4.1 我国内河航道等级

航道等级	船舶设计载重吨
一级航道	可通航 3 000 t,水深 3.5~4.0 m,单线直线航道宽度 70~125 m,弯曲半径 670~1 200 m
二级航道	可通航 2 000 t,水深 2.6~3.0 m,单线直线航道宽度 40~100 m,弯曲半径 550~810 m;限制性航道水深 4 m,直线段双线底宽 60 m,弯曲半径 540 m
三级航道	可通航 1 000 t,水深 2.0~2.4 m,单线直线航道宽度 30~55 m,弯曲半径 480~720 m;限制性航道水深 3.2 m,直线段双线底宽 45 m,弯曲半径 480 m
四级航道	可通航 500 t,水深 1.6~1.9 m,单线直线航道宽度 30~45 m,弯曲半径 330~500 m;限制性航道水深 2.5 m,直线段双线底宽 40 m,弯曲半径 320 m
五级航道	可通航 300 t,水深 1.3~1.6 m,单线直线航道宽度 22~35 m,弯曲半径 270~280 m;限制性航道水深 2.5 m,直线段双线底宽 35 m,弯曲半径 250 m
六级航道	可通航 100 t,水深 1.0~1.2 m,单线直线航道宽度 15 m,弯曲半径 180 m;限制性航道水深 2.0 m,直线段双线底宽 20 m,弯曲半径 110 m
七级航道	可通航 50 t,水深 0.7~0.9 m,单线直线航道宽度 12 m,弯曲半径 130 m;限制性航道水深 1.5 m,直线段双线底宽 16 m,弯曲半径 100 m

任务二 组织班轮运输

案例导入

面对竞争激烈的国内沿海散货运输市场,中远海运散货运输有限公司着力从不同层面激发"创新驱动",准班轮运输模式,就是其在中国干散货运输市场上推出的"新产品",它是一个崭新的概念,首开国内由发货港、目的港、货主、船东共同主导的散杂运输平台先河,极大地提升了客户运输体验,给干散货运输行业带来了一次开创性尝试,将不可能变为可能。

干散货运输准班轮,就是在一定的时间,物、路、港、航等单位和部门,按照共同签订的协议,生产、购买和运输一定数量的散杂货物。中远海运选择准班轮创新商业模式,正是因为它具有多层面的"提效"魅力。首先,它通过各合作方之间的相互配合,在货源、泊位、船舶运力等方面予以保证,并按班轮运输形式,相对固定港口、航线、船期、载货量和到达目的港等,以规避市场风险,实现各方之间的"无缝衔接",从而保障货物运输、提高中转效率。其次,它克服了信息集成度不高、信息交流渠道不畅等诸多影响物流运作效率的不利因素,使陆运、港口和航运部门之间的信息沟通得以高度集成,大幅节约作业时间,减少货物和船舶在港停留时间,提高运输效率。其三,它还能降低用户库存等费用,提高港口的服务水平。由此看来,准班轮所关联的合作方都可以在一定范围内实现资源配置更优、合作效率更高,进一步拓展互惠互利合作,实现与客户的深度融合。事实上,在中远海运看来,准班轮运输的"魅力"还远远不止于此,其更重要的意义在于它实现了物流链各环节的效益最佳,在产生良好经济效益的基础上,为促进国内沿海干散货运输业务的高效开展做出了应有贡献。

(资料来源:百度文库,内容有删改)

案例思考

1. 中远海运采用了何种新型的运输模式?该运输模式有何特点?
2. 该种模式与传统的运输模式相比有何优势?

知识链接

一、班轮运输概述

(一)班轮运输概念

班轮运输是由航运公司以固定的航线、固定的船期、相对固定的运费率、固定的挂靠港口将托运人的件杂货运往目的地的运输。

班轮运输的优点在于能及时、迅速将货物运至目的地港口,满足各种货物对运输的要求,同时较好地保证货运质量。班轮运输适合于货流稳定、货种多、批量小的杂货运输。

（二）班轮运输特点

（1）船舶按照固定的船期表，沿着固定的航线和港口来往运输，并按相对固定的运费率收取运费。即航线、停靠港口、航期均固定，运价相对固定，因此，具有"四固定"的基本特点。

（2）运价内已包括装卸费用。货物由承运人负责配载装卸。船货双方也不计算滞期费和速遣费。

（3）船货双方的权利、义务、责任、豁免，以船方签发的提单条款为依据。

（4）班轮承运的货物品种、数量比较灵活，货运质量较有保证，一般采取在码头仓库交接货物，故为货主提供了较便利的条件。

（三）班轮运输各关系方

班轮运输各关系方包含承运人、托运人、收货人、船舶代理人、货运代理人、海运经纪人。

（1）承运人。指本人或者委托他人以本人名义与托运人订立海上货物运输合同的人。承运人可以是拥有船舶或经营船舶的船舶所有人，可以是用各种方式租用船舶的承租人，也可以是从事货运代理的运输组织者或者是无船承运人。

（2）托运人。包括：本人或者委托他人以本人名义或者委托他人为本人与承运人订立海上货物运输合同的人；本人或者委托他人以本人名义或者委托他人为本人将货物交给与海上货物运输合同有关的承运人的人。前者所指托运人是与承运人订立海上货物运输合同的人，后者所指托运人是将货物交给承运人的发货人。

> **重要提示**
> 承运人同托运人责任和费用的划分界限一般在船上吊杆所能达到的吊钩底下，即托运人将货物送达吊钩底下后就算完成交货任务，然后由承运人负责装船。

（3）收货人。指有权提取货物的人。提单收货人栏内填明的人就是有权提取货物的人。收货人也可以说是合法的提单持有人。

（4）船舶代理人。指接受委托人的授权，代表委托人办理在港船舶有关业务和服务，并进行与在港船舶有关的其他经济法律行为的法人和公民。

（5）货运代理人。货物运输代理简称货代，是指货运代理机构或个人接受货主或承运人的委托，在授权范围内，代表货主办理进出口货物的报关、交接、仓储、调拨、检验、包装、租船订舱等项业务，或代表承运人承揽货载的服务行为。从事这些业务，并在提供这类服务后收取佣金的机构或个人就是货运代理人。

（6）海运经纪人。指以中间人的身份代办洽谈海运业务，促使交易成交的人。在远洋运输中，有关货物的订舱和揽载、托运和承运、船舶的租赁和买卖等项业务，虽然常由交易双方直接洽谈，但由海运经纪人作为媒介代办洽谈的做法已成为传统的习惯，尤其是在船舶的租赁和买卖业务的洽谈中都离不开海运经纪人的参与。

二、班轮航线和航次

（一）班轮航线的分类

班轮航线是指船舶航行起讫点的线路。

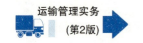

1. 按运输对象划分

按运输对象，班轮航线可分为：普通杂货航线、集装箱航线、客运航线。

2. 按航线所跨区域划分

按所跨区域，班轮航线分为：沿海航线、近洋航线、远洋航线。沿海航线是指同一海域邻近国家之间或国内港口之间的海运航线；近洋航线是指不跨越大洋的海运航线；远洋航线则指跨越大洋的海运航线。

3. 按航行线路划分

按航行线路，班轮航线可分为：来回式航线和环状航线。来回式航线是指以始发港和目的港为两端来回穿梭运行的航线；环状航线则以某一环形线路为航行路线，沿途挂靠有关港口。环状航线又可分为环洋航线和环球航线两种。

4. 按运行组织划分

按运行组织，班轮航线可分为：多港挂靠直达航线和干、支线结合分程运输航线。普通杂货航线通常采用多港挂靠结构，集装箱航线则以干、支线结合为主。

（二）航次

船舶为完成某一次运输任务，按照约定安排的航行计划运行，从出发港到目的港为一个航次。班轮运输中航次及其途中的挂靠港都编制在班轮公司的船期表上。

对船舶航次生产活动的认识，可以归纳为以下几个方面：

第一，航次是船舶运输生产活动的基本单元，即航次是航运企业考核船舶运输生产活动的投入与产出的基础。

第二，航次是船舶从事货物运输的一个完整过程，即航次作为一种生产过程，包括了装货准备、装货、海上航行、卸货等完成货物运输任务的各个环节。

第三，船舶一旦投入营运，所完成的航次在时间上是连续的，即上一个航次的结束，意味着下一个航次的开始，除非船舶进坞维修。如果航次生产活动中遇有空放航程，则应从上航次船舶在卸货港卸货完毕时起算；如果遇有装卸交叉作业，则航次的划分仍应以卸货完毕时为界。

第四，报告期内尚未完成航次，应纳入下一报告期内计算，即：年度末或报告期末履行的航次生产任务，如果需跨年度或跨报告期才能完成，则该航次从履行时起占用的时间和费用都需要转入下一年度或下一报告期内进行核算。

三、船期表

（一）班轮船期表的作用

（1）有利于招揽航线途经港口的货源，既满足货主的需要，又体现班轮公司服务的质量。

（2）有利于船舶、港口、货物之间的及时衔接，缩短船舶在挂靠港的停留时间，加快货物的送达速度，提高港口作业的效率。

（3）有利于提高船公司航线经营的计划质量。

（二）班轮船期表的主要内容

班轮船期表的主要内容包括：航线、船名、航次编号、始发港、中途港、终点港的港名，到达与驶离各港的时间，以及有关注意事项。例如，表4.2是华南/红海航线的班轮船期表。

表 4.2　华南/红海航线 FRX SERVICE

船名 VESSEL	航次 VOY	蛇口 SCT SUN-SUN	新加坡 SIN THU-FRI	亚丁 ADE TUE-WED	吉达 JED FRI-SAT	索卡纳 SOK MON-TUE	亚喀巴 AQA WED-WED
航程	天数	0	4	13	16	19	20
LUO BA HE	124W	03 – 04/10	08 – 09/10	19 – 20/10	22 – 23/10	25 – 26/10	27 – 27/10

四、杂货班轮运输的程序

（一）货物出运安排

货物出运安排包括揽货、订舱和确定航次货运任务。

1. 揽货

揽货作为船公司开展业务的第一环节，也是关键的环节。船公司通常的做法是：公布班轮航线和船期表，委托代理机构和建立本身的分支机构。

2. 订舱

订舱是托运人（包括其代理人）向班轮公司（即承运人，包括其代理人）申请货物运输，承运人对这种申请给予承诺的行为。因此，承运人一旦对托运人货物运输申请给予承诺，则货物运输合同订立。

3. 确定航次货运任务

确定航次货运任务就是确定某一船舶在某一航次所装货物的种类和数量。而对于货物的数量，船公司参考过去的情况，预先对船舶舱位在各装货港间进行适当的分配，定出限额，并根据各个港口情况的变化，即时进行调整，使船舶舱位得到充分和合理的利用。

（二）接货装船

1. 装船前的准备工作

（1）船舶受载。船公司接受了货主的订舱之后，则要提供适载的船舶。同时根据订舱委托，船公司在指定的时间内将指名船舶运到指定港口受载。

（2）缮制货运单据。在船舶到港之前，船方或其代理根据订舱托运单上的内容编制全套装货单证。

（3）货物出口报关。在装船之前，发货人或其代理凭全套报关单据向海关申报，海关核实无误后放行货物准备装船。

（4）安排货物集港。船方或其代理在装船之前应结合货物性质协同发货人将所有货物集港，以便船舶到港后能及时装船出运。

2. 装船作业

船舶到港前，船公司和码头计划室对本航次需装运的货物制作装船计划，待船舶到港后，按计划装船。

为了提高装船效率，加速船舶周转，减少货损、货差现象，在杂货班轮运输中，对于普通货物的交接装船，通常采用"仓库收货，集中装船"的形式。对于特殊货物，如危险货物、鲜活货、贵重货、重大件货物等，通常采取由托运人将货物直接送至船边交接装船的形式。即采取现装或直接装船的方式。

在杂货班轮运输的情况下，班轮公司与托运人之间的责任界限和装船费用的分担仍然以船边货物挂上吊钩为界。

3. 签发提单

货物装船完毕后,托运人即可持经大副签发的收货单到船公司或其代理人处交付运费（在预付的情况下）,或提出一定的书面凭证（在到付运费的情况下）后,以收货单换取一份或一式数份已装船提单。

（三）卸船交货

在杂货班轮运输中,卸船交货是指将船舶所承运的货物在提单上载明的卸货港从船上卸下,在船边交给收货人并办理货物的交接手续。

1. 卸船

通常做法是船公司在卸货港的代理人根据船舶发来的到港电报,一方面编制有关单证,约定装卸公司,等待船舶进港后卸货；另一方面还要把船舶预定到港的时间通知收货人,以便收货人做好接收货物的准备工作。

2. 交付货物

在实际业务中,交付货物的过程是,收货人凭船公司签章的提单,在卸货港的代理人处换取提货单,然后再凭提货单前往码头仓库提取货物,并与卸货港的代理人办理交接手续。

五、海运货运单证

（一）海运主要货运单证

1. 托运单（B/N）

托运单俗称"下货纸",是托运人根据贸易合同和信用证条款内容填制的,向承运人或其代理办理货物托运的单证。接到托运申请后,承运人根据托运单内容,并结合船舶的航线、挂靠港、船期和舱位等条件考虑,认为合适后,即接受托运。

2. 装货单（S/O）

装货单是接受了托运人提出装运申请的船公司,签发给托运人,凭以命令船长将承运的货物装船的单据。装货单既可用作装船依据,又是货主凭以向海关办理出口货物申报手续的主要单据之一,所以装货单又称"关单"。对托运人而言,装货单是办妥货物托运的证明；对船公司或其代理而言,装货单是通知船方接受装运该批货物的指示文件。

3. 收货单（M/R）

收货单又称大副收据,是船舶收到货物的收据及货物已经装船的凭证。船上大副根据理货人员在理货单上所签注的日期、件数及舱位,并与装货单进行核对后,签署大副收据。托运人凭大副签署过的大副收据,向承运人或其代理人换取已装船提单。

4. 海运提单（B/L）

海运提单是指证明海上运输活动成立,承运人已经接管货物或已经将货物装船并保证在目的地交付货物的单证。提单是一种货物所有权凭证。提单持有人可据以提取货物,也可凭此向银行押汇,还可在载货船舶到达目的港交货之前进行转让。

5. 装货清单（L/L）

装货清单是承运人根据装货单留底,将全船待装货物按目的港和货物性质归类,依航次、靠港顺序排列编制的装货单汇总清单,其内容包括装货单编号、货名、件数、包装形式、毛重、估计尺码及特种货物对装运的要求或注意事项的说明等。装货清单是船上大副编制配载计划的主要依据,又是供现场理货人员进行理货,港方安排驳运,进出库场以及承运人掌握情况的业务单据。

6. 舱单(M/F)

舱单是按照货物逐票罗列全船载运货物的汇总清单。它是在货物装船完毕之后,由船公司根据收货单或提单编制的。其主要内容包括货物详细情况、装卸港、提单号、船名、托运人和收货人姓名、标记号码等,此单作为船舶运载所列货物的证明。

7. 货物积载图

货物积载图是按货物实际装舱情况编制的舱图。它是船方进行货物运输、保管和卸货工作的参考资料,也是卸港据以理货、安排泊位、货物进舱的文件。

8. 运费清单(F/M)

根据 B/L 副本、M/R 而编制的出口载货运费清单,一般由船代公司编制。

9. 提货单(D/O)

提货单是收货人凭正本提单或副本提单随同有效的担保向承运人或其代理人换取的、可向港口装卸部门提取货物的凭证。

表 4.3 是海运出口货物代运委托单样本,表 4.4 是海运提单样本。

表 4.3 海运出口货物代运委托单样本

代运编号: 　　　　　　　　　　　　　　　　制表日期: 　年　月　日

装运港	目的港	合同号	国别	委托单位编号	
唛头标记及号码	件数及包装式样	产品规格及型号(中英文)	重(kg)量		尺　(m³)　码
			毛重		总体积:
			净重		
托运人(英文) SHIPPER:					单件:(尺码不一时需另附表) 长　宽　高
收货人(提单抬头)(英文) CONSIGNEE					成交价格
					需要提单正本　份,副本　份
通知人(英文) NOTIFY		正本 副本			信用证号:
代发装船电报的电挂、地址(英文):					装期:　　　有效期:
					可否转船:
					可否分批:
					运费支付

续表

特约事项：1. 信用证要求 2. 委托人要求					随附单证	出口货物报关单三份 商业发票二份 装箱(重量)单二份 尺码单二份 信用证副本一份 商检证　　份 出口许可证　　份
装船情况	船名	航次	提单号	装出日期		
填表说明	1. 本表填写四份，加盖公章后连同有关单证寄送回外运天津分公司。 2. 危险品须附危险品性能说明书13份。				货物情况：	

委托单位：　　　　　　　　　　　复核：　　　　　　　　制表：

表4.4　海运提单样本

（1）托运人 SHIPPER 赵丹服装进出口有限公司 ZHAODAN CIOTHING IMPORT & EXPORT Co., Ltd.		（10）提单号码 B/L NO. 8888 COSCO 中国远洋运输（集团）总公司 CHINA OCEAN SHIPPING(GROUP) CO. 正本 SHIPPING(GROUP) CO. 正本 ORIGINAL 多式联运提单条件草案 COMBINED TRANSPORT BILL OF LADING
（2）收货人 CONSIGNEE 杰克百货有限公司 JACK Department Store Co., Ltd.		
（3）被通知人 NOTIFY PARTY 杰克百货有限公司 JACK DEPARTMENT STORE Co., Ltd. 美国纽约潇湘路 15 号 NO.15 XIAOXIANG ROAD NEW YORK, USA 电话: TEL: +014857698		
（4）收货地点 PLACE OF RECEIPT 美国纽约潇湘路 15 号 NO.15 XIAOXIANG ROAD NEW YORK, USA	（5）船名 OCEAN VESSEL 和谐号 HEXIEHAO	
（6）航次 VOYAGE NO.1101	（7）装运港 PORT OF LOADING 上海港 SHANGHAI	
（8）卸货港 PORT OF DISCHARGE 纽约港 NEW YORK	（9）交货地点 PLACE OF DELIVERY	
（11）唛头 MARKS JACK SHANGHAI C/N 1-20 60CM*60CM*80CM	（12）包装与件数 NOS. &KINDS OF PKGS 1 000 件总共 20 箱 ONE THOUSAND PIECES TOTAL TWENTY CARTONS	（13）商品名称 DESCRIPTION OF GOODS 女士连衣裙 LADIES DRESS	（14）毛重 G.W.(kg) 1 000	（15）体积 MEAS(m³) 5.76M²
（16）集装箱数或件数合计（大写）TOTAL NUMBER OF CONTAINERS OR PACKAGES(IN WORDS) 共 20 箱 SAY TWENTY CARTONS ONLY				
运费与附加费 FREIGHT& CHARGES FREIGHT PREPAID	计费吨 REVENUE TONS 1	费率 RATE 10%	每.PER CARTON	预付 PREPAID $20	到付 COLLECT $20

续表

预付地点 PREPAID AT 上海 SHANGHAI	到付地点 PAYABLE AT 纽约 NEW YORK	(17) 签发地点与日期 PLACE AND DATE OF ISSUE 2015年6月中国上海港 SHANGHAI PORT CHINA JUNE 6,2015
总计预付 TOTAL PREPAID $20	(18) 提单签发的份数 NUMBER OF ORIGINAL B(S)L 三份 THREE	(19) 日期 DATE JUNE 6,2015
装船船名 LOADING ON BOARD THE VESSEL 和谐号 HEXIEHAO		(20) 承运人或代理人签名 BY

（二）海运货运单证流程

如图4.7所示，海运货运单证流程如下：

（1）托运人向船公司在装运港的代理人（也可直接向船公司或其营业所）提出货物装运申请，递交托运单，填写装货单 S/O。

（2）船公司同意承运后，其代理人指定船名，核对装货单 S/O 与托运单上有关内容无误后，签发装货单 S/O，将留底联留下后退还给托运人，要求托运人将货物及时送至指定的码头仓库。

（3）托运人持装货单 S/O 及有关单证向海关办理货物出口报关、验货放行手续，海关在装货单 S/O 上加盖放行章后，货物准予装船出口。

（4）船公司在装货港的代理人根据留底联编制装货清单 L/L 送船舶及理货公司、装卸公司。

（5）大副根据装货清单 L/L 编制货物积载计划交代理人分送理货、装卸公司等按计划装船。

（6）托运人将经过检验和检量的货物送至指定的码头仓库准备装船。

（7）货物装船后，理货长将装货单 S/O 交大副，大副核实无误后留下装货单 S/O 并签发收货单 M/R。

（8）理货长将大副签发的收货单 M/R 转交给托运人。

（9）托运人持收货单 M/R 到船公司在装货港的代理人处付清运费（预付运费情况下）换取正本已装船提单 B/L。

（10）船公司在装货港的代理人审核无误后，留下收货单 M/R，签发提单 B/L 给托运人。

（11）托运人持提单 B/L 及有关单证到议付银行结汇（在信用证支付方式下），取得货款，议付行将提单 B/L 及有关单证邮寄开证银行。

（12）货物装船完毕后，船公司在港口的代理人编妥舱单 M/F，送船长签字后向海关办理船舶出口手续，并将舱单 M/F 交船随带，船舶开航。

（13）装货港的代理公司根据提单 B/L 副本编制出口载货运费清单 F/M，连同提单 B/L 副本、收货单 M/R 送交船公司结算代收运费，并将卸船港所需的单证邮寄卸货港的代理公司。

（14）卸货港的代理公司接到船舶抵港电报后，通知收货人船舶到港日期，做好提货准备。

(15) 收货人到银行付清货款,取回提单 B/L。

(16) 卸货港的代理公司根据装货港的代理公司寄来的货运单证,编制进口载货清单等卸货单据,约定装卸公司,联系泊位,做好卸货准备工作。

(17) 卸货港的代理公司办理船舶进口报关手续。

(18) 收货人向卸货港的代理公司付清应付费用后,以正本提单换取提货单 D/O。

(19) 收货人持 D/O 送海关办理进口报关手续,支付进口关税,海关核准后放行。

(20) 收货人持 D/O 到码头仓库提取货物。

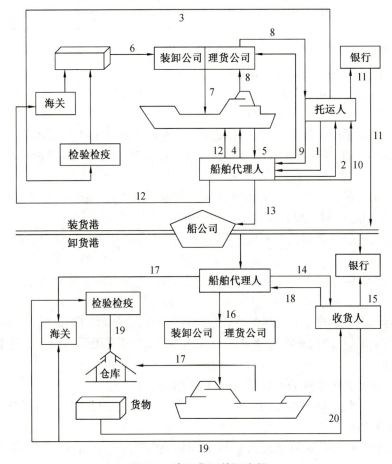

图 4.7 海运货运单证流程

任务三　计算班轮运费

案例导入

为维护良好的海运市场秩序,坚决打击恶性低价竞争和"零负运价"行为,促进海运市场持续健康发展,2017 年 1 月初交通运输部依据《中华人民共和国国际海运条例》和《交通运输部关于国际集装箱班轮运价精细化报备实施办法的公告》的相关规定,对恶性杀价问题比较突出的班轮公司和航线,交通运输部在上海口岸组织开展了集装箱运价备案检查。检查中发现,法国达飞海运集团等14家班轮公司在经营中存在运价未备案,或者实际运价与备案运价不一致的问题,部分航线上存在零运价情况。

对此,交通运输部对法国达飞集团等14家班轮公司送达了交通行政处罚决定书,合计处罚金额239万元,并对其中违法情节较为严重的汉堡南美航运公司、金星轮船有限公司、万海航运股份有限公司、万海航运(新加坡)有限公司、兴亚海运株式会社、高丽海运株式会社、长荣海运股份有限公司、法国达飞海运集团8家班轮公司,交通运输部水运局约谈了其中国大陆区负责人,对其违法违规行为提出严肃批评,责成上述公司认真检讨和全面整改,并提交整改报告,交通运输部将对其整改情况进行监督检查。

(资料来源:百度文库,内容有删改)

案例思考

1. 案例中交通运输部对达飞集团等14家班轮公司处罚的原因是什么?
2. 班轮运费的计算涉及哪些内容?

知识链接

一、班轮运价与运费

(一)班轮运价

班轮运价是班轮公司向货主收取的运费价格,包括航运成本和利润。

班轮公司制定运价时,除了考虑航运成本费用外,还要关注以下几个主要因素:

(1)货物价值和商品特性;
(2)运量大小和港口装卸效率的高低;
(3)航程的远近;
(4)航运市场的供求变化和同业竞争的程度。

(二)班轮运费

班轮运费包括基本运费和附加费两部分,基本运费是指货物从装运港到卸货港所应收取的基本运费,它是构成全程运费的主要部分;附加费是指对一些需要特殊处理货物,或者突然事件的发生或客观情况变化等原因而需另外加收的费用。

二、班轮运费的计算

班轮运费由基本运费和附加费构成。

(一)基本运费的计算

1. 确定货物的运价等级

水运货物的运价按等级划分,不同部门制定的货物等级也有所不同。因此,计算运费的第一步应该根据各自适用范围查找"水运货物运价分级表"(见表4.5),确定相应的货物运价等级,即根据货物的英文名称在货物分级表中查出该货物属于什么等级和按什么标准计费。

表 4.5 水运货物运价分级表(部分)

货名	COMMODITIES	级别	计费标准
农具	Agricultural implement	8	W/M
农机及零件(包括拖拉机)	Machines. Part & accessories (Incl. Tractors)	9	W/M
人造革及制品	Artificial leather & goods	11	M
麻,纸,塑料包装袋	Bags Gunny. Paper. Polypropylene	5	M
竹制品	Bamboo products	8	M
推车	Barrow	8	W/M
各种豆	Beans. All kinds	5	W/M
自行车及零件	Bicycles & parts	9	W/M
电缆	Cable	10	W/M
蜡烛	Candle	6	M
各种罐头	Canned goods. All kinds	8	W/M
未列名货	Cargo N. O. E	12	W/M
钟及零件	Clocks & spare parts	10	M
计算机和复印机	Computer & duplicator	12	W/M

2. 确定基本运费的计收标准

根据货物的重量、体积和价值主要分为三种计算方法,船公司在收取运费时往往选择对其最有利、可收运费最高的一种计收。基本运费的计收标准有如下几种:

(1) 按重量吨计收。运价表上用"W"表示。按货物毛重(t)计算,吨以下取小数三位。适用于价值不高、体积小、重量大的货物。

(2) 按尺码吨计收。运价表上用"M"表示。按货物体积(m^3)计算,立方米以下取三位小数。适用于价值不高、重量轻、体积大的货物。

(3) 按价格计收。俗称从价运费。运价表上用"Ad. Val"或"A. V."表示。以货物价值作为运费计收标准,一般按 FOB 价收百分之零点几到五的运费。适用于黄金、白银、精密仪器、手工艺品等贵重商品。

(4) 按重量吨或尺码吨计收。运价表上用 W/M 表示。这是常见的一种计收标准,由船公司选择其中数值较高的一种计收。

(5) 按重量吨或尺码吨或从价运费计收。运价表上用 W/M or A. V. 表示。由船公司从三种计收标准中选择收费最高的一种计收。

(6) 按重量吨或尺码吨中收费较高的作为标准再另行加收一定百分比从价运费。运价表上用 W/M plus A. V. 表示。

(7) 按货物的件数计收。如卡车按辆,活牲畜按头计收。

(8) 按议价计收。临时商定运价,如粮食、矿石、煤炭等大宗货物。

(9) 按起码运费计收。不足 1 运费吨(1 重量吨或 1 尺码吨)的货物均按一级货收取运费,称之为起码运费。

3. 确定航线费率

根据货物等级和计费标准,在航线费率表中查出货物的基本运费费率。

(二) 附加费的计算

为了保持在一定时期内基本费率的稳定,又能正确反映出各港的各种货物的航运成本,班轮公司在基本费率之外,又规定了各种附加费用。附加费是在基本运费的基础上,加收一定百分比,或者是按每运费吨加收一个绝对值计算。常见的附加费有以下几种:

(1) 超重附加费、超长附加费和超大附加费。指当一件货物的毛重或长度或体积超过或达到运价本规定的数值时加收的附加费。

(2) 变更卸货港附加费。指货主要求改变货物原来规定的卸货港,在有关当局(如海关)准许,船方又同意的情况下所加收的附加费。

(3) 选港附加费。指装货时尚不能确定卸货港,要求在预先提出的两个或两个以上港口中选择一港卸货,船方因此而加收的附加费。所选港口限定为该航次规定的挂港,并按所选港中收费最高者计算各种附加费。

(4) 转船附加费。指凡运往非基本港的货物,需转船运往目的港,船舶所收取的附加费,其中包括转船费(包括换装费、仓储费)和二程运费。

(5) 直航附加费。指运往非基本港的货物达到一定的数量,船公司可安排直航该港,而加收的附加费。一般直航附加费比转船附加费低。

(6) 港口附加费。指船舶需要进入港口条件较差、装卸效率较低或港口船舶费用较高的港口及其他原因而向货方增收的附加费。

> **重要提示**
> 基本港是指港口设备较好,货运量大,班轮公司按期挂靠的港口。运往基本港的货物,均按基本费率收取运费。非基本港指班轮公司不常挂靠的港口,去该港货物要加收附加费。

(7) 港口拥挤附加费。指有些港口由于拥挤,致使船舶停泊时间增加而加收的附加费。该项附加费随港口条件改善或恶化而变化。

(8) 燃油附加费。指因燃油价格上涨而加收一绝对数或按基本运价的一定百分数加收的附加费。

(9) 货币贬值附加费。指在货币贬值时,船方为保持其实际收入不致减少,按基本运价的一定百分数加收的附加费。

(10) 绕航附加费。指因战争、运河关闭、航道阻塞等原因造成正常航道受阻,必须临时绕航才能将货物送达目的港需增加的附加费。

除以上各种附加费外,还有一些附加费需船货双方议定,如洗舱费、熏舱费、冰冻附加费、加温费和苏伊士运河附加费等。各种附加费是对基本运价的调节和补充,可灵活地对各种外界不测因素的变化作出反应,是班轮运价的重要组成部分。

(三) 计算运费总额

运费总额 = 基本运费 + 附加费 = 运价率 × 计费吨 × (1 + 加成率) + 附加费

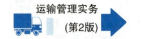

> **知识拓展**
>
> **常用的三种贸易术语**
>
> 1. FOB
>
> FOB(Free On Bard),中文意思是"船上交货价"。按此术语成交,卖方在指定的装运港将货物装船,即履行其交货义务,买方必须从那时起承担一切费用以及货物灭失或损坏的一切风险。本术语要求卖方办理货物出口清关手续。
>
> 2. CFR
>
> CFR(Cost and Fright),中文意思是"成本加运费"。按此术语成交,卖方必须支付成本费和将货物运至指定的目的港所需的运费,但货物灭失或损坏的风险以及货物装船后发生事件所产生的任何额外费用,自货物于装运港装上船时起即从卖方转由买方承担。
>
> 3. CIF
>
> CIF(Cost, Insurance and Fright),中文意思是"成本加保险费加运费"。按此术语成交,卖方除负有与 CFR 术语相同的义务外,卖方还要为买方办理货运保险,支付保险费。本术语要求卖方办理货物出口清关手续。

【例一】 上海运往肯尼亚蒙巴萨港口"门锁"(小五金)一批计 100 箱。每箱体积为 20 cm×30 cm×40 cm。每箱重量为 25 kg。当时燃油附加费为 40%,蒙巴萨港口拥挤附加费为 10%,则上海运往肯尼亚蒙巴萨港的 100 箱门锁应付运费多少?表 4.6 是中国—东非航线等级费率表。

表 4.6　中国—东非航线等级费率表　　　　　　　　　　(港币:元)

货名	计算标准	等级	费率
农业机械	W/M	9	404.00
棉布及棉织品	M	10	443.00
小五金及文具	W/M	10	443.00
玩具	M	20	1 120.00

基本港口:路易港(毛里求斯)、达累斯萨拉姆(坦桑尼亚)、蒙巴萨(肯尼亚)等。

解:(1) 查阅货物分级表。门锁属于小五金类,其计收标准为 W/M,等级为 10 级。

(2) 计算货物的体积和重量。100 箱的体积为:$(20 \times 30 \times 40) \div 1\,000 = 2.4 \text{ m}^3$。100 箱的质量为:$25 \times 100 \div 1\,000 = 2.5 \text{ t}$。由于 2.4 m^3 的计费吨小于 2.5 t,因此计收标准为质量。

(3) 查阅"中国—东非航线等级费率表",10 级费率为 443 港元,则基本运费为:$443 \times 2.5 = 1\,107.5$ 港元。

(4) 再根据题目得知附加费。所有应收(付)燃油附加费为 40%。蒙巴萨港口拥挤附加费为 10%。

(5) 根据基本运价和附加费算出实际运费为

$(1 + 40\% + 10\%) \times 443 \times 2.5 = 1\,661.25$ 港元

答：上海运往肯尼亚蒙巴萨港100箱门锁，其应付运费为1 661.25港元。

【例二】 某公司出口科威特文具1 000箱，每箱毛重30 kg，体积0.035 m³。货物由大连装中国（外运）轮船，运往科威特港。试计算应付船公司运费。中外运使用《中国对外贸易运输公司3号本》查得文具属于9级货，计收标准为W/M，科威特所属波斯湾航线，大连至科威特基本费率为76美元/运费吨，直航附加费为5美元/运费吨。

解：（1）根据货物的英文名称，在货物分级表中查到运费计算标准为W/M和文具属于9级货；该批货每箱尺码吨（0.035 m³）比每箱重量（30÷1 000 = 0.03 t）高，选尺码吨。

（2）在等级费率表的基本费率部分，找到相应的航线，启运港，目的港，按等级查到基本运价为76美元/运费吨。

（3）再从附加费部分查出所有应收（付）直航附加费为5美元/运费吨。

（4）根据基本运价和附加费算出实际运价。按尺码吨计收[每箱运费 = 0.035 × (76 + 5) = 2.835 美元]。

（5）应付船公司总运费为2.835 × 1 000 = 2 835美元。

答：出口科威特文具1 000箱，应付船公司运费2 835美元。

任务四　组织租船运输

案例导入

1993年7月21日，原告韩国元喜海运株式会社与被告南太万达龙（天津）国际贸易有限公司签订了天津至俄罗斯那霍德卡往返航次的租船合同。合同约定：南太公司租用原告所属圣文森特籍"星光"轮，装运1 500 t牛肉罐头从天津运至那霍德卡港，装三天卸三天；装运1 500 t钢材自那霍德卡港至天津，在那霍德卡港装船时间允许三天。滞期费每日2 000美元。因装运的上述货物系被告天津华升物业有限公司出口及进口，上述合同签订的同时，两被告之间也签订了与上述合同内容大致相同的往返航次租船合同。

1993年10月31日，原告为追索船舶滞期费，向天津海事法院提起诉讼，称：按与南太公司的航次租船合同的约定，第一航次运费包船35 000美元，第二航次运费包船37 000美元。"星光"轮按合同规定的时间抵达天津新港装运货物，于同年8月8日抵达那霍德卡港卸货和装货，直至9月2日离开那霍德卡港，共用22天22小时40分钟，除去合同规定的可用时间，滞期为16天22小时40分钟，按合同约定的滞期费率，滞期费为33 888美元。按合同规定，南太公司应于1993年9月7日前将两航次运费72 000美元付清，但南太公司仅支付了第一航次的部分运费3万美元。因此，船东依据合同对船载货物依法进行留置。但天津华升物业有限公司却以其托运的罐头丢失12吨（值85 332美元）及船方拒卸其货物为理由，申请对"星光"轮实施了扣押。虽经双方协商达成协议解除了扣押，但船方为此遭受了巨大船期滞留损失，并支付了扣船执行费5 000美元。由于南太公司的严重违约，致使原告方在运输中遭受巨大损失，请求法院判令南太公司支付所欠运费和滞期费，判令天津华升物业有限公司赔偿我方扣船期滞留损失。

案例思考

1. 本案例中涉及的运输属于水路运输中的哪种方式?
2. 如果你是法官,应该如何判决?

知识链接

一、租船运输

(一)租船运输的概念

租船运输又称不定期租船运输,是指包租整船或部分舱位进行的运输。租船是指根据租船合同,船东将船舶出租给租船人使用,以完成特定的货物运输任务,租船人按合同规定的运价支付运费。

租船运输方式是通过船公司与租船人或货主在租船市场上通过各自的或共同的租船经纪人洽谈,将船舶出租给租船人为之承运货物,或者由船东和租船人直接洽谈成交租约,组织安排船舶运输。

国际上船舶租赁方式可分为三大类:航次租船、定期租船、光船租船。其中,航次租船、定期租船属于运输租赁,光船租船属于财产租赁。

(二)租船运输的基本特点

租船运输具有以下的基本特点:

(1)租船运输的营运组织取决于各种租船合同。船舶经营人与船舶承租人首先须签订租船合同才能安排船舶营运,合同中除了需规定船舶的航线、载运的货物种类及停靠的港口外,还需具体订明双方的权利和义务。一般由船东与租方通过各自的租船经纪人洽谈成交租船业务。租船合同条款由船东和租船人双方自由商定。

(2)租金率或运费率根据租船市场行情来决定。租船运输不像班轮那样有固定的费率本,而是在租船洽谈时由合同双方洽商运费率或租金率。当然费率标准主要受租船市场行情,也就是船货供求关系的影响。因此,承租双方在洽谈费率时一般以租船市场上近期行情费率为基础,再结合自己的谈判地位和某地某时的供求情况,讨价还价,最终达成一致来确定费率。

(3)船舶营运费用取决于不同的租船方式。租船运输中的有关船舶营运费用及开支,取决于不同的租船方式,由船舶所有人和船舶承租人分担,并在租船合同中订明。

(4)不定航线,不定船期。船东对于船舶的航线、航行时间和货载种类等按照租船人的要求来确定,提供相应的船舶,经租船人同意进行调度安排。租船运输比经营班轮更为复杂的主要方面是配备船舶,因为租船的航次和航线是根据租船市场上揽到的业务来决定的,在前一航次还未结束时就要考虑下一航次对该轮的安排,或者后续多个航次的安排。经营租船运输需要丰富的管理经验以及敏锐判断、随机应变的能力。

(5)租船运输主要服务于专门的货运市场,适宜运输量较大的廉价货。大宗货物运输一般因为数量较大,货主总是希望租用整艘甚至几艘船舶运输;另外,大宗货物本身的价值较低,对运输成本的承受能力也相应较低,因此租用整船运输对货主更为适宜。目前,用作不定期船运输的油轮及各种干散货船越来越大型化,务求减低每吨运费成本,甚至出现了几十万吨的超级油轮。这对班轮运输来说是望尘莫及的。

(6)各种租船合同均有相应的标准合同格式。一般由船东与租方通过各自或共同的租船经纪人洽谈成交租船业务。

(7)装卸费的分担根据租船合同商定的条款决定何方支付;租船运输中的船舶港口使用费及船期延误费按租船合同规定计算。

(8)租船运输中的提单不是一个独立的文件。船方出具的提单一般为只有正面内容的简式提单。这种提单要受租船契约约束,银行不乐意接受这类提单,除非信用证另有规定。

二、定期租船、航次租船与光船租船

(一)定期租船

定期租船是船舶所有人把船舶出租给承租人使用一定时期的租船方式,在这期限内,承运人可以利用船舶的运载能力来安排货运。租期内的船舶燃料费、港口费用以及拖轮费用等营运费用,都由租船人负担,船东只负责船舶的维修、保险、配备船员、供给船员的给养和支付其他固定费用。定期租船的租金在租期内不变,支付方法一般按船舶夏季载重线时的载重吨每吨每月若干货币单位计算,每30天(或每日每月),或每半月预付一次。

1. 定期租船的性质及特点

定期租船具有下列一些特点:

(1)船长由船舶所有人任命,船员也由船舶所有人配备,并负担他们的工资和给养,但船长应听从承租人的指挥,否则承租人有权要求船舶所有人予以撤换。

(2)营运调度由承租人负责,并负担船舶的燃料费、港口费、货物装卸费、运河通行费等与营运有关的费用,而船舶所有人则负担船舶的折旧费、维修保养费、船用物料费、润滑油费、船舶保险费等船舶维持费。

(3)船东对船舶仍然有占有权和控制权,因为船东通过自己配备的船员来行使对该轮的占和控制。

(4)租金率的确定是以船舶的装载能力为基础,结合市场行情等因素洽谈。

2. 定期租船业务流程

常规情况下,船东和租船人通过经纪人洽谈租船交易,从租船人提出租船要求到最终与船东拍板成交,签署合同需要一个过程,常见的程序主要包括询盘、报盘、还盘、接受和签订租船合同五个环节。

(1)询价或询盘。通常由承租人以期望条件,通过租船经纪人寻求租用所需要的船舶,即货求船。定期租船询价一般包括下列内容:租船人全称和地址;船舶吨位和船型;租船期;交/还船地点;交船日期和解约日;对船舶的特殊要求;租船人建议的标准合同范本;佣金。

(2)报价、报盘或发盘。船东收到租船人询价后,经过估算或对照其他询价条件,认为可以考虑该询价,接着通过经纪人向租船人报价,报出所能提供的船舶、运费率或租金等条件。若船东几乎同时收到几位经纪人发送来的内容同一的询价,应该与最接近租船厂的那位经纪人联系,通过他向租船人发出报价。

报价是出租人对承租人询盘的回应。若是船舶所有人先发出的询盘,则报盘人是承租人。报盘又分实盘与虚盘。实盘为报盘条件不可改变,并附加时效的硬性报价;虚盘则是可磋商、修改的报价。

船东和租船人洽谈租约条款一般分两步,首先洽谈主要条款,谈妥主要条款后,再进一步谈细节。船东主要条款报价一般包括下列内容:定期租船报价;船东全称;船名和规范、租期形式等;交/还船地点;交船期和解约日;航行区域;租金率和支付条件;交还船时船上剩油数量和价格;其他船东愿作主要条款谈判的条款;采用的合同范本;佣金。

(3) 还价或称还盘。还盘是询价双方通过平等谈判、协商、讨价还价的过程。租船人接到船东主要条款报价后,极少有全部接受报价的情况。经常是接受部分内容,对其他条款提出还价。

(4) 受盘及编制订租确认书。船东和租船人经过反复多次还价后,双方对合同主要条款意见一致,租方接受全部主要条款。这时船东根据双方成约的主要条款,编制一份主要条款"订租确认书",即将双方共同承诺的主要条款汇总,发给租船人,就商谈租船过程中双方承诺的主要条件予以确认。由于双方此时只谈妥主要条款,细节还未谈判,因此不论在受盘中,还是在订租确认书中都加有"另定细节"。

(5) 编制、审核、签署租船合同。签订确认书只是一种合同意向,正式租船合同要按租船合同范本予以规范,进行编制,明确租船双方的权利和义务,双方当事人签署后即可生效。之后,哪一方提出更改或撤销等异议,造成的损失由违约方承担责任。

租船业务中,租船经纪人代表各自委托人洽谈租船业务,代为签约,可迅速有效地促进租船业务的成交,减少船东或租船人大量的事务性工作,减少了租约中的责任风险,协调了租船市场的正常运营。租船业务成交后,由船东付给运费的1.25% ~2.5%给经纪人作为佣金。

租约谈妥后,船东或者船东经纪人按照已达成协议的内容编制正式的租船合同,并送交租船人审核。若租船人发现与原协议内容有不符合的地方,应及时向船东提出异议,要求改正。如果租船人对编制的合同没有什么异议,就可以签字了。

(二) 航次租船

1. 航次租船的性质和特点

航次租船是船舶所有人按双方事先议定的运价与条件向租船人提供船舶全部或部分仓位,在指定的港口之间进行一个或多个航次运输指定货物的租船业务。

航次租船是租船人向船东支付相应运费的租船运输方式。它一般有下列特点:

(1) 船舶的营运调度由船舶所有人负责,船舶的燃料费、物料费、修理费、港口费、淡水费等营运费用也由船舶所有人负担。船舶所有人负责配备船员,负担船员的工资、伙食费等。

(2) 租船人指定装卸港口和货物。

(3) 航次租船的"租金"通常称为运费,运费按货物的数量及双方商定的费率计收。

(4) 在租船合同中需要订明货物的装、卸费由船舶所有人或承租人负担。

(5) 在租船合同中需要订明在港装卸货物的时间,装卸时间的计算方法,并规定延滞费和速遣费的标准及计算办法。

2. 航次租船的形式

(1) 单航次租船形式。

单航次租船也称为单程租船,即所租船舶只装运一个航次,船舶所有人负责将指定货物由一港口运往另一港口,货物运到目的港卸货完毕后,合同即告终止。运费按租船市场行情由双方议定,其计算方法一般是按运费率乘以装货或卸货数量或按照整船包干运费计算。

(2) 往返程航次租船形式。

往返租船也称为来回航次租船,即一艘船在完成一个单航次后,紧接着在上一航次的卸货港(或其附近港口)装货,驶返原装货港(或其附近港口)卸货,货物卸毕合同即告终止。由于货物流向以及船舶适宜货载等因素,对租船人来说,回程货一般不易找到,因此这种来回航次租船很少见。

(3) 连续航次租船形式。

连续航次租船,即洽租连续完成几个单航次或几个往返航次的租船。在这种方式下,同一艘船舶,在同方向,同航线上,连续完成规定的两个或两个以上的单航次,合同才告结束。往往货运量较大,一个航次运不完的时候,可以采用这样的租船方式。

3. 航次租船业务程序

常规情况下,航次租船的业务程序与定期租船的业务程序一致。

(三) 光船租船

光船租船是指船舶所有人将船舶出租给承租人使用一定期限,但船舶所有人提供的是空船,承租人要自己任命船长、配备船员,负责船员的给养和船舶(经营管理所需的一切费用)。也就是说,船舶所有人在租期内除了收取租金外,不再承担任何责任和费用。因此,一些不愿经营船舶运输业务,或者缺乏经营管理船舶经验的船舶所有人也可将自己的船舶以光船租船的方式出租,虽然这样的利润不高,但船舶所有人可以取得固定的租金收入。

1. 光船租船的性质和特点

光船租船有以下特点:

(1) 船舶所有人只提供一艘空船,全部船员由承租人配备并听从承租人的指挥,承租人负责船舶的经营及营运工作,并承担在租期内的时间损失,即承租人不能"停租"。

(2) 除船舶的资本费用外,承租人承担船舶的全部固定的及变动的费用。

(3) 租金按船舶的装载能力、租期及商定的租金率计算。

(4) 光船租船是通过船舶所有人与承租人订立光船租船合同,由船舶所有人将船舶的占有权和使用权转移给承租人,船舶所有人仍然保留船舶的所有权。所以说,光船租船合同是财产租赁合同而不是海上运输合同。

知识链接

表4.7 世界九大著名船公司

船公司全称	船公司简称	国别或地区	英文缩写
马士基海陆有限公司	马士基	丹麦	MAERSK
地中海航运公司	地中海航运	瑞士	MSC
法国达飞轮船公司	达飞轮船	法国	CMA
长荣海运股份有限公司	长荣海运	中国台湾	EVERGREEN

续表

船公司全称	船公司简称	国别或地区	英文缩写
中国远洋海运集团有限公司	中远集运	中国	COSCO
中海集装箱运输股份有限公司	中海集运	中国集运	CSCL
商船三井有限公司	商船三井	日本	MOL
美国总统轮船有限公司	美国总统轮船	美国	APL
日本邮船株式会社	日本邮船	日本	NYK

项目巩固

一、单项选择题

1. 下列(　　)不属于班轮运输的附加运费。
   A. 燃油附加费　　　　　　　　　B. 直航附加费
   C. 货币贬值附加费　　　　　　　D. 货到付款服务费

2. 国际贸易中最重要的运输方式是(　　)。
   A. 海上运输　　　　　　　　　　B. 路上运输
   C. 航空运输　　　　　　　　　　D. 管道运输

3. 决定船舶在港口的停泊时间长短的关键因素是(　　)。
   A. 船员的业务水平　　　　　　　B. 货代公司与港口关系的密切程度
   C. 港口的作业效率　　　　　　　D. 气候条件

4. 海关对出口货物进行监管的单证是(　　)。
   A. 装货单　　　　　　　　　　　B. 收货单
   C. 托运单　　　　　　　　　　　D. 载货清单

5. 能耗低、运输成本低、建设投资少、土地占用少的运输方式是(　　)。
   A. 水路运输　　　　　　　　　　B. 道路运输
   C. 铁路运输　　　　　　　　　　D. 航空运输

6. 使用船舶通过大陆邻近国家海上航道运送客货的运输形式是(　　)。
   A. 沿海运输　　　　　　　　　　B. 近海运输
   C. 远洋运输　　　　　　　　　　D. 内河运输

7. 货运船舶所运送的货物从承运至送达收货人手中,整个过程需要经过分拣、拼装的环节才能完成的运输组织方式是(　　)。
   A. 整船运输　　　　　　　　　　B. 散船运输
   C. 货运船舶满载　　　　　　　　D. 零担运输

8. 水路运输中非满载运输情况称为(　　)。
   A. 整船运输　　　　　　　　　　B. 零散运输
   C. 散船运输　　　　　　　　　　D. 零担运输

9. 适用于货运量大、航道或港口水深较小、发货港或到港分散在某一区域的运输组织形式是(　　)。
   A. 租船运输　　　　　　　　　　B. 定期船运输
   C. 班轮运输　　　　　　　　　　D. 载驳船运输
10. 船舶运输组织方式不包括(　　)。
    A. 班轮运输　　　　　　　　　　B. 不定期船运输
    C. 整船运输　　　　　　　　　　D. 载驳船运输
11. 跨越本国国境通往其他国家的航线是(　　)。
    A. 区域航线　　　　　　　　　　B. 国际航线
    C. 国内航线　　　　　　　　　　D. 地区航线
12. 水路运输的工具是(　　)。
    A. 汽车　　　B. 船舶　　　C. 管道　　　D. 火车
13. 下列选项中不属于班轮运输"四固定"特点之一的是(　　)。
    A. 固定的航线　　　　　　　　　B. 固定的船期
    C. 固定的挂靠港口　　　　　　　D. 固定的运价
14. 海运提单的简写是(　　)。
    A. B/N　　　B. B/L　　　C. L/L　　　D. M/F
15. 托运单的简写是(　　)。
    A. B/N　　　B. B/L　　　C. L/L　　　D. M/F

二、多项选择题

1. 影响航次时间的主要因素有(　　)。
   A. 航次距离　　B. 船舶类型　　C. 货物类型　　D. 装卸货量
   E. 船舶航速　　F. 装卸效率
2. 航次租船方式的特点有(　　)。
   A. 船舶所有人负责船舶的经营
   B. 以出租整船或部分舱位的形式从事货物运输
   C. 租船人负责船舶的营运
   D. 租金按船舶的载重吨和租期计收
   E. 以每吨货物的运费率作为运费计收的基础
3. 根据装载货物数量的大小,水路运输可分为(　　)。
   A. 整船运输　　B. 零散运输　　C. 散船运输　　D. 零担运输
4. 水路运输的优点包括(　　)。
   A. 运量大　　　　　　　　　　　B. 占地少
   C. 运费低　　　　　　　　　　　D. 受自然环境影响小
5. 船舶运输组织方式有(　　)。
   A. 班轮运输　　B. 不定期船运输　　C. 整船运输　　D. 载驳船运输
6. 航次时间内要完成的基本作业有(　　)。
   A. 办理船货进出港手续　　　　　B. 装卸货物
   C. 航行　　　　　　　　　　　　D. 燃料供应

三、判断题

1. 订舱是托运人向承运人要求货物运输的行为。（　　）
2. 实际承运人不对运输承担责任。（　　）
3. 国际运输服务的卖方是承运人。（　　）
4. 不定期船分航次租船和定期租船。（　　）
5. 班轮运费由基本运费和附加运费组成。（　　）
6. 海关放行的单证是装货单、提货单。（　　）
7. 班轮条款下的装卸费用均由班轮公司负担。（　　）
8. 船舶签证的目的在于监督船舶保持适航状态，保障船舶航行安全，维持海上运输秩序。（　　）

四、名词解释

1. 国内水路运输
2. 国际海上运输
3. 班轮运输
4. 海运提单

五、计算题

1. 某公司出口商品200件，每件毛重120 kg，体积100 cm×40 cm×25 cm，经查轮船公司的"货物分级表"，该货物运费计算标准为W/M，等级为5级，又查中国至××港费率为5级，运费率为每吨运费为80美元，另收港口附加费10%，直航附加费15%。问：轮船公司对该批货物共收取运费多少？

2. 上海某公司出口到英国商品1 000箱，每箱体积为40 cm×30 cm×20 cm，每箱净重20 kg，毛重25 kg，经查该商品货物等级表规定计算标准为W/M，等级为10级，又查"中国—欧洲地区等级费率表"规定10级运费率为200美元，另外加收港口附加费10%。问：该公司应付船公司运费多少？

3. 我方采用班轮运输出口商品100箱，每箱体积30 cm×60 cm×50 cm，毛重40 kg，查运费表知该货为9级，计费标准为W/M，基本运费为每吨运费109美元，另加收燃油附加费20%，货币贬值附加费10%。请计算该批货物的总运费。

六、简答题

1. 班轮运输与租船运输各适合哪些货物的运输？
2. 航次租船、定期租船各在什么条件下使用？

实战演练

水路运输技能实训

一、任务说明

2018年11月15日，金华市福润建材有限公司与意大利Ceramic Markets公司签订了一份出口淋浴房的销售合同，合同相关资料如下：

卖方：金华市福润建材有限公司

地址：金华市金东区永新大道33-35号

电话:82963445,传真:82134859

买方:意大利 Ceramic Markets 公司

地址:NO. 50,VIABRUXELLES,00198ROME,ITALY

电话:+39-06-8400000

合同号:ITA-001

签订地点:金华

唛头:无

货物名称:恒洁牌瓷砖

数量:428 件

毛重:23 460 kg

净重:23 400 kg

体积:25 m³

包装:每件一箱,木箱包装

价格:每件 68 美元 CIF AQABA

最晚装运期限:2019 年 2 月 28 日,不允许分批装运和转运

装运港:上海洋山港

保险:由卖方按发票总值的 110% 海运投保一切险

付款条件:即期信用证

其他条件:货物于 2019 年 2 月 27 日由南方运输公司装上"长征"号船,航次为 CY100-08,提单号为 STBLN003728。集装箱柜号为 EMCU2753934。提单要求做成空白抬头,空白背书。

该批货物的运价规定为:基本运价为 35 元/t,燃油附加费和直航附加费分别按收 5% 和 3%,计费标准是"W/M"。

现要求一组同学分别模拟南方运输公司、金华市福润建材有限公司和意大利 Ceramic Markets 公司相关职员,完成此次水路货物运输的全过程。其中:

(1)托运人 1 人。

(2)受理托运人组 2 人。其中,1 人计算运费,1 人填制单据。

(3)装船兼货物交付 2 人。

(4)货物运输 1 人。

(5)收货人 1 人。

二、任务要求

(1)明确每个人的职责,进步熟悉水路运输的整个流程。

(2)会通过查运价本了解本此运输途经水域的运价里程及运价率,计算运费。

(3)会根据本项目所学知识填制水路货物运单。

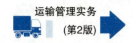

实训评价

水路运输技能训练评价表

被考评人			
考评地点			
考评内容	水路运输实训项目		
考评标准内容	自我评价	教师评价	综合评价
水路运输流程			
运费计算			
运单填制			
该项技能等级			

备注：
1. 综合评价：以教师评价为主，自我评价作为教师对学生初期技术能力评价的参考条件。
2. 能级标准：
1级标准：在教师指导下，能部分完成某项实训作业或项目；
2级标准：在教师指导下，能全部完成某项实训作业或项目；
3级标准：能独立地完成某项实训作业或项目；
4级标准：能独立地又快又好地完成某项实训作业或项目；
5级标准：能独立地又快又好地完成某项实训作业或项目，并能指导其他人。
技能训练活动建议：可以根据当地的运输业务情况增加实际业务题。

项目五

航空运输

 学习目标

【知识目标】
1. 熟悉航空运输的特点和运营方式；
2. 了解航空分区和航空货运代码，掌握航空运输的业务流程及操作注意事项；
3. 熟悉航空运输单证和货物流转的程序，会填写相关航空运输单据；
4. 熟悉航空货运单的内容，掌握航空运输托运单和航空货运单的填制方法。

【能力目标】
1. 具备接受咨询和揽货能力，会报价并计算运费；
2. 能计算运费、对外报价、上网查询相关供求信息。

 学习任务提要

1. 航空运输优缺点、主要设施设备、空运航线；
2. 航空运输组织形式和操作步骤；
3. 航空运输托运单、货运单的内容和填制要求；
4. 航空运价构成及计算方法。

 工作任务提要

1. 参观航空公司和航空货代企业，熟悉航空运输在物流中的重要地位及其发展趋势，理解航空运输系统的构成要素；
2. 查阅资料、开展企业走访，填写一份报价单并对外报价。

建议教学时数

8学时。

任务一　认识航空运输

案例导入

DHL 来自三个公司创始人姓氏的首字母，Adrian Dalsey，Larry Hillblom 和 Robert Lynn。在尼尔·阿姆斯特朗迈出伟大的登月第一步的 1969 年，三个合伙人也在一起迈出了一小步。一开始，创始人开设了他们的第一条从旧金山到檀香山的速递运输航线——他们自己乘坐飞机来往于旧金山和檀香山之间运送货物单证，这样就可以在货物到达之前进行货物的清关从而显著地缩短在港口的等待时间。很快他们的航线扩张到全球各个角落。1979年，DHL 将服务扩展到包裹递送。这之前只提供文件递送服务。

2002 年开始，德国邮政控制了 DHL 全部股权并整合为新的敦豪航空货运公司。2003年，德国邮政收购美国的空运特快公司(Airborne Express)，2005 年德国邮政又收购了英国的英运公司(Exel plc)。至此敦豪航空货运公司速递公司拥有了世界上最完善的速递网络之一，可以到达 220 个国家和地区的 12 万个目的地。

截至 2018 年 12 月，DHL 列 2018 世界品牌 500 强第 63 位。在全世界 220 多个国家和地区拥有 360 000 名员工、97 165 部作业车辆，年收入 604 亿欧元。

在中国，1986 年 12 月 1 日由 DHL 与中国对外贸易运输集团总公司各注资 50%在北京正式成立的中外运——敦豪国际航空快件有限公司是中国成立最早的国际航空快递公司。1993 年中外运——敦豪开始向中国各主要城市提供国内快递服务，中外运——敦豪公司也成为第一家在我国提供国际航空速递服务的公司。中外运——敦豪已在中国建立了最大的合资快递服务网络。拥有 82 家分公司，超过 7 100 名高素质员工，服务遍及全国 401 个主要城市，覆盖中国 95% 的人口和经济中心；稳居中国航空快递业的领导地位。随着 DHL 宣布退出美国国内市场，DHL 中国已成为 DHL 在全球最大市场。

案例思考

1. DHL 的主营业务是什么？该公司发展迅速的原因是什么？
2. 航空运输有哪些优势？
3. 组织航空货物运输有哪些方法？

知识链接

一、走进航空运输

航空货运起步较晚但发展迅速，原因之一就在于它具有许多其他运输方式所不能比拟的优越性。其优越性主要表现在：

（1）运送速度快。从航空业诞生之日起，航空运输就以快速而著称。快捷的交通工具大大缩短了货物在途时间,对于那些易腐烂、变质的鲜活商品,时效性、季节性强的报刊,节令性商品,抢险、救急品的运输,这一特点显得尤为突出。

(2) 不受地面条件影响,深入内陆地区。航空运输利用天空这一自然通道,不受地理条件的限制。对于地面条件恶劣交通不便的内陆地区非常合适,有利于当地资源的出口,促进当地经济的发展。

(3) 安全、准确。与其他运输方式相比,航空运输的安全性较高。

(4) 节约包装、保险、利息等费用。

当然,航空运输也有自己的局限性,主要表现在:

(1) 价格太贵。无论是飞机本身还是飞行所消耗的油料相对其他交通运输方式都高昂得多。主要表现在航空货运的运输费用较其他运输方式更高,不适合低价值货物。

(2) 受天气情况影响较大。虽然航空技术已经能适应绝大多数气象条件,但是风、雨、雪、雾等气象条件仍然会影响飞机的起降安全。

(3) 起降场地也有限制。飞机必须在飞机场起降,一个城市最多不过几个飞机场,而且机场受周围净空条件的限制多分布在郊区。由于从飞机场到市区往往需要一次较长的中转过程,由此给高速列车提供了 800 km 以内距离的城际运输市场空间。因此飞机只适用于重量轻,时间紧急,航程又不能太近的运输。

(4) 危险性。飞机的事故率虽然比火车低,但是飞机一旦失事,将会有极少人生还甚至无人生还。飞机与地面失去联系,就无法安全飞行。

(5) 运输能力不足。飞机的舱容有限,对大件货物或大批量货物的运输有一定的影响。

但总的来讲,随着新兴技术得到更为广泛的应用,产品更趋向薄、轻、短、小、高价值,管理者更重视运输的及时性、可靠性,相信航空货运将会有更大的发展前景。

想一想 与水路运输相比,航空运输的优缺点何在?

二、航空运输基础设施

(一) 航空港

航空港为航空运输的经停点,又称航空站或机场,是供飞机起飞、降落和停放及组织、保障飞机活动的场所。近年来随着航空港功能的多样化,港内除了配有装卸客货的设施外,一般还配有商务娱乐中心、货物集散中心,满足往来旅客的需要,同时吸引周边地区的生产、消费。

航空港按照所处的位置分为干线航空港和支线航空港。按业务范围分为国际航空港和国内航空港。其中国际航空港需经政府核准,可以用来供国际航线的航空器起降营运,空港内配有海关、移民、检疫和卫生机构;而国内航空港仅供国内航线的航空器使用,除特殊情况外不对外国航空器开放。

通常来讲,航空港内配有以下设施:

(1) 跑道与滑行道:前者供航空器起降,后者是航空器在跑道与停机坪之间出入的通道。

(2) 停机坪:供飞机停留的场所。

(3) 指挥塔或管制塔:为航空器进出航空港的指挥中心。其位置应有利于指挥与航空管制,维护飞行安全。

(4) 助航系统:为辅助安全飞行的设施。包括通讯、气象、雷达、电子及目视助航设备。

(5) 输油系统:为航空器补充油料。

(6) 维护修理基地:为航空器做归航以后或起飞以前做例行检查、维护、保养和修理。

(7) 货栈。

(8) 其他各种公共设施:包括给水、电、通信、交通、消防系统等。

(二) 航空器

航空器主要是指飞机。依据不同标准,飞机可分为不同种类。

1. 按推进装置的类型分类

按推进装置的类型,可分为螺旋桨式飞机、喷气式飞机和超音速飞机。

(1) 螺旋桨式飞机利用螺旋桨的转动将空气向机后推动,借其反作用力推动飞机前进。所以螺旋桨转速越高,飞行速度越快。但当螺旋桨转速高到某一程度时,会出现"空气阻碍(Air Barrier)"的现象,即螺旋桨四周已成真空状态,再加速螺旋桨的转速飞机的速度也无法提升。

(2) 喷气式飞机最早由德国人在20世纪40年代制成,是将空气多次压缩后喷入飞机燃烧室内,使空气与燃料混合燃烧后产生大量气体以推动涡轮,然后于机后以高速度将空气排出机外,借其反作用力使飞机前进。因其结构简单、制造、维修方便,速度快,节约燃料费用,装载量大,使用率高(每天可飞行16小时),所以目前已经成为世界各国机群的主要机种。

(3) 超音速飞机是指航行速度超过音速的飞机。如英法在20世纪70年代联合研制成功的协和式(Concorde)飞机。目前超音速飞机由于耗油大、载客少、造价昂贵、使用率低,使许多航空公司望而却步。又由于它的噪音很大,被许多国家的机场以环境保护的理由拒之门外或者被限制在一定的时间起降,更限制了它的发展。

2. 按照用途的不同分类

按照用途的不同,可分为客机、全货机和客货混合机。

(1) 客机(Passenger Aircraft)只在下舱载货。客机主要运送旅客,一般行李装在飞机的深舱。由于直到目前为止,航空运输仍以客运为主,客运航班密度高、收益大,所以大多数航空公司都采用客机运送货物。不足的是,由于舱位少,每次运送的货物数量十分有限。

(2) 全货机(Freighter Aircraft)指机舱全部用于装载货物的飞机。全货机一般为宽体飞机,主舱可装载大型集装箱。如波音747-200F型全货机和麦道MD-11大型全货机等。全货机运量大,可以弥补客机的不足,但经营成本高,只限在某些货源充足的航线使用。

(3) 客货混合机(Mixed Passenger/Freighter Aircraft),主舱用于载客,后部可装载货物,下舱内也可装载货物。客货混合机可以同时在主甲板运送旅客和货物并根据需要调整运输安排,是最具灵活性的一种机型。

3. 根据主舱容积分类

根据主舱容积,可分为窄体飞机(Narrow-body Aircraft)和宽体飞机(Wide-body Aircraft)。

4. 根据载货的类型分类

根据载货的类型,可分为散货型飞机(Bulk Cargo Aircraft)和集装型飞机(ULD Cargo Aircraft)。

> **重要提示**
> 全货机及宽体客机均属集装型飞机,可装载机装设备。

(三) 货舱布局

要将货物进行空运,首先要求货物能装进飞机货舱中,这里就要把货物规格与飞机的货舱舱门和腹舱尺寸进行对比。而不同机型的飞机,其货舱布局也不同。这里我们以波音 747-400 全货机和波音 737-800 飞机为例。

飞机主要分为两种舱位:主舱(Main Deck)和下舱(Lower Deck),但有些机型,如波音 747 分为三种舱位:上舱(Upper Deck)、主舱(Main Deck)和下舱(Lower Deck)。

货舱一般位于飞机的下腹部(下舱),有前货舱和后货舱,通常情况下被分成若干个分货舱(Compartment)。对于窄体飞机而言,其下舱仅仅是用来装运散装货物的,所以人们通常称之为"散货舱"。

(四) 集装设备

航空运输中的集装设备主要是指为提高运输效率而采用的托盘和集装箱等成组装载设备。为使用这些设施,飞机的甲板和货舱都设置了与之配套的固定系统。

由于航空运输的特殊性,这些集装设备无论从外形构造还是技术性能指标都具有自身的特点。以集装箱为例,就有主甲板集装箱和底甲板集装箱之分。我们在海运中常见的 40 英尺和 20 英尺的标准箱只能装载在宽体飞机的主甲板。

三、空运航线

空运航线按其飞行的路线分为国内航线和国际航线,如果飞行的起讫和经停点均在国内则称为国内航线,如果飞机飞行的线路跨越本国国境,通达其他国家或经停其他国家,则称为国际航线。利用航线由始发站起飞经过经停站至终点站做运输飞行,就称为航班。按照飞行航线的不同,航班包括国内航班和国际航班。

目前,世界航空货运已形成一个全球性的运输网和若干运输枢纽。

(一) 世界各大洲重要的航空站

亚洲:北京、上海、东京、香港、台北、仁川、马尼拉、曼谷、新加坡、雅加达、仰光、加尔各答、孟买、新德里、卡拉奇、德黑兰、贝鲁特、吉达。

欧洲:伦敦、巴黎、法兰克福、苏黎世、罗马、维也纳、柏林、哥本哈根、华沙、莫斯科、布加勒斯特、雅典、里斯本。

北美洲:纽约、华盛顿、芝加哥、多伦多、蒙特利尔、亚特兰大、洛杉矶、旧金山、西雅图、温哥华及位于太平洋上的火奴鲁鲁(檀香山)。

非洲:开罗、喀土穆、内罗毕、约翰内斯堡、布拉柴维尔、拉各斯、阿尔及尔、达喀尔。

拉丁美洲:墨西哥城、加拉加斯、里约热内卢、布宜诺斯艾利斯、圣地亚哥、利马。

大洋洲:墨尔本、悉尼、奥克兰。

(二) 世界上最繁忙的国际航空线

世界上最繁忙的国际航空线主要有:

西欧—北美间的北大西洋航空线、西欧—中东—远东航空线、远东—北美洲间的北太平洋航线。

此外,还有北美—南美、西欧—南美、西欧—非洲、西欧—东南亚—澳新、远东—澳新、北美—澳新等重要国际航空线。

四、空运货物的要求

空运的货物必须符合有关始发、中转和到达国家的法令、规定和承运人的一切运输规定。

(一)空运货物的种类

1. 普通货物

国际贸易中的大量的普通货物都可以走空运,无论是液体货物、干散货或件杂货;也无论是清洁货物、液体货物或粗劣货物都可以。

2. 特殊货物

空运对特殊货物的运输有严格的限制。这些特殊货物有:活体动物;武器、军火等战争物资;危险物品;尸体、骨灰;裸装的机械装置;裸装的机器铸件或钢材;鲜活易腐品;裸装的钢材;贵重物品;车辆;湿货;等等。

3. 危险品

危险品分为一类和二类危险品,只有少量的航空公司和飞机场可以受理。比如,南方航空公司和中国国际航空公司可以承运危险品;香港国际机场、日本关西机场等飞机场具备处理危险品的条件和设备。

(二)空运货物的重量和尺寸限制

(1)非宽体飞机载运的货物,每件货物重量一般不超过 80 kg,体积一般不超过 40 cm × 60 cm × 100 cm。宽体飞机载运的货物,每件货物重量一般不超过 250 kg,体积一般不超过 100 cm × 100 cm × 140 cm。超过以上重量和体积的货物,承运人可依据机型及出发地和目的地机场的装卸设备条件,确定可收运货物的最大重量和体积。另外,每件货物的长、宽、高之和不得小于 40 cm。

此外,应当注意机舱地板的最大承受力的限制,机舱地板实际承受力 = 货重/接地面积。一般而言,下散货舱不超过 732 kg/m²,集装舱不超过 976 kg/m²。具体的限制标准可以参考航空公司信息中各种机型数据。

如果超出机舱地板最大承受力,就要增加垫板。垫板面积的计算如下:

$$垫板面积(m^2) = \frac{货物重量 + 垫板重量}{最大允许地板承受力}$$

(2)货物重量按毛重计算,计量单位为 kg。重量不足 1 kg 的尾数四舍五入。每张航空货运单的货物重量不足 1 kg 时,按 1 kg 计算。贵重物品按实际毛重计算,计算单位为 0.1 kg。

(三)空运货物的价值限制

(1)一架飞机所装载货物总价值≤100 万美元。

(2)每张货单声明价值≤10 万美元。

(3)贵重物品包机时总价值≤5 000 万美元。

项目五 航空运输

任务二　组织航空货物运输

案例导入

青岛某货主将一批价值 USD10 000,计 10 箱的丝织品通过 A 航空公司办理空运经北京出口至法国巴黎。货物交付后,由 B 航空公司的代理人 A 航空公司于 2003 年 1 月 1 日出具了航空货运单一份。该货运单注明:第一承运人为 B 航空公司,第二承运人是 C 航空公司;货物共 10 箱,重 250 kg;货物未声明价值。B 航空公司将货物由青岛运抵北京,1 月 3 日准备按约将货物转交 C 航空公司时,发现货物灭失。为此,B 航空公司于当日即通过 A 航空公司向货主通知了货物已灭失。为此,货主向 A 航空公司提出书面索赔要求,要求 A 航空公司全额赔偿。

案例思考

1. 本案中,A、B、C 航空公司的法律地位是什么?
2. 请问货运代理该如何操作这单货?
3. 谁应当对货物的灭失承担责任?货主要求全额赔偿有无依据?航空公司如需赔偿,应该赔偿的数额是多少?

知识链接

一、航空货物运输的组织方法

航空货物运输采用班机、包机、集中托运、航空快递、邮政运输和联合运输等方式组织货物运输。

(一) 班机运输

班机运输是指根据班期时刻表,按照规定的航线、定机型、定日期、定时刻的客、货、邮航空运输。班机运输一般有固定的航线、固定的始发站、途经站和目的站,是民航运输生产活动的基本形式。班机运输有以下特点:

(1) 迅速准确。由于班机具有固定航线、固定始发站和目的站、固定航期以及固定停靠站等特点,因此,使用班机方式运送货物,就能够准确、迅速地到达国内或国际班机通航的各城市。

(2) 方便货主。收、发货人可以确切掌握货物起运和到达时间,特别对那些市场急需商品、鲜活易腐商品以及贵重货物的运送,使用班机方式对货主非常有利和方便。

(3) 舱位有限。班机运输一般为客货混载,因而舱位有限,不能满足大批量货物的出运,往往需要分散分批运输。例如,三叉戟飞机的货舱只有 1~2 t 的舱位,波音 707 只有 3~6 t 舱位,波音 747SP 只有 8~10 t 舱位。

(二) 包机运输

包机运输是指包机人为一定的目的包用航空公司的飞机运载货物的形式。

1. 包机的形式

包机运输可分为整架包机和部分包机两种形式。

(1) 整架包机。整架包机指航空公司或包机代理公司，按照与租机人事先约定的条件及费用，将整架飞机租给包机人，从一个或几个航空港装运货物至指定目的地的运输方式。包机的费用是一次一议，随国际机场供求情况变化而调整。中国民航包机运费，是按照每一飞行千米固定费率核收，并对空驶里程按每一飞行千米运价的80%收取空驶费。

(2) 部分包机。部分包机是指由几家航空货运代理公司(或发货人)联合包租一架飞机，或者由航空公司把一架飞机的舱位分别租给几家航空货运代理公司装载货物。部分包机形式适用于托运不足一整架飞机舱容，但运量在1 t以上的货物运输。这种包机，时间比班机要长，但运费比班机低。各国政府为了保护本国航空公司的利益，常对从事包机运输业务的外国航空公司实行各种限制，例如，限制降落地点。目前，这种部分包机方式在西欧和香港之间开办较多。

2. 包机的优点

(1) 解决班机舱位不足的矛盾。
(2) 货物全部由包机运出，节省时间和多次发货的手续。
(3) 弥补没有直达航班的不足，且不用中转。
(4) 减少货损、货差或丢失的现象。
(5) 在空运旺季缓解航班紧张状况。
(6) 解决海鲜、活动物的运输问题。

(三) 集中托运

集中托运是指集中托运人(航空货运代理公司)把若干批单独发运到同一方向的货物，组成一整批，集中向航空公司托运，填写一份航空总运单，发送到同一到达站，由集中托运人委托到达站当地的代理人负责收货、报关，并按照集中托运人签发的航空分运单分拨给各实际收货人的一种货运组织方法。这种托运方式，可降低运费，是航空货运代理的主要业务之一。

1. 集中托运的优点

(1) 节省运费。航空货运公司的集中托运运价一般都低于航空协会的运价。发货人可得到低于航空公司运价，从而节省费用。

(2) 提供方便。将货物集中托运，可使货物到达航空公司到达地点以外的地方，延伸了航空公司的服务，方便了货主。

(3) 提早结汇。发货人将货物交与航空货运代理后，即可取得货物分运单，可持分运单到银行尽早办理结汇。

2. 集中托运的局限性

(1) 贵重物品、活动物、尸体、骨灰、危险品、外交信袋等货物，根据航空公司的规定不得采用集中托运的形式。

(2) 由于集中托运的情况下，货物的出运时间不能确定，所以不适合易腐烂变质的货物、紧急货物或其他对时间要求高的货物的运输。

(3) 对书本等可以享受航空公司优惠运价的货物来讲,使用集中托运的形式可能不仅不能享受到运费的节约,反而使托运人运费负担加重。

(4) 目的地相同或临近的可以办理,如某一国家或地区,其他则不宜办理。

3. 航空集中托运与直接运输的区别

航空集中托运与直接运输的区别如表5.1所示。

表5.1 集中托运与直接运输的区别

	直接运输	集中托运
货物交付	货物由货主或航空货运代理交付给航空公司	集中托运货物由货主交付给集运商,然后再由集运商交付给航空公司
所使用的运单类型	只使用航空公司的货运单	同时使用航空公司的主运单和集运商的分运单
运单填开	航空货运单由航空货运代理人填开;托运人栏和收货人栏分别填列真正的托运人和收货人	主运单、分运单均由集运商填开;主运单上记载的货物收货人、发货人分别为集中托运商和分拨代理人;分运单上记载的货物收货人、发货人分别为真正的托运人和收货人

(四)航空快递

航空快递业务(Air Express Service)又称快件、快运或速递,是指具有独立法人资格的企业将进出境的货物或物品,从发货人所在地通过自身或代理的网络送达收货人的一种快速运输方式。简单讲,航空快递业务就是由快递公司与航空公司合作,向货主提供的快递服务。

航空快递是由快递公司派专人从发货人处提取货物后以最快航班将货物出运,飞抵目的地后,由专人接机提货,办妥进关手续后直接送达收货人,称为桌到桌运输(Desk to Desk Service)。这是目前航空货物运输中一种最为快捷的运输方式,特别适用于急需的药品和医疗器械、贵重物品、图样资料、货样、单证和书报杂志等小件物品。

外贸企业办理航空运输,需要委托航空运输公司作为代理人,负责办理出口货物的提货、制单、报关和托运工作。委托人应填妥国际货物托运单,并将有关报关文件交付航空货运代理、空运代理向航空公司办理托运后,取得航空公司签发的航空运单,即为承运开始。航空公司需对货物在运输途中的完好负责。货到目的地后,收货人凭航空公司发出的到货通知书提货。航空快递的特点有:

(1) 快递公司有完善的快递网络。这种网络要求无论始发点、中转地、到达地都能以服务于网络这个目的进行,同时,网络具有相当强的整合能力。

(2) 收运文件和小包裹为主。从收运范围来看,航空快递业务以商务文件、资料、小件样品和小件货物为主,不能受理私人信函。

(3) 特殊的单据。航空快递业务中有一种其他运输形式所没有的单据,即交付凭证(POD)。

（4）速度快于普通的航空货运。航空快递设有专人负责,减少了内部交接环节,缩短了衔接时间,因而速度快于普通航空货运业务和邮递业务。

（5）高度的信息化控制。航空快件在整个运输过程中都处于电脑的监控之下,这种运输方式使收、发货人都感到安全、可靠。

（五）邮政运输

邮政运输是指邮政部门与航空公司以运输合同方式合作组织的信件和包裹等小件物品的航空运输。在全部航空货物运输中占有10%左右的比例。

（六）联合运输

由于航线不能延伸到货主所需要的每一场所,就出现了与其他运输方式的联运,尤其是与陆运运输的联运。这里指的联合运输方式主要是指陆空联运,即指包括空运在内的两种以上运输方式紧密结合的运输,主要有:火车—飞机—卡车的联合运输方式,简称TAT(Train-Air-Truck);火车—飞机的联合运输方式,简称TA(Train-Air);卡车—飞机的联合运输方式,简称AT(Truck-Air)。

二、航空货物运输的操作步骤

航空货物运输有集中托运、航空快递、邮政运输和联合运输等货物运输组织方法,但是其基本的过程是航空货物的托运、承运、出港或进港和到达交付或到达接收等。按照航空货物运输作业的先后排序绘成图,就可以得到航空货物运输的作业流程图,如图5.1所示。

图5.1　航空货物运输作业流程

（一）航空货物运输的托运作业

托运人进行航空货物托运时,应办理以下手续。

1. 填写托运书

托运书是指托运人办理货物托运时填写的书面文件,是据以填开航空货运单的凭据。托运书样式见表5.2。

表5.2　国内货物托运书

始发站		目的站	
托运人姓名或单位地址			邮政编码
托运人地址			联系电话
收货人姓名或单位地址			邮政编码
收货人地址			联系电话
储运注意事项及其他		声明价值	保险价值

续表

件数	毛重	运价种类	商品代号	计费重量	费率	货物品名(包括包装、体积或尺寸)

说明：1. 托运人应当详细填写本托运书各项内容，并对其真实性、准确性负责。2. 承运人根据本托运书填开的航空货运单经托运人签字后，航空运输合同即告成立。 托运人或其代理人 签字(盖章)：_____ 托运人或其代理人 身份证号码：_____	货运单号码	
	经手人	X光机检查
		检查货物
		计算重量
		填写标签
		年　月　日

注：粗线框内由承运人填写

2. 填写航空货运单

航空货运单由托运人填写。在当今电脑办公的年代，通常由航空公司或代理公司派出人员使用电脑操作。如承运人依据托运人提供的托运书填写货运单并经托运人签字，则该货运单视为代托运人填写。托运人应当对货运单上所填写的关于货物的说明或声明的正确性负责。

3. 按规定进行货物包装

（1）航空货物的包装要求。

货物的包装应符合航空运输的要求，符合所装货物的特性，严禁使用草袋包装和草绳捆扎；托运人应当在每件货物的外包装上标打货物的发站、到站，收、发货人的单位、姓名、地址等运输标记，按规定粘贴或拴挂承运人的货物运输标签和航空运输指示标签。

（2）货物的重量和尺寸要求。

托运人托运的单件货物重量一般不超过80 kg，宽体飞机不超过250 kg；包装尺寸一般不超过40 cm×60 cm×100 cm，宽体飞机不超过100 cm×100 cm×140 cm，单件货物包装的长、宽、高之和不得小于40 cm且最小一边长不得小于5 cm。超过上述重量和尺寸的货物，需征得承运人同意。

托运人对托运的货物，按照国家主管部门规定的包装标准包装；没有统一规定的包装标准的，根据保证运输安全的原则，按货物的性质和承载飞机等条件包装。凡不符合上述包装要求，承运人有权拒绝承运。

4. 在托运货物上打标签

托运人在包装好的货件外部要根据情况制作标签。标签根据其作用，可以分为识别标签、特种货物标签和操作标签等。识别标签是用以说明货物的货运单号码、件数、重量、始发站、目的站、中转站及托运人、收货人的单位、姓名和地址等的一种运输标志；特种货物标签是说明特种货物性质的各类识别标志，分为活动物标签、危险品标签和鲜活易腐物品标签；操作标签是说明货物出运注意事项的各类标志。

5. 投保货物运输险

国家规定必须保险的货物,托运人应在托运时投保货物运输险。

6. 缴费

托运人托运货物,应按照民航主管机关规定的费率缴付运费和其他费用。除托运人和承运人另有协议外,运费及其他费用一律于承运人开具货物运单时一次付清。

7. 航班跟踪

航班跟踪是指在托运人将单证交给航空公司后,航空公司会由于种种原因,如航班取消、延误、故障、改机型、错运等,未能将货物按照预订的时间运出,所以应从单证交给航空公司后就要对航班、货物进行跟踪。

8. 信息传递

托运人应及时将发运信息传递给收货人,向其提供航班号、运单号和出运日期等,并随时提供货物在运输过程中的准确信息。与此同时,将有关单据寄送收货人。

（二）航空货物运输的承运作业

1. 审核运单

承运人根据托运人提交的航空货物运单及相关证明文件进行审核。

2. 计算费用

承运人对航空货物运输的各项费用进行计算。航空货物运输运费的计算过程如图 5.2 所示。

3. 制单、收款

承运人完善货运单的填制后,由托运人进行复核、签字。承运人填制相关专用发票,向托运人收取各项费用。

4. 货物交接

承运人按规定先认真检查托运人交接的货物,核对货物的数量、品名、合同号或标签等是否与货运单据上所列一致,检查货物外包装是否符合运输要求,有无残损等,必要时对交接货物进行复称,然后填制交接单据留存。

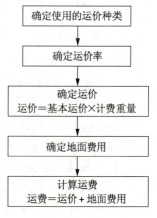

图 5.2　航空货物运输运费的计算过程

5. 货物入仓

货物接到机场后,或先入周转仓库,或直接装板或装箱。

（三）航空货物运输的出港作业

航空货物出港作业是指自货方将货物交给航空公司,直到货物装上飞机整个过程的操作。

1. 货物出港作业内容

（1）航空公司根据航班动态和可用载量,进行预制"货邮舱单"。

（2）航空公司根据预制舱单指挥装卸队把预配货物装板。

（3）制作正式的货邮舱单业务袋。

（4）在航班起飞 60 min 前,与装卸队共同押运货物通过安检。

（5）指挥、监督外场装卸队按规定的顺序装机。

（6）如果要调整货物平衡,应在航班起飞 20 min 前进行。及时卸下指定货物、邮件及更改货邮舱单,并通知载重平衡室拉下货物的件数和重量。

（7）在航班起飞后 15 min 之内，货运员督促装卸队把拉卸货物押运回仓库。

（8）根据拉货情况更改的货邮舱单，报告查询室，同时填制临时拉货补运清单和货运代单。

（9）统计当天货物交接和发运情况，整理业务单据装订存档。

2. 货物出港作业流程

航空货物的出港流程如图 5.3 所示。

相关岗位工作要求：

（1）配载员出港作业的岗位工作要求。

① 牢固树立"安全第一"思想，坚持制度，按章操作，确保安全运输万无一失。

② 根据货物的急缓程度，按规定对货物进行配载，合理选择货物中转点，做好中转货物的订舱、跟踪、服务工作，核算次日待运货量，防止货物积压。

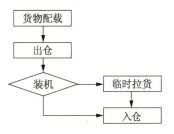

图 5.3 航空货物出港流程

③ 出发航班应提前 1 h 做好对单出仓工作。

④ 准确核对进出港货物的件数，严禁发生漏配、错配和漏卸等现象。

⑤ 准确计算航班配载量，根据货舱容积，注意大小、轻重搭配，充分利用载量，配足配好货物，严防超载。

⑥ 认真填制货邮舱单，不多撕、漏撕承运人联，装订好放在业务袋内，送交值机室。配出的货物及时销号。

⑦ 如航班拉货，要及时做好清点、称重、填写代单、通知发货人、及时通知查询室发电报等各项工作。

⑧ 主动了解有关航站货物待运情况，向其他航站提供运力，争取货源，提高航班货物载运量。

⑨ 认真负责，正确行使工作职责，按业务规定和值机装载指令组织装飞机，确保装载平衡。

⑩ 按规定时间送飞机，确保出港航班正常。

⑪ 负责仓库与机坪间的货物运送及机坪停放期间的货物安全，防止遗失、损坏。

⑫ 严格按货物指示标志，组织搬运人员装卸、摆放货物，装机货物应大小搭配，尽量装满货舱。拉卸货物根据货物的急缓程度，尽量整单拉卸，并及时通告值机室和配载室。

⑬ 在装机前对货物包装再次进行检查。

⑭ 规范填写值班日记，将待办事项交接清楚。

（2）装卸员作业工作要求。

① 严格按配货计划装载货物，防止多装、漏装或错装。

② 对出发货物的外包装状态要进行认真、细致地检查，发现问题及时纠正或报告出发库。

③ 按章操作，正确使用特种车辆等设备。

④ 及时处理货物破、湿、掉等现象，检查平板车、棚车、大板底架是否超长拖带。

⑤ 检查货物的包装状态，禁止将渗漏、破损及易燃易爆等货物装上飞机。

⑥ 轻拿轻放，杜绝野蛮装卸。

（四）航空货物运输的进港作业

1. 货物进港作业流程（图5.4）

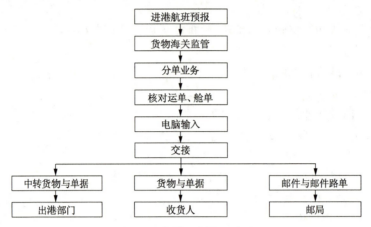

图5.4　货物进港作业流程

2. 相关岗位工作要求

（1）监卸员作业要求。

① 准备卸机：了解每个航班的具体降落时间；提前 10 min 到达外场等候；及时交接到达的业务袋。

② 货物押运入库：检查货物的码放情况；严密监视货物的作业现场；卸机完毕检查货舱，防止漏卸；货物在押运过程中注意防止滑落、撞损、雨淋及其他人为破坏。

（2）搬运员作业要求。

① 卸货前必须先检查货舱，不正常运输情况、渗漏事件及时报货运监装员并做好记录。

② 检查货物状态，破损货物做好卸货记录。

③ 防止野蛮卸货和货物滑落，码放禁止超高。

④ 严禁将行李混入货物。

⑤ 轻拿轻放，不允许野蛮装卸。

⑥ 入库货物码放有序，便于盘查和提取。

（五）航空货物运输的到达接收作业

1. 货物到达接收作业流程

航空货物到达接收作业流程如图 5.5 所示。

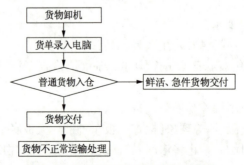

图5.5　航空货物到达接收作业流程

2. 相关岗位工作要求

（1）到达库营业员工作内容。

① 负责航班货物到达的各项处理工作。

② 热情接待收货人，回答问询准确，使用文明用语。

③ 货物到达后，按规定及时发出提货通知，急件货物应尽量采用电话通知。

④ 认真检验提货证明、证件、防止货物被冒领。发放货物时应逐件核对，确认无误后，方可交给货主，并请货主在运单上签收。

⑤ 准确核算、收取货物保管费及其他费用。货物提取后，及时销号，妥善保管单证。

⑥ 及时核对、清点库存货物，发现问题及时报告，确保到达库内单货一致。

⑦ 填写值班日记，将待办事项交接清楚。

（2）查询员接收工作内容。

① 查询员对货物不正常运输的处理程序：当货物不正常运输时，查询员的工作程序如图5.6所示。

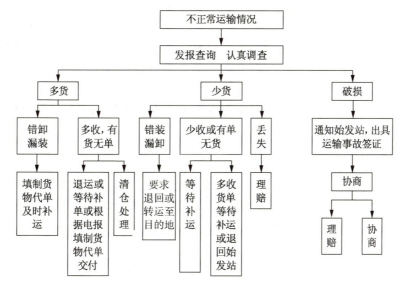

图5.6　货物不正常运输的处理工作流程

② 货物查询工作要求。

a. 托运人或收货人可在出发地或目的地查询货物的运输情况。查询时要求出示货运单或提供货运单号码、出发地、目的地、货物名称、件数、重量和托运日期等内容。

b. 对发货人或收货人的查询应当及时给予答复。凡应当在当地查明的，必须在受理后2天内查明答复；凡应当向它站查询的，必须在当日（最迟次日）发出查询电、函。查询电文应当抄报上级业务部门，重大问题应当及时上报。

c. 凡发生货物少收、破损、短少、单货不符等不正常运输情况，接收站应当在飞机到达后2 h，最迟不得超出4 h发电向有关航站查询，并做好事故记录，由装运站负责查明情况，答复查询站。在发出查询单或查询电报之前，应当先在本站认真查找和核实，在确实没有时应及时发出。

d. 货物发生错运或错卸，造成差错的责任站发现后，应当立即通知有关站查处。发现错收、多收货物的航站,应当立即主动采取补救措施,及时运回原出发站或直接运往到达站,并电告有关站。

e. 对他站的查询,要认真调查,及时处理。凡是电报查询的,应在 24 h 内答复。信函查询的,应在 3 天内答复。

f. 查询工作一定要落实,业务量大的地方要有专人负责办理,业务领导要加强检查。查询电文的发出和答复,应当由经办人员签字,并对查询和答复内容负责。

任务三 填制航空货物运单

案例导入

苏州某货主将一批价值 EUR50 000,计 50 箱(体积 2.4 m³,毛重 250 kg)的服装通过 A 货代公司办理空运经上海出口至美国纽约,A 公司签发了分运单后将货物交付 B 航空公司出运,B 向 A 出具了航空货运单。该货运单注明:承运人为 B 航空公司。货物未声明价值。B 航空公司将货物由上海运抵纽约,准备按约将货物交付时,发现货物灭失。为此,B 航空公司于当日即通过 A 公司向货主通知了货物已灭失。为此,货主向 A 公司提出书面索赔要求,要求 A 公司全额赔偿,但 A 公司认为此事应属于 B 公司责任,因而拒绝赔偿。

案例思考

1. 本案中出现了两种航空货运单,请指出并说明用途。
2. 本案中,谁该向苏州的货主承担责任?请说明赔偿额及理由。

知识链接

一、航空运输托运书

(一) 航空运输托运书含义

航空运输托运书(Shippers Letter of Instruction)是托运人用于委托承运人或其代理人填开航空货运单的一种表单,表单上列有填制货运单所需的各项内容,并印有授权承运人或其代理人代其在货运单上签字的文字说明。

根据《华沙公约》第 5 条第(1)和第(5)款规定,货运单应由托运人填写,也可由承运人或其代理人代为填写。实际上,目前货运单均由承运人或其代理人填制,为此,作为填开货运单依据的托运书,应由托运人自己填写,而且托运人必须在上面签字。

(二) 航空运输托运书主要填制内容及规范

1. 托运人姓名、地址、电话号码(Shipper's Name、Address & Tel. No.)

填列托运人的全称、街名、城市、国家名称、电话、电传、传真号。

填写规范如下：

(1) 托运人可以是货主，也可以是货运代理人。通常，集中托运的托运人是货运代理人，直接托运的托运人是货主。

(2) 托运人有时被承运人要求在托运单上提供托运人账号，以避免承运人在收货人拒付运费时向托运人索偿。

(3) 危险货物托运时，托运人必须填写实际托运人，航空公司不接受货运代理人托运。

(4) 在信用证结汇方式下，托运人一般按信用证的受益人内容填写。

2. 收货人姓名、地址、电话号码(Consignee's Name、Address & Tel No.)

填列收货人的全称、街名、城市、国家名称、电话、电传、传真号。

填写规范如下：

(1) 本栏不得填写"TO ORDER"或"TO ORDER OF SHIPPER"等字样，因为航空货运单不能转让。如果托运人依据信用证对装运文件的要求，必须显示这种凭指示字样，承运人有权拒绝接受订舱。

(2) 收货人可以是实际收货人，也可以是货运代理人。通常，集中托运时的收货人是货运代理人海外代理，直接托运时为实际收货人。

(3) 承运人不接受一票货物有两个或两个以上收货人。如果实际业务中有两个或两个以上收货人，托运单中收货人栏内填写第一收货人，通知栏内填写第二收货人。

(4) 收货人账号仅供承运人使用，一般不需要填写，除非承运人需要。

3. 始发站(Airport of Departure)

填写始发站机场的名称，用英文全称，不得简写。

填写规范如下：

(1) 在始发站机场的全称不清楚的情况下，允许填写始发站所在城市名称。

(2) 相同城市的不同国家，还需要填写国家名称。

4. 目的港(Airport of Destination)

填写最后目的站机场或第一中转机场的IATA三字代码。

填写规范如下：

(1) 按国际航空运输协会IATA规范的机场代码填报，不得自行编制。如：日本东京成田机场，可以填写"NRT"；浦东国际机场，可填写"PVG"。

(2) 机场名称不明确时，可填城市名称。如果城市名称用于一个以上国家时，应加上国名。如：澳大利亚悉尼，可填写"SYD, AU"。

(3) 标签上的卸货港机场代码与托运单上目的地机场代码必须一致。

(4) 如果有转运路线要求，可以填在专门栏目内。

5. 要求运输路线(Requested Routing)

本栏用于航空公司安排运输路线时使用，但如果托运人有要求时，也可填入本栏。为保证制单承运人收运的货物可以被所有续航承运人所接受，可查阅TACT-RULES 8.1中的双边联运协议，并在此栏中列明航空公司名称或IATA二字代码。

由于航空运单仅仅是运输条件的初步证明，各国航空法规及民航管理部门对公共航空运输企业的承运条件已加以规定。承运人只要在不违反规定的运输条件下，可以改变托运单所要求的路线，但需兼顾托运人的利益。

6. 要求预订吨位(Requested Booking)

此栏用于航空公司安排舱位时使用,但如果托运人有要求时,也可以按计费吨位填入。

7. 供运输用声明价值(Declared Value for Carriage)

填写托运人向承运人办理货物声明价值的金额。若托运人不办理货物声明价值,此栏必须打上"NVD"(No Value Declaration)字样。

8. 供海关用申明价值(Declared Value for Customs)

填写托运人向海关申报的货物价值。托运人不办理此项声明价值,必须打上"NCV"(No Customs Value)字样。

9. 件数和包装方式(Number and Kind of Package)

填写货物的件数,包装种类。如果使用的货物运价种类不同时,应分别填写,并将总件数相加,包装种类用"PACKAGE"。

10. 毛重(Gross Weight)

与件数相对应,填写货物实际毛重,重量计量单位"千克"或"磅"。

(1) 以千克为单位时,保留小数后一位,并按0.5进位。

(2) 多项货物时,在下方对应栏内打上毛重之和。

货物运价种类的代号如表5.3所示。

表5.3 运价种类代码及中英文对照表

运价种类代码	运价种类英文名称	中文名称
M	Minimum	最低运费
N	Normal Rate	45 kg 以下普通货物运价
Q	Quantity Rate	45 kg 以上普通货物运价
C	Special Commodity Rate	指定商品运价
R	Class Rate Reduction	等级货物附减运价
S	Class Rate Surcharge	等级货物附加运价
U	Unit Load Device Basic Charge or Rate	集装化设备基本运费或运价
E	Unit Load Device Additional Rate	集装化设备附加运价
X	Unit Load Device Additional Information	集装化设备附加说明
Y	Unit Load Device Discount	集装化设备折扣

11. 计费重量(Chargeable Weight)

填写据以计收航空运费的货物重量。

(1) 当货物是重货时,可以是货物的实际毛重。

(2) 当货物是轻泡货时,可以是货物的体积重量。

(3) 可以是较高重量较低运价的分界点的重量。

12. 费率(Rate)

填写所适用的货物运价。

(1) 当使用最低运费时,填写与运价代号"M"相对应的最低运费。

(2) 当使用代号"N""Q""C"运价代号时,填写相对应的运价。

(3) 当货物为等级货物时,填写与运价"S""R"对应的附加、附减后的运价。

13. 货物品名和数量[Nature & Quantity of goods (Incl. Dimensions or Volume)]

填写货物的具体名称和数量。

(1) 不得填写表示货物类别的名称,如不能填写电器、仪表、仪器等,尽可能清楚地打上货物品名、数量、体积、产地等细节。

(2) 如果是危险品,应分别填写其标准的学术名称。

(3) 鲜活易腐物品、活体动物等不能作为货物品名。

(4) 填写每件货物的外包装尺寸或体积,单位分别用厘米或立方米表示,货物尺寸按其外包装的"长×宽×高×件数"的顺序填写。

14. 运费(Air Freight Charge)

根据付款方式填写。预付在起飞港支付,到付在目的港支付。在 PP 的下方打(×)表示预付;在 CC 的下方打上(×)表示到付。

15. 杂费(Other)

根据付款方式填写。预付在起飞港支付,到付在目的港支付。在 PP 的下方打(×)表示预付;在 CC 的下方打上(×)表示到付。杂费费用名称及代号如表 5.4 所示。

表5.4 杂费费用名称及代号表

操作代码	英文全称	杂费费用
AC	Animal Container	动物容器费
AS	Assembly Service Fee	集装服务费
AW	Air Waybill Fee	货运单费
CD	Clearance and Handling-Destination	目的地办理海关手续费
CH	Clearance and Handling-Origin	始发地办理海关手续费
DB	Disbursement fee	向收货人收取的代理人代付费用
CC	Charge Collect Fee	到付运费手续费
GT	Government Tax	政府税
IN	Insurance Premium	代理保险费
LA	Live Animal	活动物处理费
MA	Miscellaneous-Due Agent	代理人收取杂项费
MC	Miscellaneous-Due Carrier	承运人收取杂项费
MO	Miscellaneous	杂费
FS	Fuel Scrcharge	燃油费
MZ	Miscellaneous-due issuing carrier	承运人收杂费
PK	Packaging	包装费
RA	Dangerous Goods Fee	危险品处理费
SD	Surface charge-Destination	目的地地面费
SO	Storage Origin	发货地地面费
SU	Storage Destination	目的地仓储费
TR	Transit	过境费
TX	Taxes	税
UH	ULD Handling	集装设备操作费

16. 托运人签字、盖章 (Signature of Shipper or His Agent)

由托运人或其代理人签字盖章。

17. 日期 (Executed on Date at Place)

由托运人填写开货运单的时间和地点。

国际货物托运书示例如图 5.7 所示。

上海客货运输服务有限公司 SHANGHAI EXPRESS SERVICE CO,. LTD.		IATA
国际货物托运书 SHIPPER'S LETTER OF INSTRUCTION		REF NO: XY050401

始发站 AIRPORT OF DEPARTURE SHANGHAI	到达站 AIRPORT OF DESTINATION SEMARANG	供承运人用 FOR CARRIER ONLY	
路线及到达站 ROUTING AND DESTINATION		航班/日期 FRIGHT/DAY	航班/日期 FRIGHT/DAY
至 TO	第一承运人 BY FIRST CARRIER	至 TO	承运人 BY	至 TO	承运人 BY	至 TO	承运人 BY	已预留吨位 DOKKED	
收货人姓名及地址 CONSIGNEE'S NAME AND ADDRESS	PT. HYCO LANGGENG 310 VIRA SEMARANG INDONESIA	运费: CHARGES:	
另行通知 ALSO NOTIFY	SAME AS CONSIGNEE	FREIGHT: PREPAID	
托运人账号 SHIPPER'S ACCOUNT NUMBER	045686	托运人姓名及地址 SHIPPER'S NAME & ADDRESS	SHANGHAI IMPORT & EXPORT TRADE CORPORATION 1321ZHONGSHANROAD SHANGHAI
托运人声明的价值 SHIPPER'S DECLARED VALUE NVD	保险金额 AMOUNT OF INSURANCE	所附文件 DOCUMENTS TO ACCOMPANY AIR WAYBIL	
供运输用 FOR CARRIAGE	供海关用 FOR CUSTOMS		
件数 NO. OF PACKAGES	实际毛重 ACTUAL GROSS WEIGHT (KG)	运价类别 RATE CLASS	收费重量 CHARGEABLE WEIGHT	离岸 RATE	CHARGE	货物名称及重量 (包括体积或尺寸) NATURE AND QUANTITY OF GOODS (INCL DIMENSIONS OF VOLUME)	
1400CTNS	3200					DOUBLE OPENEND PANNER 20 CBM	
在货物不能交于收货人时，托运人指示的处理方法 SHIPPER'S INSTRUCTIONS IN CASE OF INARBLITY TO DELIVER SHIPMENT AS CONSIGNED			
处理情况 (包括包装方式、货物标志及号码等) HANDLING INFORMATION (INCL MENTHOD OF PACKING DENTIFYING MARKS AND NUMBERS.LTC.)			
托运人证实以上所填全部属实并愿遵守托运人的一切载运章程 THE SHIPPER CERTIFIES THAT PARTOCI; ARS ON THE EACH HEREOF ARE CORRECT AND AFREES TO THE CONDITIONS OF CARRIAGE OF THE CARRIER			
托运人签字 SIGNATURE OF SHIPPER 李莉	日期 DATE 2006.09.11	经收人 AGENT 华民彩	日期 DATE 2006.09.11

图 5.7 国际货物托运书示例

二、航空货运单

（一）航空货运单含义

航空货运单（Air Waybill，AWB）是指托运人或托运人委托承运人或其代理人填制的，托运人和承运人之间为在承运人航线上承运托运人货物所订立的运输契约的凭证，是办理货物运输的依据，是计收货物运费的财务票证，也是货主银行结汇的文件之一。航空货运单一般由货运代理人代为填制。

> **重要提示**
>
> 航空运单与海运提单有很大不同，却与国际铁路运单相似。它是由承运人或其代理人签发的重要的货物运输单据，是承托双方运输合同的凭证，其内容对双方均具有约束力。航空运单不可转让，持有航空运单也并不能说明可以对货物要求所有权。

（二）航空货运单的作用

（1）它是航空货物运输条件及合同订立和承运人接收货物的初步证据。
（2）它是货物交付后的收据，银行结汇单据之一。
（3）它是运费结算凭证及运费收据。
（4）它是承运人在货物运输组织全过程中运输货物的依据。
（5）它是保险的证明。
（6）它是国际进出口办理货物清关的证明文件。

想一想 海运提单的作用有哪些？

（三）航空货运单的构成

航空货运单一般一式十二联，其中三联正本、六份副本联、三份额外副本联。各联用途如表5.5所示。

表5.5 航空货运单各联用途

顺序	名称	英文名称	颜色	用途
1	正本3	Original 3	蓝	交托运人（For Shipper）
2	正本1	Original 1	绿	开单人（For Accounting）
3	副本9	Copy 9	白	交代理人
4	正本2	Original 2	粉红	交收货人（For Consignee）
5	副本4	Copy 4	黄	提货收据
6	副本5	Copy 5	白	交目的地机场
7	副本6	Copy 6	白	交第三承运人
8	副本7	Copy 7	白	交第二承运人
9	副本8	Copy 8	白	交第一承运人
10	额外副本	Extra Copy 10	白	供承运人使用
11	额外副本	Extra Copy 11	白	供承运人使用
12	额外副本	Extra Copy 12	白	供承运人使用

(四)航空货运单主要填制内容及规范

航空货运单不是货权凭证,不能凭以提货,不能背书转让。《UCP600》对空运单的规定主要集中在第 27、31、32、33、40 条中。

1. 货运单号码(Air Waybill Number)

货运单号码是印制在每一份运单的左上角和右下角上,由 11 位数字组成的号码。其中前三位数字表示航空公司的数字代号。如:马航 232 -、港龙 043 -。后七位数字表示货运单序号。最后第八位是检验号,是前 7 位数字对 8 取模的结果。例如,总运单号 129 - 42378011,其中第八位"1"是检测号,第四位和第五位之间空一格。

2. 托运人姓名、地址、电话号码(Shipper's Name、Address & Tel. No.)

与航空托运单相应栏目填法相同。

3. 收货人姓名、地址、电话号码(Consignee's Name、Address & Tel No.)

与航空托运单相应栏目填法相同。

如果信用证没有特殊规定,空运单必须做成记名抬头,不应做成空白抬头。

4. 填开货运单的代理人名称和城市(Issuing Carrier Agent Name & City)

本栏填写填开货运单的代理人名称和所在城市。例如,由航空公司代理人"SUNSHINE TRANS INTERNATIONAL LTD. (SHANGHAI)"填开货运单,则在"Issuing Carrier Agent Name & City"栏内填该公司名称"SUNSHINE TRANS INTERNATIONAL LTD. (SHANGHAI)"。

5. 填开货运单代理人的 IATA 代码(Agent's IATA Code)

本栏所填写填开货运单的代理人名称,规范填写"代理人代码"/"城市代码"。例如,JHJ/SHA 表示由上海锦海捷亚货运代理公司填开货运单,则在"Agent's IATA Code"栏填写"JHJ/SHA"。

6. 始发站(Airport of Departure)

与航空托运单相应栏目填法相同。空运单必须表明信用证规定的起运机场和目的地机场。同时应填写具体的起运机场或目的地机场所在地的名称。如信用证规定"From any Chinese airport",则在空运单的起运机场处应显示具体的起运机场,例如"Shanghai airport"或用代码表示"PVG"。

7. 目的港(Airport of Destination)

与航空托运单相应栏目填法相同。

8. 第一承运人(By First Carrier)

本栏由航空公司安排舱位后使用,一般填写第一程航班号。例如,填写"MU501"表示第一程由中国东方航空公司 MU501 航班承运。

9. 转运(To / By / To/ By)

即使信用证禁止转运,银行仍可以接受表明货物可能或将转运的空运单,但必须是同一单据包括全程运输。这是因为航空运输路线的确定在于承运人合理运输的需要,可以不经过托运人的同意。例如,当信用证禁止转运时,同一张空运单上显示了两架以上飞机的航班,银行亦可以接受。

10. 财务说明(Accounting Information)

本栏填制有关财务说明事项。

(1)付款方式:现金(Cash)、支票(Check)、旅费证(MCO)等。

(2) 用旅费证付款时，还需填上 MCO 号码、旅客客票号码、航班、日期等。

(3) 货到目的地无法交付而被退运时，将原运单号填在新运单的本栏中。

(4) 货物飞离后运费更改，将更改通知单单号(CCA NO.)填在本栏中。

(5) 运费支付方式：预付(Freight Prepaid)或到付(Freight Collect)。

11. 货币(Currency)

本栏填制按国际 ISO 标准组织颁发的始发站所在国家的货币代号。例如，CNY—人民币，USD—美元，HKD—港元。

12. 运费代号(CHGS Code)

本栏一般不需要填写，仅供电子传送货运单信息时用。

13. 运费(WT/VAL)

与航空托运单相应栏目填相同。

14. 杂费(Other)

与航空托运单相应栏目填法相同。

15. 供运输用声明价值(Declared Value for Carriage)

与航空托运单相应栏目填法相同。

16. 供海关用申明价值(Declared Value for Customs)

与航空托运单相应栏目填法相同。

17. 要求航班日期(Requested Flight Date)

本栏由航空公司安排舱位后使用。填写托运人已经定妥的航班/日期，如有续程，填写定妥续程的航班/日期。但是在忙季，承运人经常会遇到飞机舱位满足不了广大客户的运输要求的现象，这时有舱位是否被订妥的问题出现，因此，会在实际业务中出现货运单中显示的航班日期不是实际飞行的日期(银行审单不认可此日期为装运日的原因就在此)。

18. 处理事项(Handling Information)

此栏一般填写以下内容。

(1) 如果是危险品，有两种情况：

需要附托运人危险品申报单时，本栏一般打上以下字样："Dangerous Goods as per Attached Shipper's Declaration"。

不需要附托运人危险品申报单时，本栏一般打上以下字样："Shipper's Declaration Not Required"。

(2) 除收货人外，还需填写通知人的名称、地址、国家、电话、传真号码等。

(3) 货运单有随机文件的，显示文件名称。例如，"Attached Files Including Commercial Invoice, Packing List, Form A"。

(4) 货物上的标志、号码、包装方法等。

(5) 货物所需要的特殊处理，如未完税交付"DDU"、完税交付"DDP"等。

(6) 海关规定的其他事项。

19. 保险价值(Amount of Insurance)

承运人向托运人提供代办货物保险时，打上货物的投保金额。中国民航不代理国际货物运输保险，此栏必须打上"XXX"或"NIL"字样。

20. 海关信息（SCI）

填写海关信息，仅在欧盟国家之间运输货物时使用。

21. 件数和包装方式（Number and kind of Package）

与航空托运单相应栏目填法相同。

22. 毛重（Gross Weight）

与航空托运单相应栏目填法相同。

23. 运价种类（Rate Class）

与航空托运单相应栏目填法相同。

24. 商品品名代号（Commodity Item No.）

（1）在使用指定商品运价时，打印指定商品品名代号。例如，水果蔬菜打"0007"。

（2）在使用等级货物运价时，打印附加或附减的比例。例如，书报等减67%打印"N67"。

（3）如果是集装箱货物，打印集装箱货物运价等级。

25. 计费重量（Chargeable Weight）

与航空托运单相应栏目填法相同。

26. 费率（Rate）

与航空托运单相应栏目填法相同。

27. 航空运费（Total）

填写根据货物运价和货物计费重量计算的航空运费额。

28. 货物品名和数量[Nature & Quantity of Goods（Incl. Dimensions or Volume）]

与航空托运单相应栏目填法相同。

29. 运费（Air Freight Charge）

与航空托运单相应栏目填法相同。

30. 杂费（Other）

与航空托运单相应栏目填法相同。

31. 托运人签字、盖章（Signature of Shipper or His Agent）

由托运人或其代理人签字/盖章。

32. 填开日期（Executed on Date）

填写开货运单的填开时间，按年、月、日顺序填写。

签发日期、装运日期和发运日期（Issuing Date，Shipment Date and Dispatch Date）如果信用证没有特别规定，空运单的签发日就被视为装运日，而且装运日不能迟于信用证规定的最迟装运日。如果信用证要求一个实际的发运日，应在空运单表面明确批注这类日期，而且这个日期被视作装运日。

> **重要提示**
>
> 在空运单中有时会在"承运人专用（For carrier use only）"栏中出现日期，这个日期不能作为发运日的批注。如果信用证未要求实际的发运日，而空运单上既显示了签发日又显示了实际的发运日，这时应把签发日作为装运日。例如：信用证规定的最迟装运日是12月30日，而空运单的签发日是12月30日，所标注的实际发运日是12月31日，这张空运单可以被接受，不属于晚装运。

33. 填开地点(Exexcuted at Place)

填写货运单的填开地点。

34. 制单承运人或其代理人签字、盖章

由填制货运单的承运人或其代理人签字、盖章。空运单必须由承运人或代表它们的具名代理人签发或证实。其表示方法可参见海运提单中的相关内容。

35. 单据名称 (Title)

如果信用证仅要求提供"AWB",就可以接受任何命名的此类单据,如"Air Consignment Note""Master AWB""House AWB"等。但是如果信用证明确规定"House AWB not allowed",那么标有"House AWB no. "或名为"House AWB"的空运单都不能接受。

36. 装运条款 (Shipment Terms)

空运单表面必须表明"货物已被接受托运(The goods have been accepted for carriage)"。

航空货运单示例如图 5.8 所示。

Shipper' Name and Address SHANGHAI IMPORT & EXPORT TRADE CORPORATION 1321ZHONGSHANROAD SHANGHAI CHINA	Shipper's Account Number 045686
Not negotiable **Air Waybill** **中国东方航空公司** Issued by CHINA EASTERN AIRLINES 2250 HONGQIAO ROADSHANGHAI CHINA	
Consignee's Name and Address PT. HYCO LANGGENG 310 VIRA SEMARANG INDONESIA	Consignee's Account Number SO099
Copies 1,2 and 3 this Air Waybill are originals and have the same validity It is agreed that goods described herein are accepted in apparent good order and condition (except as noted) for carriage SUBJECT TO THE CONDITIONS OF CONTRACT ON THE REVESE HEREOF. ALL GOODS MAY BE CARRIED BY ANY OTHER MEANS INCLUDING ROAD OR ANY OTHER CARRIER UNLESS SPECIFIC CONTRARY INSRUCTIONS ARE GIVEN HEREON BY THE SHIPPER, AND SHIPPER AGREES THAT THE SHIPPMENT MAY BE CARRIED VIA INTERMEDIATE STOPPING PLACES WHICH THE CARRIER DEEMS APPROPRIATE. THE SHIPPER'S ATTENTION IS DRAWN TO THE NOTICE CONCERNING CARRIER'S LIMIATION OF LIABILITY. Shipper may increase such limitation of limitation of liability by declaring a higher value for carriage and paying a supplemental charge if required.	
Issuing Carrier's Agent Name and City FUKANGWA EX3 (030-424) SEMARANG EXPRESS CO.,LTD.	Accounting Information FREIGHT: PREPAID D = 34 (20 CBM)
Agents IATA Code 08321550	Account No.
Airport of Departure (Addr. Of First Carrier) and Requested Routing	

To	By First Carrier (Routing and Destination)	To	By	To	By	Currency	Chgs Code	WT/VAL PPD	WT/VAL COLL	Other PPD	Other COLL	Declared Value for Carriage	Declared Value for Customs
						USD		XX		XX		N.V.D	

Airport of Destination	Requested Flight/Date	Amount of Insurance	
SHANGHAI	MU0514/02		If shipper requests insurance in accordance with the conditions thereof indicate amount to be insures in figures in box marked "Amount of Insurance".

Handing Information

AS PER REF NO: XY050401

No. of Place RCP	Gross Weight	kg lb	Rate Class	Commodity Item No.	Chargeable Weight	Rate/Charge	Total	Nature and Quantity of Goods (Incl. Dimensions or Volume)
1400	3200	K	S		3200	1.50	2400.00	DOUBLEOPENEND PANNER 20 CBM

Prepaid	Weight Charge	Collect	Other Charges
2400.00			AWB FEE : 200.00
	Valuation Charge		
	Tax		
	Total other Charges Due Agent		Shipper certifies that particular's on the face hereof are correct and agrees THE CONDITIONS ON REVERSE HEREOF. PUDONG / AIR EXPORT 华民彩 Signature Shipper or his Agent
200.00			
	Total other Charges Due Carrier		
Total Prepaid		Total Collect	Carrier certifies that the goods described hereon are accepted for carriage subject to THE CONDITION OF CONTRACT ON THE REVERSE HEREOF. The goods then being in apparent good order and condition except as noted hereon. SEP. 20,2006 SHANGHAI,CHINA Executed on (date) at (place) Signature of issuing Carrier CHINA EASTERN AIRLINES
2200.00			
Currency Conversion Rate		CC Charges in Dest. Currency	
For Carriers Use only at Destination		Charges at Destination	Total Collect Charges

789-3905 0933

图 5.8 航空货运单示例

任务四　计算航空货物运费

案例导入

有一票货物从中国北京往日本东京航空运输,路线 Routing：Beijing,CHINA(BJS) to Tokyo,JAPAN(TYO),货物品名 Commodity：MOON CAKE,货物毛重 Gross Weight：1 Pieces,5.8 kgs。货物尺寸 Dimensions：1 Pieces,42 cm×35 cm×15 cm。运价如下所示：

Date/type	Note	Item	Min. weight	Local curr.
BEIJING		CN		BJS
Y. RENMINBI		CNY		KGS
TOKYO		JP	M	230.00
			N	37.51
			45	28.13
		0008	300	18.80
		0300	500	20.61
		1093	100	18.43
		2195	500	18.80

案例思考
1. 运费与运价是什么关系？航空运价种类有哪些？
2. 本案货物适用什么运价？计费重量是多少？计价货币是什么？请说明理由。
3. 计算该票货物的航空运费。

知识链接

一、航空货物运费概述

影响航空货物运费的因素主要有两个：货物适用的运价和货物的计费重量。货物的计费重量需要同时考虑其体积重量和实际重量两个因素。又因为航空货物运价的"递远递减"的原则,产生了一系列重量等级运价,而重量等级运价的起码重量也影响着货物运费的计算。由此可见,航空货物运费的计算受多种因素的影响。在组织国际联运货物的销售阶段,正确计算航空货物运费是企业最终实现运输收入,提高经济效益的重要保证。

(一) 运价与运费

1. 运价

运价(Rate),又称费率,是指承运人对所运输的每一重量单位货物(千克或磅)(kg or Lb)所收取的自始发地机场至目的地机场的航空费用。

(1) 航空货物运价所使用的货币。

货物的航空运价一般以运输始发地的本国货币公布,有的国家以美元代替其本国货币公布。以美元公布货物运价的国家视美元为当地货币。运输始发地销售的航空货运单的任何运价、运费值均应为运输始发地货币,即当地货币。以美元公布货物运价的国家的当地货币为美元。

(2) 货物运价的有效期。

销售航空货运单所使用的运价应为填制货运单之日的有效运价,即在航空货物运价有效期内适用的运价。

2. 航空运费

货物的航空运费(Weight Charge)是指航空公司将一票货物自始发地机场运至目的地机场所应收取的航空运输费用。该费用根据每票货物(使用同一份航空货运单的货物)所适用的运价和货物的计费重量计算而得。

由于货物的运价是指货物运输起讫地点间的航空运价,航空运费就是指运输始发地机场至目的地机场间的运输货物的航空费用,不包括其他费用。

> **重要提示**
> 与其他各种运输方式不同的是,国际航空货物运输中与运费的有关各项规章制度、运费水平都是由国际航协统一协调、制定的。公布的直达运价指航空公司在运价本上直接注明承运人对由甲地运至乙地的货物收取的一定金额,包括特种货物运价、指定货物运价、普通货物运价和起码运费等。

3. 其他费用

其他费用(Other Charges)是指由承运人、代理人或其他部门收取的与航空货物运输有关的费用。

在组织一票货物自始发地至目的地运输的全过程中,除了航空运输外,还包括地面运输、仓储、制单、国际货物的清关等环节,提供这些服务的部门所收取的费用即为其他费用。

(二) 计费重量

计费重量(Chargeable Weight)是指用以计算货物航空运费的重量。货物的计费重量或者是货物的实际毛重,或者是货物的体积重量,或者是较高重量分界点的重量。

1. 实际毛重(Actual Gross Weight)

包括货物包装在内的货物重量,称为货物的实际毛重。

由于飞机最大起飞全重及货舱可用承载的限制,一般情况下,对于高密度货物(High Density Cargo),应考虑其体积毛重可能会成为计费重量。

2. 体积重量（Vcolume Weight）

（1）定义。

按照国际航协规则，将货物的体积按一定的比例折合成的重量，称为体积重量。由于货舱空间体积的限制，一般对于低密度的货物（Low Density Cargo），即轻泡货物，考虑其体积重量可能会成为计费重量。

（2）计算规则。

不论货物的形状是否为规则的长方体或正方体，计算货物体积时，均应以最长、最宽、最高的三边的厘米长度计算。长、宽、高的小数部分按四舍五入取整。体积重量的换算标准为每 6 000 cm³ 折合 1 kg。

$$体积重量(kgs) = \frac{货物体积}{6\,000\ cm^3/kg}$$

3. 计费重量（Chargeable Weight）

一般地，采用货物的实际毛重与货物的体积重量两者比较取高者；但当货物按较高重量分界点的较低运价计算的航空运费较低时，则此较高重量的分界点的货物起始重量作为货物的计费重量。国际航协规定，国际货物的计费重量以 0.5 kg 为最小单位，重量尾数不足 0.5 kg 的，按 0.5 kg 计算；0.5 kg 以上不足 1 kg 的，按 1 kg 计算。例如：

103.001 kg → 103.5 kgs

103.501 kg → 104.0 kgs

当使用同一份运单，收运两件或两件以上可以采用同样种类运价计算运费的货物时，其计费重量规定如下。

计费重量为货物总的实际毛重与总的体积重量两者较高者。同上所述，较高重量分界点重量也可能成为货物的计费重量。

（三）最低运费

最低运费（Minimum Charge）是指一票货物自始发地机场至目的地机场航空运费的最低限额。货物按其适用的航空运价与其计费重量计算所得的航空运费，应与货物最低运费相比，取高者。

（四）货物航空运价、运费的货币进整

货物航空运价及运费的货币进整，因货币的币种不同而不同。航空公司或货运代理将各国货币的进整单位的规则公布在 TACT Rules 中，详细规则可参考 TACT Rules 5.7.1 中的"*CURRENCY TABLE*"。

运费进整时，需将航空运价或运费计算到进整单位的下一位，然后按半数进位法进位，达到进位单位一半则入，否则舍去。

对于以"0.1""0.01""1""10"等为进位单位的货币，其货币进位就是我们常说的四舍五入。

我国货币人民币（CNY）的进位规定为：最低航空运费进位单位为 50，除此之外的运价及航空运费等的进位单位均为"0.01"。

对于以"0.05""0.5""5"等为进整单位的货币，计算中应特别注意其进整问题。由于世界很多国家采用此类进位单位，在实际运输工作中，在处理境外运至我国的到付货物时，对航空货运单的审核及费用的收取，需注意此项规则。

采用进整单位的规定,主要用于填制航空货运单(AWB)。销售 AWB 时,所使用的运输始发地货币,按照进整单位的规定计算航空运价及运费。

知识拓展

航空分区

国际航空货物运输中与运费有关的各项规章制度、运费水平都是由国际航协统一协调、制定的。在充分考虑了世界上各个不同国家、地区的社会经济、贸易发展水平后,国际航协将全球分成三个区域,简称为航协区(IATA Traffic Conference Areas),每个航协区内又分成几个亚区。具体构成如下:

一区(TC1):包括北美、中美、南美、格陵兰、百慕大和夏威夷群岛。

二区(TC2):由整个欧洲大陆(包括俄罗斯的欧洲部分)及毗邻岛屿,冰岛、亚速尔群岛,非洲大陆和毗邻岛屿,亚洲的伊朗及伊朗以西地区组成。本区也是和我们所熟知的政治地理区划差异最多的一个区,它主要有三个亚区:

(1)非洲区:含非洲大多数国家及地区,但北部非洲的摩洛哥、阿尔及利亚、突尼斯、埃及和苏丹不包括在内。

(2)欧洲区:包括欧洲国家和摩洛哥、阿尔及利亚、突尼斯三个非洲国家,以及土耳其和俄罗斯欧洲部分。

(3)中东区:包括巴林、塞浦路斯、埃及、伊朗、伊拉克、以色列、约旦、科威特、黎巴嫩、阿曼、卡塔尔、沙特阿拉伯、苏丹、叙利亚、阿拉伯联合酋长国、也门等。

三区(TC3):由整个亚洲大陆及毗邻岛屿(已包括在二区的部分除外),澳大利亚、新西兰及毗邻岛屿,太平洋岛屿(已包括在一区的部分除外)组成。其中:

南亚次大陆区:包括阿富汗、印度、巴基斯坦、斯里兰卡等南亚国家。

东南亚区:包括中国(含港、澳、台)、东南亚诸国、蒙古、俄罗斯亚洲部分及土库曼斯坦等独联体国家、密克罗尼西亚等群岛地区。

西南太平洋洲区,包括澳大利亚、新西兰、所罗门群岛等。

日本、朝鲜区:仅含日本、韩国和朝鲜。

二、航空货物运价体系

航空货物运价是调节航空货物运输市场的重要经济杠杆。如果运价过高,可能会造成一些不良后果。作为航空货运代理人,了解航空货物定价,对于销售人员制定价格、企业获取收益非常有帮助。

(一)航空国际货物运价体系

目前国际货物运价按制定的途径划分,主要分为协议运价和国际航协运价。

1. 协议运价

协议运价是指航空公司与托运人签订协议,托运人保证每年向航空公司交运一定数量的货物,航空公司则向托运人提供一定数量的运价折扣。

目前航空公司使用的运价大多是协议运价,但在协议运价中又根据不同的协议方式进行细分,具体细分如表 5.6 所示。

表 5.6　国际航空货物运价构成

协议定价		包板(舱)	死包板(舱)
			软包板(舱)
长期协议	短期协议	返还	销售量返还
			销售额返还
自由销售		一票一价	

(1) 长期协议:通常航空公司同代理人签订的协议是一年的期限。
(2) 短期协议:通常航空公司同代理人签订的协议是半年或半年以下的期限。
(3) 包板(舱):指托运人在一定航线上包用承运人的全部或部分的舱位或集装器来运送货物。
(4) 死包板(舱):托运人在承运人的航线上通过包板(舱)的方式运输时,托运人无论向承运人是否交付货物,都必须付协议上规定的运费。
(5) 软包板(舱):托运人在承运人的航线上通过包板(舱)的方式运输时,托运人在航班起飞前 72 小时如果没有确定舱位,承运人则可以自由销售舱位,但承运人对代理人的包板(舱)的总量有一个控制。
(6) 销售量返还:如果代理人在规定期限内完成了一定的货量,航空公司可以按一定的比例返还运费。
(7) 销售额返还:如果代理人在规定期限内完成了一定的销售额,航空公司可以按一定的比例返还运费。
(8) 自由销售:也称议价货物或是一票一价。除协议货物外,都是一票货物一个定价。

2. 国际航协运价

国际航协运价是指国际航空运输协会(IATA)在航空货物运价资料上公布的运价。国际货物运价使用 IATA 的运价手册——TACT RATES BOOK,结合并遵守国际货物运输规则——TACT RULES 共同使用。按照 IATA 货物运价公布的形式划分,国际货物运价可分为公布直达运价和非公布直达运价,如表 5.7 所示。

表 5.7　IATA 运价体系

IATA 运价	公布直达运价 (Published Through Rates)	普通货物运价(General Cargo Rate)
		指定商品运价(Specific Commodity Rate)
		等级货物运价(Commodity Classification Rate)
	非公布直达运价 (UN-Published Through Rates)	集装货物运价(Unit Load Device Rate)
		比例运价(Construction Rate)
		分段相加运价(Combination of Rate and Charges)

国际航协运价是国际航协通过运价手册向全世界公布,主要目的是协调各国的货物运价,但从实际操作来看,各国从竞争角度考虑,很少有航空公司完全遵照国际航协运价,多进行了一定的折扣,但不能说明这种运价没有实际价值。

3. 航空货物运价的定价原则

（1）重量分段对应运价原则。

这是指在每一个重量范围内设置一个运价。例如，表5.8是北京到首尔的运价表中"N"价表示重量在45 kg以下的运价是每千克人民币23.95元，也就是运价23.95元适用的重量范围是0～45 kg，在这个重量范围用的都是同一个运价。

表5.8　北京至首尔运价表

重量分级(kg)	运价(元)	重量分级(kg)	运价(元)
N	23.95	100	17.17
45	18.00	300	15.38

（2）数量折扣原则。

随着运输重量的增大，运价越来越低，这实际上是使用定价原则中的数量折扣原则，通过这个原则，保证飞机的舱位有充分的货物。从表5.8就可以看出，45 kg的运价是18元，100 kg的运价是17.17元，300 kg的运价是15.38元，重量越大运价越低。

（3）运距定价原则。

这是一个基本因素。运距越长运价越高，这是因为运距越长，运输的消耗越大，因此运价越高。表5.9中是北京到新加坡和北京到悉尼的运价对比。

表5.9　北京至新加坡、悉尼运价对比

北京—新加坡		北京—悉尼	
重量分级(kg)	运价(元)	重量分级(kg)	运价(元)
N	36.66	N	54.72
45	27.50	45	41.04
300	15.38	300	32.83

注：从北京到悉尼的距离大概是到新加坡的一倍左右。

到悉尼是到新加坡的一倍左右，距离越长这种趋势越明显，但在低重量级别，往往运价相差比距离比之差要小，原因在于地面操作成本的大小。

（4）根据产品的性质分类定价原则。

国际航协根据产品的性质分为在普货运价的基础上运价附加和运价附减，例如，对于活体动物、骨灰、灵柩、鲜活易腐物品、贵重物品、急件等货物采取附加的形式，对于书报杂志、作为货物运输的行李采取附减的形式。

纵观有的运价主要有两个特点：首先，运价是货物重量和距离的函数，即 $p = f(w, d)$。其中，p 为运价；w 为货物重量；d 为运输距离；f 为函数。其次，初步考虑到了运输货物的细分。

（二）我国国内航空货物运价体系

1. 最低运费(运价代号M)

每票国内航空货物最低运费为30元。

2. 普通货物运价(运价代号 N)

包括基础运价和重量分界点运价。

(1) 基础运价。

基础运价指 45 kg 以下普通货物运价。费率按照中国民用航空局规定的统一费率执行。同时,为适应航空货物的流向差异,统一航线不同方向保留差价。

(2) 重量分界点运价(运价代号 Q)。

重量分界点运价指 45 kg 以上普通货物运价。45 kg 以上普通货物的运价由中国民用航空局统一规定,按标准运价的 80% 执行。此外,航空公司可根据运营航线的特点,建立其他重量分界点运价,共飞航线由运营航空公司协商协定,报中国民用航空局批准执行。

3. 等级货物运价(代号 S)

生物制品、植物和植物制品、活动物、骨灰、灵柩、鲜活易腐物品、贵重物品、机械、弹药、押运货物等特种货物的国际航空运费按普通货物标准运价的 150% 计收。

4. 指定商品运价(代号 C)

对于一些批量大、季节性强、单位价值小的货物,航空公司可建立指定商品运价,运价优惠幅度不限,报中国民用航空局批准执行。表 5.10 为中国国内航空货物指定商品种类及代号。

表 5.10　中国国内航空货物指定商品种类及代号

代号	种　类
0007	水果
0300	鱼(可食用的)、海鲜、海味
0600	肉、肉制品包括家禽、野味和猎物
1201	皮革和皮制品
1401	花木、幼苗、根茎、种子、植物和鲜花
2195	成包、成卷、成块为进行进一步加工或制造的纱、线、纤维、布、服装和纺织品
6001	化学制品、药品、药材

三、航空货物运费计算

(一) 普通货物运费计算

1. 普通货物运价分类

一般地,普通货物运价根据货物重量的不同,分为若干个重量等级分界点运价。例如"N"表示标准普通货物运价,指的是 45 kg 以下的普通货物运价(如无 45 kg 以下运价时,N 表示 100 kg 以下普通货物运价)。同时,普通货物运价还公布有"Q45""Q100""Q300"等不同重量等级分界点的运价。这里"Q45"表示 45 kg 以上(包括 45 kg)普通货物的运价,依次类推。对于 45 kg 以上的不同重量分界点的普通货物运价均用"Q"表示。

用货物的计费重量和其适用的普通货物运价计算而得的航空运费不得低于运价资料上公布的航空运费的最低收费标准(M)。

2. 运费计算

[例题一]　从北京运往东京大阪的一票航空货物,品名是样品,货物的具体条件如下:

Routing：BEIJING,CHINA（BJS）to TOKYO,JAPAN(TYO)

Commodity：Sample

Gross weight：25.2 kgs

Dimensions：82 cm×48 cm×32 cm

公布运价如下：

BEIJING Y. RENMINBI	CN CNY		BJS kgs
TOKYO	JP	M	230
		N	37.51
		45	28.13
	0008	300	18.80
	0300	500	20.61
	1093	100	18.43
	2195	500	18.80

计算该票货物的航空运费。

解：

Volume：	$82 \times 48 \times 32 = 125\,952$ cm^3
Volume weight	$125\,952 \div 6\,000 = 20.99$ kgs ≈ 21.0 kgs
Gross weight：	25.2 kgs
Chargeable：	25.5 kgs
Applicable rate：	GCR N 37.51 CNY/KG
Weight charge：	$25.5 \times 37.51 =$ CNY956.51

航空货运单运费计算栏填制如下：

No. of Pieces RCP	Gross weight	kg 1b	Rate Class		Chargeable Weight	Rate/ Charge	Total	Nature and Quantity of Goods (Incl. Dimensions or Volume)
			Commodity Item No					
1	25.2	K	N		25.5	37.51	956.51	SAMPLE DIM：82 cm×48 cm×32 cm

[例题二] 从中国北京到荷兰的阿姆斯特丹航空的一批零件,零件的要求如下：

Routing：BEIJING,CHINA(BJS) to AMSTERDAM,HOLLAND(AMS)

Commodity：PARTS

Gloss weight：38.6 kgs

Dimensions：101 cm×58 cm×32 cm

公布运价如下：

BEIJING Y. RENMINBI	CN CNY		BJS kgs
AMSTERDAM	HOLLAND	M	230
		N	50.22
		45	41.53

计算其航空运费。

解：

(1) 按实际重量计算：

Volume： $101 \times 58 \times 32 = 187\ 456\ cm^3$

Volume weight： $187\ 456 \div 6\ 000 = 31.24\ kgs \approx 31.5\ kgs$

Gross weight： 38.6 kgs

Chargeable： 39.0 kgs

Applicable rate： GCR N 50.22 CNY/KG

Weight charge： $39.0 \times 50.22 = CNY\ 1\ 958.58$

(2) 采用较高重量分界点的较低运价计算：

Chargeable weight： 45.0 kgs

Applicable rate： GCR Q 41.53 CNY/kg

Weight charge： $41.53 \times 45.0 = CNY\ 1\ 868.85$

(1)与(2)比较,取运费较低者。

因此,运费为 CNY 1 868.85

航空货运单运费计算栏填制如下：

No. of Pieces RCP	Gross weight	Kg 1b	Rate Class	Chargeable Weight	Rate/ Charge	Total	Nature and Quantity of Goods (Incl. Dimensions or Volume)
			Commodity Item No				
1	38.6	K	Q	45.0	41.53	1 868.85	PARTS DIMS：101 cm × 58 cm × 32 cm

(二) 指定商品运费计算

1. 指定商品运价定义

指定商品运价(Specific Commodity Rate,简称SCR)是指适用于自规定的始发地至规定的目的地运输特定品名货物的运价。

通常情况下,指定商品运价低于相应的普通货物运价。就其性质而言,该运价是一种优惠性质的运价。鉴于此,指定商品运价在使用时,对于货物的起讫地点、运价使用期限、货物运价的最低重量起点等均有特定的条件。

2. 指定商品运价传统的分组和编号

在 *TACT RATES BOOKS* 的 SECTION 2 中,根据货物的性质、属性以及特点等对货物进行分类,共分为十大组,每一组又分为十个小组。同时,对其分组形式用四位阿拉伯数字进行编号,该编号即为指定商品货物的品名编号。

指定商品货物的分组及品名编号如下：

0001—0999：可食用的动植物产品（edible animal and vegetable products）；

1000—1999：活动物及非食用的动植物产品（live animals and unedibal animal and vegetable products）；

2000—2999：纺织品、纤维及其制品（textiles，fibres and manufactures）；

3000—3999：金属及其制品，不包括机器、汽车和电器设备（metals and manufactures，excluding machinery，vehicles and electrical equipment）；

4000—4999：机器、汽车和电器设备（machinery，vehicles and electrical equipment）；

5000—5999：非金属材料及其制品（non-metallic minerals and manufactures）；

6000—6999：化工材料及其相关产品（chemicals and related products）；

7000—7999：纸张、芦苇、橡胶和木材制品（paper，reed，rubber and wood manufactures）；

8000—8999：科学仪器、专业仪器、精密仪器、器械及配件（scientific，professional and precision instrument，apparatus and supplies）；

9000—9999：其他（miscellaneous）。

为了减少常规的指定商品品名的分组编号，IATA还推出了试验性的指定商品运价，该运价用9700—9799内的数字编出。主要特点是一个代号包括了传统指定商品运价中分别属于不同指定商品代号的众多商品品名，如9735这个指定商品代号就包括了属于20多个传统指定商品运价代号的指定商品。此种编号适用于某些城市之间有多种指定商品，虽品名不同，但运价相同。对比传统编号与9700—9799系列编号可见，传统编号中的每一品名代号一般只代表单一种类的指定商品运价。

3. 指定商品运价的使用规则

在使用指定商品运价时，只要所运输的货物满足下述三个条件，则运输始发地和运输目的地就可以直接使用指定商品运价：

（1）运输始发地至目的地之间有公布的指定商品运价；

（2）托运人所交运的货物，其品名与有关指定商品运价的货物品名相吻合；

（3）货物的计费重量满足指定商品运价使用时的最低重量要求。

使用指定商品运价计算航空运费的货物，其航空货运单的"Rate Class"一栏，用字母"C"表示。

4. 运费计算

计算步骤如下：

（1）先查询运价表，如有指定商品代号，则考虑使用指定商品运价。

（2）查找 *TACT RATES BOOKS* 的品名表，找出与运输品名相对应的指定商品代号。

（3）如果货物的计费重量超过指定商品运价的最低重量，则优先使用指定商品运价。

（4）如果货物的计费重量没有达到指定商品运价的最低重量，则需要比较计算。

[例题三]

Routing：BEIJING，CHINA（BJS）to OSAKA，JAPAN（OSA）

Commodity：FRESH APPLES

Gloss weight：EACH 65.2 kgs，TOTAL 5 PIECES

Dimensions：102 cm × 44 cm × 25 cm × 5

公布运价如下:

BEIJING	CN	SHA	
Y. RENMINBI	CNY	kgs	
OSAKA	JP	M	230
		N	37.51
		45	28.13
0008	300		18.80
0300	500		20.61
1093	100		18.43
2195	500		18.80

计算航空运费。

解:

查找 *TACT RKTES BOOKS* 的品名表,品名编号"0008"所对应的货物名称为"FRUIT, VEGETABLES-FRESH",现在承运的货物是 FRESH APPLES,符合指定商品代码"0008"。由于货主交运的货物重量符合"0008"指定商品运价使用时的最低重量要求,所以运费计算如下:

Volume: $102 \times 44 \times 25 = 561\,000$ cm³
Volume weight: $561\,000 \div 6\,000 = 93.5$ kgs
Gross weight: $65.2 \times 5 = 326.0$ kgs
Chargeable: 326.0 kgs
Applicable rate: SCR 0008/Q300 18.80 CNY/kg
Weight charge: $326.0 \times 18.80 = $ CNY 6 128.80

航空货运单运费计算栏填制如下:

No. of Pieces RCP	Gross weight	kg 1b	Rate Class		Chargeable Weight	Rate/ Charge	Total	Nature and Quantity of Goods (Incl. Dimensions or Volume)
			Commodity Item No					
5	326.0	K	Q	0008	326.0	18.8	6 128.8	FRESH APPLES
								DIMS: 101 cm × 58 cm × 32 cm × 5

(三) 等级货物运费计算

1. 等级货物运价定义

等级货物运价是指在规定的业务区内或业务区之间运输特别指定的等级货物的运价。

IATA 规则规定,等级货物包括以下各种货物:活动物;贵重货物;书报杂志类货物;作为货物运输的行李;灵柩、骨灰;汽车等。

2. 运价代号及使用规则

等级货物运价是在普通货物运价基础上附加或附减一定百分比的形式构成,附加或附减规则公布在 TACT RULES 中,运价的使用须结合 TACT RATES BOOKS 一同使用。

通常,附加(既不附加也不附减的货物包括在内)的等级货物用代号(S)表示(S—Surcharged class rate)。附减的等级货物用代号(R)表示(R—Reduced class rate)。

IATA 规定,对于等级货物运输,如果属于国际联运,并且参加联运的某一承运人对其承运的航段有特殊的等级货物百分比,即使运输起讫地点间有公布的直达运价,也不可以直接使用。此时,应采用分段相加的办法计算运输始发地至运输目的地的航空运费。

以下所述的各种等级货物运价均为运输始发地至运输目的地之间有公布的直达运价,并且可以直接使用情况下的运价计算。

3. 活动物(LIVE ANIMALS)运价计算

中国至世界各区的活动物运价如表 5.11 所示。

表 5.11　活动物运价表

3.7.2　LIVE ANIMALS
1. Rates(Except to/from USA/US Territories)(continued)

ALL LIVE ANIMALS except: A. Baby Poultry less than 72 hours old B. Monkeys and Primates C. Cold blooded animals*	IATA AREA(see Rule 1.2.2."Definitions of Areas")							
	Within 1		Within 2 (see also Rue 3.7.1.3)	Within 3	Between 1 & 2		Between 2 and 3	Between 3 & 1	
	to/from Canada	other sectors			to/from Canada	other sectors		to/from Canada	other sectors
	150% of appl. GCR *Except*: 9 *below*	Normal GCR *Except*: 10 *below*	150% of Normal GCR *Except*: 1 *below*	Normal GCR *Except*: 2,3,17 *below*	150% of appl. GCR *Except*: 6,12 *below*	Normal GCR *Except*: 6,14 *below*	Normal GCR *Except*: 3,7,16 *below*	150% of appl. GCR *Except*: 3 *below*	Normal GCR *Except*: 3,13,15 *below*
A. BABY POULTRY less than 72 hours old	150% of appl. GCR *Except*: 9 *below*	appl. GCR	Normal GCR *Except*: 4 *below*	Normal GCR or over 45 kgs. *Except*: 3,17 *below*	150% of appl. GCR *Except*: 12 *below*	Normal GCR or over 45 kgs. *Except*: 5,14 *below*	Normal GCR or over 45 kgs. *Except*: 3,16 *below*	150% of appl. GCR *Except*: 3 *below*	Normal GCR or over 45 kgs. *Except*: 3,13,15 *below*
B. MONKEYS and PRIMATES	150% of appl. GCR *Except*: 9 *below*	appl. GCR	150% of Normal GCR *Except*: 1 *below*	Normal GCR *Except*: 3,17 *below*	150% of appl. GCR *Except*: 12 *below*	appl. GCR *Except*: 14 *below*	Normal GCR *Except*: 3,16 *below*	150% of appl. GCR *Except*: 3 *below*	appl. GCR *Except*: 3,15 *below*
C. COLD BLOODED ANIMAlS*)	125% of appl. GCR *Except*: 8 *below*	Normal GCR *Except*: 10 *below*	150% of Normal GCR *Except*: 1 *below*	Normal GCR *Except*: 2,3, 17 *below*	125% of appl GCR *Except*: 11 *below*	Normal GCR *Except*: 14 *below*	Normal GCR *Except*: 3,16 *below*	125% of appl. GCR *Except*: 3 *below*	Normal GCR *Except*: 3,13, 15 *below*

运价表中有关内容说明如下:

(1)名称解释。

BAZY POULTRY:幼禽类,指出生不足 72 小时的幼禽;
MONKEYS and PRIMATES:猴类和灵长类;
COLD BLOODED ANIMALS:冷血动物类;

ALL LIVE ANIMAL：指除上述三类以外的所有活动物。

表中的"*Except*"表示一些区域的运价规则与表中规则有例外的情况,使用时应严格按照 *TACT Rules* 的要求,计算正确的航空运费。

（2）运价规则的运用说明。

"Normal GCR"：使用 45 km 以下的普通货物运价,如无 45 km 以下的普通货物运价,可使用 100km 以下普通货物运价;不考虑较高重量点较低运价。

"Normal GCR or Over45 kg"：使用 45 km 以下普通货物运价,或者 45 km 以上普通货物运价;即使有较高重量分界点的较低运价,也不可以使用。

"Appl. GCR"：使用相适应的普通货物运价。

"as a percentage of Appl. GCR"：按相应的普通货物运价附加某个百分比使用。

注：运输动物所用的笼子等容器、饲料、饮用水等重量包括在货物的计费重量内。

（3）活动物运输的最低收费标准。

IATA 三区内：相应 M 的 200%；

IATA 二区与三区之间：相应 M 的 200%；

IATA 一区与三区之间（除到/从美国、加拿大以外）：相应 M 的 200%；

从 IATA 三区到美国：相应 M 的 110%；

从美国到 IATA 三区：相应 M 的 150%；

IATA 三区与加拿大之间,相应 M 的 150%。

注：对于冷血动物,有些区域间有特殊规定,应按规则严格执行。

[例题四] 从北京运往温哥华一只东北虎,带箱毛重 402.00 km,箱子体积尺寸长、宽、高分别为 150 cm × 130 cm × 120 cm。公布运价如下：

```
BEIJING                CN              BJS
Y. RENMINBI            CNY             KGS
VANCOUVER    BC        CA       M      402.00
                                N       59.61
                                45      45.68
                                100     41.81
                                300     38.79
                                500     35.77
```

计算航空运费。

解：

先查找活动物运价表,从北京运往温哥华,属于自三区运往一区的加拿大,运价的构成形式是"150% of Appl. GCR"。运费计算如下：

（1）按查找的运价构成形式来计算：

Volume：　　　　　　$150 \times 130 \times 120 = 2\,340\,000$ cm^3

Volume Weight：　　$2\,340\,000 \div 6\,000 = 390.0$ kgs

Chargeable Weight：　402.0 kgs

Applicable Rate：　　S 150% of Applicable GCR

$150\% \times 38.79$ CNY/kg $= 58.185$ CNY/kg $= 58.19$ CNY/kg

Weight charge： 402×58.19 = CNY 23 392.38

(2) 由于计费重量已经接近下一个较高重量点 500 kg,故用较高重量点的较低运价计算：

Chargeable Weight： 500.0 kgs
Applicable Rate： S 150% of Applicable GCR
150%×35.77 CNY/kg = 53.655 CNY/kg = 53.66 CNY/kg
Weight charge： 500.0×53.66 = CNY 26 830.00

对比(1)与(2),取运费较低者。

因此,运费为 CNY 23 392.38。

项目巩固

一、名词解释

1. 航空港
2. 班机运输
3. 集中托运
4. 航空货运单
5. 航空运价
6. 航空运费

二、单选题

1. (　　)除了主舱和下舱外,还多了一个上舱。
   A. A340　　　B. MD-11　　　C. B747　　　D. B767

2. 在航空货运操作代码中,表示贵重货物的代码是(　　)。
   A. AOG　　　B. AVI　　　C. VAL　　　D. WET

3. 航空货运的公布直达运价中,优惠性质的运价是(　　)。
   A. 普通货物运价　B. 指定商品运价　C. 等级货物运价　D. 集装货物运价

4. 中国始发的常用指定商品代码中鱼(可食用的)、海鲜、海产品代码为(　　)。
   A. 0007　　　B. 0008　　　C. 0300　　　D. 1093

5. 航空货运单给收货人的一联是(　　)。
   A. Original 1　　B. Original 2　　C. Original 3　　D. Copy 9

6. 从北京运往日本名古屋的一票航空货物,品名是报纸,计费重量是 47 kg,选择的适用运价应是(　　)。
   A. Normal GCR　　　　　　　B. 50% of the Normal GCR
   C. 45 kg 的运价　　　　　　　D. 100 kg 的运价

7. 以下单证中,不属于报关单证的是(　　)。
   A. 外汇核销单　　　　　　　B. 进料/来料加工核销本
   C. 发票,装箱单　　　　　　　D. 到付保函

8. 在航空主运单上填写的运价是(　　)。
   A. 协议运价　　B. 国际航协运价　　C. 优惠运价　　D. 特殊运价

9. 下列属于 IATA 三个航空运输业务区中 TC3 区的国家是( )。
   A. 秘鲁　　　　　　B. 智利　　　　　　C. 摩纳哥　　　　　　D. 新西兰
10. 声明价值毛重每公斤超过(或等于)( )美元的任何物品,都属于贵重货物。
   A. 5 000　　　　　　B. 3 000　　　　　　C. 1 000　　　　　　D. 500

三、多选题

1. 以下属于贵重货物的有( )。
   A. 黄金　　　　　　B. 有价证券　　　　C. 镀金首饰　　　　D. 养殖珍珠
2. 下列( )的运输属于航空快递运输业务范围。
   A. 邮件　　　　　　　　　　　　　　B. 小型样品
   C. 货样广告　　　　　　　　　　　　D. 单证
3. 航空货运中,托运人有权对航空货运单上除以下( )项外的内容要求变更。
   A. 运费金额　　　　　　　　　　　　B. 保险金额
   C. 货物价值　　　　　　　　　　　　D. 申明价值
4. 航空货运中,托运人在履行运输合同所规定的一切义务的条件下,有权在运单上要求变更的运输内容包括( )。
   A. 要求变更原定运输路径
   B. 要求在目的地或运输途中将货物交给非航空货运单上指定的收货人
   C. 要求将货物退回始发地航空站
   D. 要求变更目的港
5. 《蒙特利尔第四号议定书》所规定的承运人免责的情况包括( )。
   A. 货物的属性或本身的缺陷所引发的损失
   B. 收货人不及时提货或收货人不足额交费而引发的货损
   C. 托运人在填写空运单时错误而引发的货损
   D. 战争行为或武装冲突
6. 航空运输的货物发生损失时,有权提出索赔的是( )。
   A. 分运单上的收货人和发货人
   B. 持有权益转让书的承保货物的保险公司
   C. 货物真正的货主
   D. 主运单上的收货人和发货人
7. 以下属于航空集中托运所使用的文件是( )。
   A. MAWB　　　　　　　　　　　　　B. HAWB
   C. CARGO BOOKING ADVANCE　　　　D. CARGO MANIFEST
8. 以下物质中,可能隐含危险品的是( )。
   A. PARTS OF AUTOMOBILE　　　　　B. CHEMICALS
   C. PAPER BAGS　　　　　　　　　　D. GARMENTS
9. 以下集装器代号中,属于同一家所有人的注册集装器有( )。
   A. PAP2233VS　　　　　　　　　　　B. AVE1100TK
   C. BAP2304　　　　　　　　　　　　D. NBP2201VS
10. 活动物的收运,应该严格按照 IATA 颁发的活动物操作手册和承运人的特殊规定来办理,在托运时需要提供的特殊文件有( )。
  A. 活动物证明书　　　　　　　　B. 活动物检疫证明
  C. 活动物托运证明　　　　　　　D. 活动物喂养说明书

四、判断题

1. 任何适合航空运输的货物都可以采用集中托运的形式。( )

2. 主舱载客,下舱载货的飞机称为客货混用机。( )

3. 航空运输中,在填写货物品名时,若一票货物包括多种物品,托运人应分别申报货物的品名。可以使用"样品""部件"等名称。( )

4. 一般来说,大宗货物,紧急物资,鲜活易腐物品,危险品,贵重物品等,必须预订舱位。非紧急的零散货物,可以不预订舱位。( )

5. 蔬菜可以与鲜花、植物放在飞机的同一舱内。( )

6. 航空运输中,在运输活动物时,为防止动物粪便漏溢,须加放托盘和吸湿物。吸湿物禁用稻草。( )

7. 航空货运中,承运人可以有权选择路线或变更货运单上所填列的路线并无须事先通知托运人。( )

8. 国际航空运输的国际航班的国内段,不属于国际运输范围。因此应适用该国的国内航空法,而非《华沙公约》。( )

9. 邮件运输不属于航空运输范畴,因此不受《华沙公约》约束。但物品类特快专递、邮政快件及包裹属于航空货运之列,因此受《华沙公约》约束。( )

10. 书报杂志是等级货物,适用附减等级货物运价。因此,所有的书报杂志类货物都必须使用等级货物运价来计算其航空运费。( )

五、简答题

1. 航空集装货物的基本原则有哪些?
2. 简述航空货运单的填开责任。
3. 简述变更运输的处理方式。
4. 简述《华沙公约》对于航空运输货物发生货损时的赔偿规定。

六、操作题

1. Routing: SHANGHAI, CHINA(SHA) to PARIS, FRANCE(PAR)

Commodity: BAGS

Gross Weight: 1 Piece, 6.6 kg

Dimensions: 1 Piece, 40 cm × 28 cm × 22 cm

公布运价如下:

SHANGHAI	CN	SHA	
Y. RENMINBI	CNY	M	320.00
PARIS	FR	N	50.37
		45	41.43

计算该票货物的航空运费。

2. Routing: BEIJING, CHINA(BJS) to OSAKA, JAPAN(OSA)

Commodity: FISH

Gross Weight: 5 Pieces, EACH 38 kgs

Dimensions: 102 cm × 144 cm × 25 cm × 5

公布运价如下:

BEIJING	CN		BJS
Y. RENMINBI	CNY		KGS
OSAKA JP		M	230.00
		N	37.51
		45	28.13
	0300	300	18.80
	0800	500	20.61

计算该票货物的航空运费。

3. Routing: BEIJING, CHINA(BJS) to NAGOYA, JAPAN(NGO)

Commodity: CARPET

Gross Weight: EACH48.3 kgs, TOTAL 6 pieces

Dimensions: 128 cm × 42 cm × 36 cm × 6

公布运价如下:

BEIJING	CN		BJS
Y. RENMINBI	CNY		KGS
NAGOYA JP		M	230.00
		N	37.51
		45	28.13
	2199	300	18.80
	0300	500	20.61

计算该票货物的航空运费。

七、操作题

1. 有一托运人准备从上海运往日本大阪一批植物苗,请问代理人:

(1) 托运人应提交哪些文件?

(2) 货物包装应注意哪些方面?

(3) 货物外包装上应贴有哪些标签?

(4) 货运代理在运输的安排上应注意哪些方面?

2. 有一杭州的进口商从德国汉堡订购了一批机器设备,委托货运代理将该批设备通过航空运输运到上海,再经由上海运至杭州,并指定要在杭州口岸办理清关手续。请问货运代理:

(1) 货物空运到达上海后,应采取何种方式运抵杭州?

(2) 要办理该种运输,必须具备哪些条件?

3. 航空货运代理人在完成一个出口流程后,进行费用结算时,主要涉及与谁进行哪些费用的结算?

实战演练

航空运输系统操作

【技能训练目标】

了解航空运输系统的具体构成情况;能够认识不同型号的飞机;掌握重要的空运航线、航空运输的操作流程,填制航空运单,计算运费。

【技能训练准备】

1. 分组

根据情况将全班分为若干组,每组 5~6 人,选组长 1 名,负责全部组员的分工合作。

2. 信息准备

通过网络、报纸等了解航空运输系统,识别不同的机型,掌握航线。

3. 机械器具准备

网络机房;托运单、航空运单若干。

4. 训练地点

教室、机房。

【技能训练步骤】

航空货物运输作业流程如下图所示。

【技能训练注意事项】

1. 制订训练计划应格式规范,切实可行。

2. 每小组 2 人填制运单,2 人计算运费。

3. 调查报告应具体翔实地反映调查的内容,1 人准备其他资料。

4. 训练结束用 PPT 汇报,力求详细。

【技能训练评价】

运输系统技能训练评价表如下表所示:

航空运输系统技能训练评价表

被考评人				
考评地点				
考评内容	航空货物运输作业			
考评标准	内　容	自我评价	教师评价	综合评价
	计划规范、可行			
	调查工作合理、有序、收效良好			
	汇报全面、简洁、条理			
	对本地运输系统的认识较全面深刻			
	该项技能能级			

备注：
1. 综合评价：以教师评价为主，自我评价作为教师对学生初期技术能力评价的参考条件。
2. 能级标准：
1 级标准：在教师指导下，能部分完成某项实训作业或项目；
2 级标准：在教师指导下，能全部完成某项实训作业或项目；
3 级标准：能独立地完成某项实训作业或项目；
4 级标准：能独立地又快又好地完成某项实训作业或项目；
5 级标准：能独立地又快又好地完成某项实训作业或项目，并能指导其他人。

【技能训练建议】

建议各组的调查任务有所区隔，相互补充。可分别调查运输节点、运输路线及运输工具。

项目六

其他运输方式

学习目标

【知识目标】
1. 了解集装箱及集装箱货物的分类,掌握集装箱运输业务的流程;
2. 了解国际多式联合运输的概念,掌握国际多式联运的业务流程,了解大陆桥运输的业务流程。

【能力目标】
1. 熟练填写集装箱业务的相关单证,能够独立完成集装箱进出口运输业务流程;
2. 独立完成国际多式联运的业务流程。

学习任务提要

1. 集装箱及集装箱货物的分类,集装箱运输业务的流程;
2. 国际多式联合运输的概念、业务流程,大陆桥运输的业务流程;
3. 大陆桥运输的概念、特点。

工作任务提要

1. 会识别与填制集装箱运输的主要单证;
2. 了解国际多式联合运输经营人;
3. 掌握国际多式联运组织流程。

建议教学时数

8 学时。

任务一 组织集装箱运输

 案例导入

日本邮船公司(NYK)作为世界上著名的班轮公司之一,是传统的海运服务公司,该公司自1896年起便开始经营欧洲和远东的"港至港"的服务。海运是NYK的主业,它拥有一支由322艘船舶组成的船队,每年承运7 000多万吨货物。

NYK集团提出了一个面向21世纪的公司战略,内部称为"NYK21"。"NYK21"的目标是使公司发展成为一个超越海上运输的全方位综合物流公司,也就是成为一个可以提供更广泛的服务种类的超级承运人。NYK战略之一是计划首先通过其下属子公司在空运、货代、仓储和公路运输的运作上的协调一致,来实现其战略联盟。

公司的目标是加强NYK的货运服务、物流活动、空运和陆上运输,使其占NYK年收入的30%(目前占10%)。NYK努力建立一个围绕海、陆、空服务的多式联运体系,以实现其目标。该战略的核心部分在于NYK不断在世界主要地区发展其物流中心。1991年NYK从联合承运集团(United Carriers Group)收购了三个欧洲运输和物流公司作为其在欧洲建立物流网络体系的一部分。

NYK的物流中心遍布全球,并且不断有新的中心建立。这些中心经营的远远不止仓储服务,NYK将它们看作是集中向客户提供一定程度的物流服务的中心,如存货管理和订单处理。NYK物流中心的经营理念是积极向客户推销,提供客户集中存货控制的好处,以达到缓解存货紧缺和减少运输设备的目的。每个中心均有陆、海、空运输的专业人才和自己的货物集中与分送的网络。NYK认为信息技术是现代物流的重要基础,并且使每个中心互相联网以提供全球货物跟踪。

一些NYK的物流中心甚至向客户提供更为广泛的物流服务。以新加坡中心为例,物流中心为日本电子产品制造商提供"物料需求计划服务"(MRP),NYK认为这是一个物流提供者尚未开发的巨大领域。

MRP服务涉及将零件清单、卖方、日期和定单次数与主要生产计划相匹配,以保证生产进程能有最低费用和即定的物料。这种即定即到的服务可以建立在以及时生产(JIT)为经营理念的零库存的基础上。很明显,当零件数和卖方增加时,MRP系统的复杂程度也随之增加。

NYK认为,制造商与有经验的物流专家订立MRP合同,就可以获得优势。主要生产计划可以转换到NYK的电脑系统,MRP就能同时执行,而且购货订单可以以NYK享有或不享有货物所有权的方式发到卖方手中。这样的系统对于客户来说,具有下列好处:

(1) 避免了采购安排和繁琐的文件。
(2) 避免了与卖方进行货币结算。
(3) 将人力释放到别的生产任务上。

过去,NYK有广泛的地理覆盖范围,但仅经营有限的服务。如今要在竞争中成为超级承运人,就必须在一些领域里加入复杂的技术,如存货管理和产品配送。NYK 公司的战略目标的确野心勃勃,然而,NYK 的全球能力以及与许多有实力的制造商的牢固关系表明:他们在走向明日超级承运人的道路上正迈着坚定的步伐。

NYK 的实践表明下列策略是值得借鉴的:

(1) 改变原有单一的运输范围种类,向多式联运和服务多元化发展,同时不断根据客户的需求调整服务范围并提高服务质量。

(2) 加强公司本部的协调,避免由于信息滞后或传达不及时而造成损失。

(3) 根据本公司的发展战略,考虑采用兼并手段进入该国市场从而得到被兼并方的技术和网络体系。

(4) 建立遍布全球各重要地区的物流中心,加强各物流中心的联络,以保证向客户提供及时准确的服务和信息,充分利用先进的信息技术发挥物流中心综合信息的功能。

(资料来源:百度文库,有删改)

案例思考
什么是 NYK21?它的目标是什么?

知识链接

一、集装箱的概述

(一) 集装箱的定义

集装箱(Container)又称货柜,是指一种大型的、标准化的、具有一定强度、刚度、规格、专供周转并且能够反复使用的大型装货容器。使用集装箱转运货物,可直接在发货人的仓库装货,运到收货人的仓库卸货,中途更换车、船时无须将货物从箱内取出换装。

> **重要提示**
>
> 根据 ISO(国际标准化组织)的标准及规定,集装箱应具有如下的条件:
> (1) 具有耐久性,其坚固强度足以反复使用。
> (2) 便于商品运送而专门设计的,在一种或多种运输方式中运输无须中途换装。
> (3) 设有便于装卸和搬运,特别是便于从一种运输方式转移到另一种运输方式的装置。
> (4) 设计时应注意便于货物的装满和卸空。
> (5) 具有 1 m³ 或 1 m³ 以上的容积。

(二) 集装箱的尺寸

国际上制定的集装箱规格标准,将 20 英尺集装箱作为一个计算单位,简称标箱,即 TEU (Twenty-feet Equivalent Units)。例如,1 个 40 英尺的集装箱折合 2TEU,2 个 10 英尺的集装箱折合 1TEU。TEU 是国际标准的集装箱换算单位。集装箱船也以 TEU 为单位来表示其载重量。集装箱的尺寸具体见表6.1。

表6.1 集装箱的尺寸

类型	英尺	宽（mm）	高（mm）	长（mm）	最大载重（kg）	自重（kg）	最大净载重量（kg）	体积（m³）	材质
20std	20′×8′×8″	2 340	2 274	5 896	27 000	2 150	24 850	33	钢
40std	40′×8′×8″	2 339	2 274	12 035	32 500	3 700	28 800	67	钢
40wide-door	40′×8′×8″	2 343	2 278	12 056	32 500	2 790	29 710	67	铝
40high	40′×8′×9″	2 343	2 584	12 056	32 500	2 900	29 600	76	铝
40high	40′×8′×9″	2 340	2 577	12 035	34 000	3 800	30 200	76	钢
45high	45′×8′×9″	2 340	2 584	13 582	32 500	3 900	28 600	86	铝
45high	45′×8′×9″	2 340	2 585	13 556	32 500	4 800	27 820	86	钢

二、集装箱的分类

集装箱除了按照尺寸进行分类外，还可以按制箱材料分类和按用途分类。

（一）按制箱材料分类

1. 铝合金集装箱

优点：重量轻，与钢材相比较，铝合金仅为其重量的1/3，这样就大大降低其自身的重量；有较高的防腐蚀能力，表面加涂层的方法会使防腐蚀效果更好；弹性好；外表美观；加工方便；加工费以及修理费低；使用年限长。

缺点：造价高，焊接性能差。

铝合金集装箱是目前国际集装箱运输采用较多的一种集装箱。

2. 钢板集装箱

优点：强度大，抗拉抗压强度都很高；整体性较好，结构牢固，水密性好；焊接性高，箱体易于修理；价格低廉。

缺点：自重较重；防腐蚀能力差。

钢板集装箱是目前海上集装箱运输中采用较为普遍的一种集装箱。

3. 玻璃钢集装箱

优点：强度大，刚性好，能承受较大的压力；内容积较大；隔热性、防腐蚀性和耐化学性较强；易清扫；修理简便；维护费用较低。

缺点：自重较重；容易老化；价格较高。

玻璃钢集装箱作为一种新型的集装箱，其发展前景非常乐观，目前已经被广泛接受。

4. 其他材料制成的集装箱

其他材料制成的集装箱主要有木材集装箱、合成材料集装箱、纤维板材料集装箱等。

（二）按用途分类

1. 干货集装箱（Dry Cargo Container）（图6.1）

干货集装箱也称为杂货集装箱，主要用于装运无须控制温度的非液体杂货。在目前使用的集装箱中，

图6.1 干货集装箱（Dry Cargo Container）

干货集装箱有着绝对的优势。适用范围：日用百货、棉纺织品、化工用品、文化用品、工艺品、医药及医疗器械、五金交电、电子机械产品、仪器零件等。

2. 冷藏集装箱(Reefer Container)(图 6.2)

冷藏集装箱也称为冷冻集装箱，主要用于在运输过程中要求保持一定温度的冷冻货物或者低温货物。冷藏集装箱一般分为带有冷冻机的内藏式机械冷藏集装箱和没有冷冻机的外置式机械冷藏集装箱。冷藏集装箱造价较高，营运费用也较高，使用中应注意冷冻装置的技术状态及箱内货物所需的温度。适用范围：鱼类、肉类、新鲜水果等货物。

图 6.2　冷藏集装箱(Reefer Container)

3. 隔热集装箱(Insulated Container)(图 6.3)

隔热集装箱主要用于载运对温度变化十分敏感的货物。它是一种防止温度上升过大，以保持货物鲜度而具有充分隔热结构的集装箱。适用范围：水果、蔬菜等货物。

图 6.3　隔热集装箱(Insulated Container)

4. 通风集装箱(Ventilated Container)(图 6.4)

通风集装箱适用于装载不需要冷冻而需要通风、防止汗湿的货物。在其端壁和侧壁上设有通风孔的集装箱，如将通风口关闭，同样可以作为杂货集装箱使用。适用范围：水果、蔬菜等不需要冷冻而具有呼吸作用的货物。

图 6.4　通风集装箱(Ventilated Container)

5. 开顶式集装箱(Open Top Container)(图6.5)

开顶式集装箱也称敞顶集装箱,是一种箱顶可以拆下来的集装箱,箱顶分硬顶和软顶两种。适用范围:钢材、木材和玻璃板等。

图 6.5　开顶式集装箱(Open Top Container)

6. 台架式集装箱(Platform Based Container)(图6.6)

台架式集装箱是没有箱顶和侧壁,甚至有的连端壁也去掉而只有底板和四个角柱的集装箱。这种集装箱可以从前后、左右及上方进行装卸作业,适合装载长大件和重货件。适用范围:重型机械、卡车、叉车、钢材、钢管、木材、钢锭等。台架式的集装箱没有水密性,怕水湿的货物不能装运,或用帆布遮盖装运。

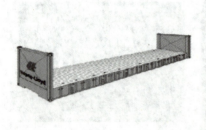

图 6.6　台架式集装箱(Platform Based Container)

7. 平台集装箱(Platform Container)(图6.7)

平台集装箱是在台架式集装箱上再简化而只保留底板的一种特殊结构集装箱。平台的长度与宽度与国际标准集装箱的箱底尺寸相同,可使用与其他集装箱相同的紧固件和起吊装置。平台式集装箱是仅有底板而无上部结构的一种集装箱。这种集装箱装卸作业方便,适于装载长、重大件。

图 6.7　平台集装箱(Platform Container)

8. 罐式集装箱(Tank Container)(图6.8)

罐式集装箱是专门用来装运液体散货的集装箱。它由罐体和液体框架两部分组成:装货时货物由罐顶部装货孔进入;卸货时,则由排货孔流出或从顶部装货孔吸出。适用范围:酒类、油类、液体食品、液体药品、液体化学品等。

图 6.8　罐式集装箱(Tank Container)

9. 挂衣集装箱(Garment Container)(图 6.9)

挂衣集装箱又叫服装集装箱。这种集装箱的在箱内上侧梁上装有许多根横杆,每根横杆上垂下若干条皮带扣、尼龙带扣或绳索,成衣利用衣架上的钩,直接挂在带扣或绳索上。这种服装装载法属于无包装运输,它不仅节约了包装材料和包装费用,而且减少了人工劳动,提高了服装的运输质量。

图 6.9　挂衣集装箱(Garment Container)

10. 汽车集装箱(Car Container)(图 6.10)

汽车集装箱是一种运输小型轿车用的专用集装箱。这种集装箱一般分为单层和双层两种。目前我国已经有三层汽车专用集装箱投放市场使用。

图 6.10　汽车集装箱(Car Container)

11. 牲畜集装箱(Pen Container or Livestock Container)(图6.11)

牲畜集装箱是一种装运活家畜用的集装箱。为了遮蔽太阳,箱顶采用胶合板露盖,侧面和端面都有用铝丝网制成的窗,以求有良好的通风。侧壁下方设有清扫口和排水口,并配有上下移动的拉门,可把垃圾清扫出去。动物集装箱在船上一般应装在甲板上,因为甲板上空气流通,便于清扫和照顾。适用范围:鸡、鸭、鹅等活家禽和牛、马、羊、猪等。

图6.11 牲畜集装箱
(Pen Container or Livestock Container)

三、集装箱货物

(一)集装箱货物分类

(1)按货物的性质可分为普通货和特殊货物。普通货(General Cargo)是不需要用特殊方法进行装卸和保管的,可按件计数的货物;特殊货(Special Cargo)是在性质上、质量上、价值上或货物形态上具有特殊性,运输时需要用特殊集装箱装载的货物。

(2)按货物的包装形式可分为货板货、箱装货、袋装货、滚筒货、大件货、特殊货。

(3)按货物的适箱程度可分为最适合装箱货、适合装箱货、边际装箱货和不适合装箱货。

(4)按货运特征可分为整箱货和拼箱货。整箱货(Full Container Load)是指箱内货物属于一个货物托运人,货物的装、拆箱作业由货主自理;拼箱货(Less Than Container Load)是指箱内货物属于多个托运人,货物的装、拆箱作业由承运人负责。

(二)集装箱货物交接方式

集装箱货物的交接有3个地点:门(Door)、站(Container Freight Station,CFS)和场(Container Yard,CY)。集装箱货物交接方式一共有9种情况,如图6.12所示。

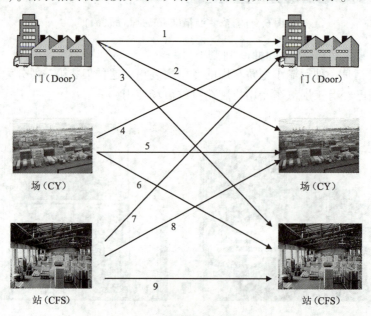

图6.12 集装箱货物交接方式

(1) 门到门(Door to Door)：门到门交接方式是指承运人在发货人的工厂或仓库接受托运的货物，然后负责将货物运至收货人的工厂或仓库交付。在这种交付方式下，货物的交接形态都是整箱交接。

(2) 门到场(Door to CY)：门到场交接方式是指承运人在发货人的工厂或仓库接受货物，并负责将货物运至卸货港码头堆场或其内陆堆场，在堆场向收货人交付。在这种交接方式下，货物也都是整箱交接。

(3) 门到站(Door to CFS)：门到站交接方式是指承运人在发货人的工厂或仓库接受货物，并负责将货物运至卸货港码头的集装箱货运站，或其在内陆地区的货运站，经拆箱后向各收货人交付。在这种交接方式下，承运人一般是以整箱形态接受货物，以拼箱形态交付货物。

(4) 场到门(CY to Door)：场到门交接方式是指承运人在码头堆场或其内陆堆场接受发货人的货物(整箱货)，并负责把货物运至收货人的工厂或仓库，向收货人交付。

(5) 场到场(CY to CY)：场到场交接方式是指承运人在装货港的码头堆场或其内陆堆场接受货物(整箱货)，并负责运至卸货港码头堆场或其内陆堆场，在堆场向收货人交付(整箱货)。

(6) 场到站(CY to CFS)：场到站交接指承运人在装货港的码头堆场或其内陆堆场接受货物(整箱)，并负责运至卸货港码头集装箱货运站，或其在内陆地区的集装箱货运站，一般经拆箱后向收货人交付。

(7) 站到门(CFS to Door)：站到门交接方式是指承运人在装货港码头的集装箱货运站或其内陆的集装箱货运站接受货物(经拼箱后)，负责运至收货人的工厂或仓库交付。在这种交接方式下，承运人一般是以拼箱形态接受货物，以整箱形态交付货物。

(8) 站到场(CFS to CY)：站到场交接方式是指承运人在装货港码头集装箱货运站，或其内陆的集装箱货运站接受货物(经拼箱后)，负责运至卸货港码头或内陆地区的堆场交付。在这种方式下，货物的交接形态同站到门交接方式。

(9) 站到站(CFS to CFS)：站到站交接方式指承运人在装货港码头集装箱货运站，或内陆地区的集装箱货运站接受货物(经拼箱后)，负责运至卸货港码头集装箱货运站，或其内陆地区的集装箱货运站，经拆箱后向收货人交付。在这种方式下，货物的交接形态一般都是拼箱交接。

从以上 9 中集装箱交接方式中可以得知集装箱货物运输的 4 种形态：整箱货—整箱货、整箱货—拼箱货、拼箱货—整箱货、拼箱货—拼箱货。凡是地点涉及集装箱货运站(CFS)交货的都是拼箱货物。

四、集装箱运输概述

(一) 集装箱运输的定义

集装箱运输(Container Transport)是一种运输方式，它是以集装箱为货运单位所进行的货物运输，在海、陆、空运输中都可以使用。集装箱运输可以通过铁路、公路和水路进行运输，中途只需更换车船而不需要把货物取出，真正实现了"门到门"的运输服务。同时，集装箱运输大大提高了装卸效率，有利于机械化操作，消除繁重的体力劳动，减少货损，简化手续，加快车船周转，从而达到降低运输成本的作用。

（二）集装箱运输的适箱货物

对于集装箱货物运输来说，并非所有的货物都是最适合采用集装箱进行运输的。我们将从经济性和货物本身的特点来进行分析，将集装箱运输的货物分成四个等级，即最适合于集装箱运输的货物、适合集装箱运输的货物、临界于集装箱运输的货物和不适合集装箱运输的货物。

1. 最适合于集装箱运输的货物（Prime Containerizable Cargoes）

这类货物的货价一般都比较高、运费高，因此承受运价的能力也很大，装箱效率也高，其尺寸、容积、重量都适合装箱。这类货物包括医药品、酒、家用电器、照相机手表以及纺织品等。

2. 适合集装箱运输的货物（Suitable Containerizable Cargoes）

这类货物与最适合于集装箱运输的货物相比，其价格和承受运价的能力相对要低一些。这类货物包括电线等。

3. 临界于集装箱运输的货物（Marginal Containerizable Cargoes）

这类货物的货价较低，因此能承受的运价很低，如果采用集装箱运输不一定能盈利。这类货物包括钢材和生铁等。

4. 不适合集装箱运输的货物（Unsuitable Containerizable Cargoes）

这类货物无论是从其物理还是经济原因都不能使用集装箱运输。这类货物包括桥梁和废钢铁等。

（三）集装箱运输业务的参与方

集装箱运输业务的参与方主要有：无船经营人、实际承运人、集装箱租赁公司、集装箱堆场和集装箱货运站等。

1. 无船经营人（Non-Vessel Operating Common Carrier）

无船经营人是指专门经营集装货运的揽货、装拆箱、内陆运输及经营中转站或内陆站业务的人。可以具备实际运输工具，也可不具备。对真正的货主来讲，他是承运人，而对实际承运人来说，他又是托运人，通常无船承运人应受所在国法律制约，在政府有关部门登记。

2. 实际承运人（Actual Carrier）

实际承运人是指掌握运输工具并参与集装箱运输的承运人。实际承运人通常拥有大量集装箱，以利于集装箱的周转、调拨、管理以及集装箱与车船机的衔接。

3. 集装箱租赁公司（Container Leasing Company）

集装箱租赁公司是指专门经营集装箱出租业务的公司。

4. 集装箱堆场（Container Yard）

集装箱堆场是指办理集装箱重箱或空箱装卸、转运、保管、交接的场所。

5. 集装箱货运站（Container Freight Station）

集装箱货运站是指处理拼箱货的场所。

（四）集装箱运输的优越性

1. 保证货物安全，避免货损货差

由于集装箱自身的特点，可以避免动用箱内的货物直接进行装卸和换装，从而避免人为和自然因素造成的货物破损和丢失，从而保证了货物运输的安全。

2. 加快换装作业，简化理货手续

集装箱作为运输单元，直接以集装箱作为整体从一种运输方式转换到另外一种运输方式，从而大大减少了运输转换中复杂的作业环节，简化了货运作业手续。

3. 提高装卸效率，减轻劳动强度

集装箱机械化的作业方式使其装卸作业效率得到了大幅度的提高，与此同时劳动者的劳动强度也得到了大幅度的降低。

4. 节省包装费用，降低物流成本

因为集装箱自身的特点可以保证货物的安全，所以对于使用集装箱运输的货物可以简化甚至不用运输包装，以达到节省包装材料和包装费用，从而降低物流成本。

五、集装箱运输主要单证

（一）集装箱场站收据（图6.13）

场站收据是由承运人发出的证明已收到托运货物并开始对货物负责的凭证。与传统件杂货运输所使用的托运单证比较，场站收据是一份综合性的单证，它把货物托运单（订舱单）、装货单（关单）、大副收据、理货单、配舱回单、运费通知等单证汇成了一份，这对于提高集装箱货物托运的效率有很大的意义。

场站收据的作用如下：

（1）船公司或船代确认订舱，并在场站收据上加盖有报关资格的单证章后，将场站收据交托给托运人或其代理人，意味着运输合同开始执行。

（2）它是出口货物报关的凭证之一。

（3）它是承运人已收到托运货物并开始对其负责的证明。

（4）它是换取海运提单或联运提单的凭证。

（5）它是船公司、港口组织装卸、理货和配载的凭证。

（6）它是运费结算的依据。

（7）可作为向银行结汇的单证。

（二）集装箱交货记录（表6.2）

集装箱交货记录在实际进口业务中又称小提单或提单货。交货记录是集装箱进口业务中的主要单证，对承运人来说，交货记录一经签发即表明已同意交货，尽管事实上并没有交付货物。对收货人来说，只要拿到交货记录即表明已具备提货条件，尽管实际上并没有提货。

（三）集装箱发放设备交接单（图6.14）

集装箱发放设备单交接单（Equipment Interchange Receipt）简称设备交接单（Equipment Receipt，E/R），是进出港区、场站，用箱人、运箱人与管箱人或其代理人之间交接集装箱和特殊集装箱及其设备的凭证，也是拥有和管理集装箱的船公司或其代理人与利用集装箱运输的陆运人签订有关设备交接基本条件的协议（Equipment Interchange Agreement）。

D/R No.（编号）

上海外代

场站收据副本
大副联
COPY OF DOCK RECEIPT
(FOR CHIEF OFFICER)

第六联

Received by the Carrier the Total number of containers or other packages of units stated below to be transported suject to the terms and conditions of the Carrier's regular form of Bill of Lading (for Combined Transport or Port to Port Shipment) which shall be deemed to be incorporated herein.
Date（日期）：

场站章

Shipper（发货人）

Consignee（收货人）

Notify Party（通知人）

Pre-Carriage By（前程运输） Place of Receipt（收货地点）

Ocean Vessel（船名） Voy. No（航次） Port of Loading（装货港）

Port of Discharge（卸货港） Place of Delivery（交货地点） Final Destination for the Merchant's Reference（目的地）

Particulars Furnished by Merchants（托运人提供详细情况）	Container No.（集装箱号）	Seal No（封志号） Mark & Nos.（标记与号码）	No. of Containers or Pkgs（箱数或件数）	Kind of Packages; Description of Goods（包装种类与货名）	Gross Weight 毛重(kg)	Measurement 尺码(m^3)

TOTAL NUMBER OF CONTAINERS OR PACKAGES (IN WORDS) 集装箱数或件数合计(大写)

Container No.（箱号） Seal No.（封志号） Pkgs.（件数） Container No.（箱号） Seal No.（封志号） Pkgs.（件数）

Received（实收） By Terminal clerk（场站员签字）

FREIGHT & CHARGES	Prepaid at（预付地点）	Payable at（到付地点）	Place of Issue（签发地点）
	Total Prepaid（预付总额）	No. of Original B(s)/L（正本提单份数）	BOOKING（订舱确认） APPROVED BY

Service Type on Receiving □—CY, □—CFS, □—DOOR	Service Type on Delivery □—CY, □—CFS, □—DOOR	Reefer Temperature Required（冷藏温度）	°F	°C

TYPE OF GOODS（种类）	□Ordinary（普通）	□Reefer（冷藏）	□Dangerous（危险品）	□Auto（裸装车辆）	危险品	Class: Property: IMDG Code Page: UN NO.
	□Liquid（液体）	□Live Animal（活动物）	□Bulk（散货）	□______		

图 6.13 集装箱场站收据

表 6.2 交货记录

No.00015641
船档号

收货人名称				收货人开户银行与账号		
船号		航次	起运港	目的港	到达日期	
提单号		交付条款	卸货地点	进库场日期	第一程运输	
标记与集装箱号		货　名		集装箱数或件数	重量(KGS)	体积(m³)

交货记录

日期	货名与集装箱号	出库数量			操作过程	尚存数		经手人签名	
		件数/箱	包装	重量		件数/箱	重量	发货人	提货人
备注					收货人章			港区场站章	

图 6.14 集装箱发放设备交接单

六、组织集装箱运输

（一）集装箱出口和进口货运流程

集装箱出口和进口货运流程如图 6.15 所示。

图 6.15　集装箱出口和进口货运流程

（二）船公司在出口和进口货物运输中的业务

1. 船公司在出口货物运输中的业务

（1）配备集装箱。无论是陆运，还是海运，集装箱运输都要使用集装箱。因此，要开展集装箱运输，首先要配备集装箱，特别是采用集装箱专用船运输时，由于该种船舶的特殊结构，只能装载集装箱运输，为此，经营集装箱专用船舶的船公司，需要配备适合专用船装载的集装箱。

（2）掌握待运的货源。船公司通常采取下述两种方法掌握待运的货源情况。

① 暂定订舱（Provisional Booking）：通常在船舶到港前 30 天左右提出。由于掌握货源的时间太早，因此，对这些货物能否装载到预订的船上，以及这些货物最终托运的数量是否准确，都难以确定。

② 确定订舱（Confirmed Booking）：通常在船舶到港前 7~10 天提出。一般来说，都有确定具体的船名、装船日期。

（3）接受托运。发货人根据贸易合同，以及信用证条款的有关规定，在货物装运期限前向船公司或其代理人，以口头或书面形式提出订舱。船公司根据所托运的货物运输要求和配备集装箱的情况，决定是否接受这些货物的托运申请。船公司或其代理在订舱单上签署后，则表明已同意接受该货物的运输。

> **重要提示**
>
> 船公司在接受货物托运时,应了解以下情况:订舱货的货名、运输要求;装卸港口,交接货地点;有关货物的详细情况以及由谁安排内陆运输等。

(4) 接受货物。在集装箱货物运输中,船公司接受货物的地点可以为以下三种地点之一。

① 发货人的工厂或仓库:在由船公司负责安排内陆运输时,则在发货人的工厂或仓库接受整箱货运输。

② 集装箱货运场:在集装箱码头堆场接受的货物一般都是由发货人或集装箱货运站负责装箱并运至码头堆场的整箱货。

③ 集装箱货运站:集装箱货运站作为船公司的代理接受拼箱货的运输。

无论在什么地点接受货物,船公司都应了解如下信息:是否需要借用空集装箱;所需集装箱的规格、种类、数量;领取空箱的时间、地点;由谁负责内陆运输;货物具体的装箱地点及有关特殊事项。

(5) 装船。通过各种方式接受的货物,按编制的堆场计划堆放后,在船靠泊后即可进行装船作业。装船的一切工作由码头堆场负责进行。

(6) 制送主要的装船单证。通常,由装船港代理缮制和寄送的单证有:提单副本或码头收据副本;集装箱号码单;货物舱单;集装箱装箱单;货物积载图;装船货物残损报告以及特殊货物表。

2. 船公司在进口货物运输中的业务

(1) 做好卸船准备工作。船舶从最后装船港开出后,船公司应着手制定船舶预计到港计划,并从装船代理那里得到有关的单证。同时,同港方、收货人、海关和其他有关部门尽早取得联系,一旦船舶靠岸,尽快将集装箱卸下,并办理海关手续做好交货准备。从装船港代理那里取得的主要单证有:提单副本或场站收据副本;积载图;集装箱装箱单;集装箱号码单;装船货物残损报告;特殊货物表。

(2) 制作寄送有关单据。船公司或其代理人在收到装船港寄来的单据后,应从速制作有关单证寄送有关方,单证包括船舶预计到港通知书、交货通知单以及货物仓单。

(3) 卸船与交货。集装箱的卸船与交货计划,主要由码头堆场负责办理,譬如收货人在接到船公司寄送的船舶预计到港通知后,有时会通知船公司,提出在他方便的时间提供提货的可能机会。对收货人的这种要求,船公司应立即转告集装箱码头堆场,在交货时,尽可能满足收货人的要求。

(4) 签发提货单。除特殊情况外,船公司或其代理人只要收到正本提单,便有义务对提单持有人签发提货单。因此,提货单的签发是采用与正本提单相交换的形式进行的。提货单仅仅具有作为交货的凭证,并不具有提单那样的流通性。

重要提示

在签发提货单时,首先要核对正本提单签发人的签署,签发的年、月、日,背书的连贯性,判断提单持有人是否合法,然后再签发提货单。提货单应具有提单所记载的内容,如船名、交货地点、集装箱号码、铅封号、货物名称、收货人名称等交货所必须具备的内容。在到付运费和未支付清其他有关费用的情况下,原则上应收讫后再签发提货单。在正本提单尚未到达而收货人要求提货时,可采用与银行共同向船公司出具提保书(Letter of Guarantee)的办法。待正本提单一到,收货人即将正本提单交船公司或其代理人。此外,如收货人要求更改提单上原指定的交货地点,船公司或其代理人应收回全部的正本提单后,才能签发提货单。

(三) 集装箱货运站在出口和进口货物运输中的业务

1. 集装箱货运站在出口货物运输中的业务

(1) 办理货物交接。在货物不足以装满一整箱,而贸易合同或信用证条款有规定要用集装箱装载运输时,货物一般都送至集装箱货运站,由集装箱货运站根据托运的货物种类、性质、包装、目的港,将其与其他货物一起拼装在集装箱内,并负责将已装货的集装箱运至码头堆场。集装箱货运站在根据订舱单接受托运的货物时,应查明这些货物是否已经订舱,如货物已订舱,货运站则要求货物托运人提供码头收据、出口许可证,然后检查货物的件数与码头收据记载是否相符,货物的包装是否正常,能否适合集装箱运输,如无异常情况,货运站则在码头收据上签字。反之,应在码头收据的备注栏内注明不正常的情况,然后再签字。如不正常的情况较严重,可能会影响以后的安全运输,则应同有关方联系决定是否接受这些货物。

(2) 积载装箱。装箱时,应根据货物所运至的目的港装箱,不要造成货物损害,尽量不要出现亏舱(Broken Space),以充分利用集装箱的容积。货物装箱时还应注意到集装箱的选择,在拼装时应考虑货物的不同性质,应注意到箱子的最大装载量和单位面积负荷量,根据货物包装决定在箱内的堆高高度,注意货物在箱内的安全系数等问题。

(3) 缮制装箱单。货运站在进行货物装箱时,必须制作集装箱装箱单,装箱单的作用已在"出口货运单证"中有所说明,制单时必须清楚、准确。

(4) 将拼箱的货箱运至码头堆场。货运站在装箱完毕之后,货运站代表承运人在海关监管之下,对集装箱加海关封志,并签发场站收据。同时,货运站应尽快与码头堆场取得联系,将已装货的集装箱运至码头堆场。

2. 集装箱货运站在进口货物运输中的业务

(1) 做好交货准备工作。集装箱货运站在船舶到港前几天,从船公司或其代理人处取到下列单证:提单副本或场站收据副本、货物舱单、集装箱装箱单、装船货物残损报告和特殊货物表。

(2) 发出交货通知。在确定了船舶进港时间和卸船计划以后,货运站应与码头堆场联系决定提取拼箱集装箱的时间。根据这个时间,由货运站制订出拆箱交货计划。

集装箱船舶在港期间,货运站同时要进行拆箱交货、接货装箱的作业,业务相当繁忙紧张。为使拆箱的货物尽快让收货人提走,对收货人发出交货日期的通知是完全必要的。

交货日期的通知,也是货运站计算集装箱保管费或再次搬移费用的依据。

(3) 从码头堆场领取载货的集装箱。集装箱货运站在与码头堆场取得联系后,即从堆场领取载货的集装箱。在进行交接时,码头堆场与货运站在集装箱装箱单上签字。另外,对出堆场的集装箱应办理设备交接手续,由堆场出具设备收据,双方共同签字。

(4) 拆箱交货。集装箱货运站从堆场领取集装箱货后,即开始拆箱作业。在从箱内取出货物时,应按装箱记载的末尾向前的顺序进行,这是因为箱内的货物是由装箱地按货物装箱的顺序记载的。拆线后,应将空箱退还给码头堆场。

当收货人前来提取货物的时候,货运站要求收货人出具船公司签发的提货单,在核对提货单记载的内容与货物无误后,即可交货。交货时货运站与收货人应在交货记录上签字,如发现货物有异常,则应将这种情况记入交货记录的备注栏内。

这种交货记录与普通船货物运输下的船舶记录具有同样的性质,是交货完毕后的凭证,船公司对货物的责任以双方在交货记录上的签署为准。

(5) 收取有关费用。集装箱货运站在交付货物时,应查核该货物有无发生其保管费和再次搬运费用。如已发生,则应收取后再交付货物。

(6) 制作交货报告和未交货报告。集装箱货运站在交货工作结束时,应制作交货报告寄送船公司,船公司据以分清有关货物的损害赔偿责任。对尚未交货、积压在货运站的货,则应制作未交货报告寄送船公司,船公司据以催促收货人迅速提货。如收货人在船公司催促后仍未前来提货,船公司可对货物采取必要的措施。

(四) 集装箱码头堆场在出口和进口货物运输中的业务

1. 集装箱码头堆场在出口货物运输中的业务

(1) 集装箱的交接。发货人或集装箱货运站将由其或代理负责装箱的集装箱货物运至码头堆场时,设在码头堆场大门的门卫要对进堆场的集装箱货物核对订舱单、码头收据、装箱单、出口许可证、设备交接单等单据。同时,还应检查集装箱的数量、号码、铅封号等是否与场站收据记载相一致,箱子的外表状况,以及铅封有无异常情况,如发现有异常,门卫则应在码头收据备注栏内注明,如异常情况严重,会影响装卸、运输的安全,应与有关方面联系后决定是否接受这票货物。

(2) 堆场作业计划。堆场作业计划主要内容有:确定空箱、重箱的堆放位置和堆高层数;装船的集装箱应按先后到港顺序、集装箱的种类、载重的轻重分别堆放;统一货主的集装箱应尽量堆放在一起。

(3) 对特殊集装箱的处理。对堆存在场内的冷藏集装箱应及时接通电源,每天还应定时检查冷藏集装箱冷冻机的工作情况是否正常,箱内温度是否在货物所需限度内,在装卸和出入场内时,应及时断开电源。对于危险品集装箱,应根据可暂时存放和不能暂时存放两种情况分别处理。能暂存的箱子应堆放在有保护设施的场所,且堆放的箱子数量不能超过许可的限度。对不能暂存的箱子应在装船预定时间,进场后即装上船舶。

2. 集装箱码头堆场在进口货物运输中的业务

(1) 集装箱的卸船准备。在船舶抵港前几天,船公司或其代理应将下列单证送交码头业务部门,包括:货物舱单、集装箱号码单、积载图、集装箱装箱单、装船货物残损报告和特殊货物表。

(2) 卸船与堆放。码头堆场根据指定的卸船计划从船上卸下集装箱后,并根据堆场计

划堆放集装箱,从船上卸下的集装箱如存放在码头堆场时的注意事项包括:

① 空箱与重箱应分开堆放。
② 了解重箱内货物的详细情况。
③ 是否要安排中转运输。
④ 在码头堆场交货,还是在货运站交货。
⑤ 预定交货的日期。

(3) 交货。从船上卸下的集装箱货,交货对象大致可以分为收货人、集装箱货运站、内陆承运人。

(4) 有关费用收取。码头堆场在将集装箱货物交给收货人时,应该查该货物是否发生了保管费、再次搬运费。另外,箱子的使用是否超出了免费使用期,如已超过则应收取滞期费。在发生上述费用的情况下,码头堆场应在收取了这些费用之后,再交付集装箱货物。

(5) 制作交货报告与未交货报告。码头堆场在交货工作结束后,应根据实际情况制作交货报告送交船公司,作为日后船公司据以处理收货人提出的关于货物灭失或者损坏的索赔。

(五) 发货人在出口货物运输中的业务

集装箱运输下,发货人的出口货运业务与普通船运输下发货人应办理的事项没有什么特别大的变化,当然也有集装箱运输所要求的特殊事项,如货物的包装应适应集装箱运输,保证货物所需要的空集装箱,在整箱货运情况下负责货物的配箱、装箱等。发货人在集装箱出口货运中的主要业务有以下几个方面。

1. 订立贸易合同

作为出口方,发货人首先必须与国外的收货人订立贸易合同。因为,无论哪一种运输方式,其运输是建立在贸易基础上的。这与普通船运输的做法基本一样。

2. 备货

出口贸易合同订立后,发货人应在合同规定的装运期限前全部备好出口货物,其数量、品质、包装、标志等必需符合合同条件的规定。

3. 租船订舱

在以 CIF、C&F 价格条件成交时,发货人负有租船定舱之责任。特别是在出口特殊货物需要采用特殊集装箱运输时,发货人的这一责任则显得更重要。由于一般集装箱船对上述特殊集装箱的装载数量有限,应尽早定舱。

4. 报关

拼箱货习惯采用普通船运输的方式报关,整箱货则通常采用统一报关,因为海关人员到现场审查很方便,既可以更好地发挥集装箱运输的优越性,又可以省略一些手续。

5. 货物装箱与托运

报关完毕之后,在整箱货运下发货人即可安排装箱,并在装箱完毕后将货箱运至集装箱码头堆场,取得经码头堆场签署的场站收据。拼箱货经报关后运至集装箱货运站,由货站负责装箱并签署场站收据。

6. 投保

出口货物如系 CIF 价格条件成交,发货人则负责办理投保手续,并支付保险费。也可委托货运代理代投保。

7. 支付运费和提单签发

如系预付运费,发货人只要出示经码头堆场签署的场站收据,支付全部运费后,承运人或其代理人即签发提单。如系到付运费,只要出示场站收据即签发提单。此外,在对签发清洁提单有异议时,发货人可向承运人出具保证书以取得清洁提单。

8. 向收货方(买方)发出装船通知

在以 FOB、C&F 价格条件成交出口贸易合同下,发货人在货物装船完毕后向收货人发出装船通知则作为合同的一项要件。如货物的丢失、损害系由于发货人在货物装船完毕后没有向收货人发出装船通知,致使收货人未能及时投保所致,该货物的丢失、损害则由发货人负责赔偿。

任务二 组织国际多式联运

案例导入

2010 年 11 月 18 日,英华公司与敏特公司签订了进口 3 套冷水机组的贸易合同,交货方式为 FOB 美国西海岸,目的地为吴江。2010 年 12 月 24 日,买方英华公司就运输的冷水机组向人保吴江公司投保一切险,保险责任期间为"仓至仓条款"。同年 12 月 28 日,原告东方海外公司从美国西雅图港以国际多式联运方式运了装载于三个集装箱的冷水机组经上海到吴江。原告签发了空白指示提单,发货人为敏特公司,收货人为英华公司。

货物到达上海港后,2011 年 1 月 11 日,原告与被告中外运江苏公司约定,原告支付被告陆路直通运费、短驳运费和开道车费用等共计 9 415 元,将货物交由被告陆路运输至目的地吴江。事实上,被告并没有亲自运输,而由吴淞公司实际运输,被告向吴淞公司汇付了 8 900 元运费。

同年 1 月 21 日货到目的地后,收货人发现两个集装箱破损,货物严重损坏。

收货人依据货物保险合同向人保吴江公司索赔,保险公司赔付后取得代位求偿权,向原告进行追偿。原告与保险公司达成了和解协议,已向保险公司作出 11 万美元的赔偿。之后,原告根据货物在上海港卸船时的理货单记载"集装箱和货物完好",以及集装箱发放/设备交接单(出场联和进场联)对比显示的"集装箱出堆场完好,运达目的地破损",认为被告在陆路运输中存在过错,要求被告支付其偿付给保险公司的 11 万美元及利息损失。

上海海事法院经审理认为,涉案货物从美国运至中国吴江,经过了海运和陆路运输,运输方式属于国际多式联运。原告是多式联运的全程承运人,也即多式联运经营人,其与被告之间订立的合同应属国际多式联运的陆路运输合同,合同有效成立,被告应按约全面适当地履行运输义务。涉案两个集装箱货物的损坏发生在上海至吴江的陆路运输区段,故被告应对货物在其责任期间内的损失承担赔偿责任。买方也即收货人英华公司与人保吴江公司之间的保险合同依法成立有效,货损属于货物运输保险单下的保险事故范畴,保险公司对涉案货损进行赔付符合情理和法律规定。原告作为多式联运全程承运人对保险公司承担赔偿责任后有权就其所受的损失向作为陆路运输承运人的被告进行追偿。据此,判决被告向原告赔偿 11 万美元及其利息损失。被告提起上诉。双方当事人于二审审理期间达成调解，由被告向原告支付 11 万美元结案。

案例思考
1. 原被告之间是陆路运输合同还是货运代理合同关系？
2. 货物损失是否发生在陆路运输区段？被告是否应承担货损责任？

一、国际多式联合运输概述

（一）国际多式联合运输的定义

多式联合运输简称多式联运，是指从装运地到目的地的全程运输过程中包含两种以上的运输方式（海运、陆运、空运、内河运输等）。

（二）国际多式联运的基本特征

1. 必须订立国际多式联运合同

在国际多式联运中，多式联运经营人必须与托运人订立多式联运合同。在分段联运中，托运人必须与不同运输区段承运人分别订立不同合同，而在多式联运中，无论实际运输有几个区段，也无论有几种不同运输方式，均只需订立一份合同——多式联运合同。

2. 多式联运经营人对全程运输负责

按照多式联运合同，多式联运经营人必须从接货地至交货地的全程运输负责，货物在全程运输中的任何实际运输区段的损失以及延误交付，均由多式联运经营人以本人身份直接负责赔偿，尽管多式联运经营人可向事故实际区段承运人追偿，但这丝毫不能改变多式联运经营人作为多式联运合同当事人的身份。

3. 必须使用两种或两种以上不同运输方式组成的连贯运输

国际多式联运是至少两种不同运输方式的连贯运输，如海—铁、海—公、海—空联运等。因此判断一个联运是否为多式联运，不同运输方式的组成是一个重要因素。

4. 必须是国际间的货物运输

之所以叫国际多式联运，是因为这种运输方式是存在于国与国之间。国际多式联运所承运的货物必须是从一国境内接管货物的地点运至另一国境内指定交付货物的地点，它是一种国际间货物运输，这有别于同一国境内采用不同运输方式组成的联合运输。

5. 全程运输必须签发国际多式联运单据

多式联运经营人作为多式联运的总负责人，在接管货物后必须签发多式联运单据，从发货地直至收货地，一单到底，发货人凭多式联运单据向银行结汇，收货人凭多式联运单据向多式联运经营人或其代理人提领货物。

6. 必须是单一的运费率

海运、铁路、公路以及航空各种单一运输方式的成本不同，因而其运费率也不同。在国际多式联运中，尽管组成多式联运的各运输区段运费率不同，但托运人与多式联运经营人订立的多式联运全程中的运费率是单一的,即以一种运费率结算从接货地至交货地的全程运输费用,从而大大简化和方便了货物运费计算。

> **重要提示**
>
> 多式联运经营人具有双重身份。多式联运经营人在完成或组织全程运输过程中,首先要以本人身份与托运人订立联运合同,在该合同中它是承运人;其次在与各区段实际承运人的关系中他还是托运人。

（三）多式联运的优越性

多式联运的优越性主要体现在方便货主和提高货运质量,这也是多式联运产生后在世界各国普遍开展的根本原因。

1. 手续简便

在多式联运方式下,无论货物运输距离有多远,无论使用几种不同运输方式,也无论全程运输途中经过多少次不同运输方式之间的转换,从发货地直至交货地所有运输事宜,都由多式联运经营人负责办理,而货主只要一次托运,一次付费,一次投保,便可凭多式联运单据向银行结汇,收货人可凭多式联运单据向多式联运经营人或其代理人提取货物,与传统的分段联运相比,这种简便的手续极大地方便了货主。

2. 安全可靠

多式联运是在集装箱运输基础上发展起来的一种现代化运输组织方式。目前多式联运绝大多数以集装箱运输为主体,货物虽然经过长途运输和多次装卸转运,但都不需要掏箱倒载和换装,从接货地直至交货地,货物一直被密封在坚固的集装箱内,从而使得货损、货差、被盗大大减少。同时,由于有多式联运经营人对全程运输负责,可减少全程运输中的中间环节和等待时间,从而可提高全程货运的速度。因此多式联运可以安全可靠地完成全程运输。

3. 提早结汇

传统海运必须凭已装船提单才能向银行结汇,而在多式联运方式下,发货人将货物交多式联运经营人或其代理人后,通常可凭其签发的多式联运单据结汇,这对从内地发货的货主来说,可以提早结汇时间,加快资金周转,提高资金使用效果。

4. 统一理赔

在分段联运方式下,由于各区段承运人只对本区段运输负责,因此一旦发生货损货差,货主必须向参加联运的一个或几个承运人索赔。而在多式联运方式下,无论货损货差发生在哪一运输区段,甚至是无法确认事故区段的隐藏损害,均由多式联运经营人负责统一理赔,并直接向货主进行赔偿。

5. 实现合理化综合运输

在多式联运方式下,由于多式联运经营人负责对全程联运的经营,并对全程运输负责,凭借其多式联运业务能力、技术能力和在世界各地的业务网点以及多式联运经营人与广大货主的切实联系和对各种运输方式的熟悉,多式联运经营人可以在一定时空范围内,将海运、铁路、公路和航空等各种不同运输方式有机地连接起来,选择最佳的运输线路。

二、组织国际多式联合运输

国际多式联运的主要业务程序如图6.16所示。

图6.16 国际多式联运的主要业务程序

（一）国际多式联运合同

所谓国际多式联运合同，是指多式联运经营人凭其收取全程费用，使用两种或两种以上的不同运输工具，负责组织完成货物全程运输的合同。多式联运的经营人对国际多式联运的全过程负责。国际多式联运合同与一般运输合同相比较具有以下特点：

（1）它必须包括两种以上的运输方式。在我国，由于国际海上运输与沿海运输、内河运输分别适用不同的法律，所以国际海上运输与国内沿海、内河运输可以视为不同的运输方式。

（2）多式联运虽涉及两种以上不同的运输方式，但托运人只和多式联运经营人订立一份合同，只从多式联运经营人处取得一种多式联运单证，只向多式联运经营人按一种费率交纳运费。

（二）国际多式联运单据

国际多式联运单据（简称M.T.D.或C.T.D.），是指证明国际多式联运合同以及证明多式联运经营人接管货物，并负责按照合同条款交付货物的单据，它是适应国际集装箱运输需要而产生的，在办理国际多式联运业务时使用。国际多式联运单据也称为国际多式联运提单（Multimodal Transport B/L or Combined Transport B/L）。

1. 国际多式联运单据的性质与作用

（1）它是国际多式联运经营人与托运人之间订立的国际多式联运合同的证明，是双方在运输合同确定的权利和责任的准则。在国际多式联运成立后签发多式联运单据，因此，它不是运输合同，而是运输合同的证明。

（2）它是国际多式联运经营人接管货物的收据。国际多式联运经营人向托运人签发多式联运单据表明已承担运送货物的责任并占有了货物。

(3) 它是收货人提取货物和国际多式联运经营人交货的凭证。收货人或第三人在目的地提取货物时,必须凭国际多式联运单据换取提货单(收货记录)才能提货。

(4) 它是货物所有权的证明。国际多式联运单据持有人可以押汇、流通转让,因为国际多式联运单据是货物所有权的证明,可以产生货物所有权转移的法律效力。

2. 国际多式联运单据的种类

国际多式联运单据可以分为两大类:可转让国际多式联运单据与不可转让国际多式联运单据。可转让国际多式联运单据分为可指示单据(提单)和不记名单据(提单);不可转让国际多式联运单据是记名单据(提单),在单据下面收货人一栏中载明作为收货人的特定人(或公司),一般不能流通转让。

> **重要提示**
>
> 国际多式联运单据在使用的形式上与联运提单有相同之处,但在其性质上又有极大区别。两者主要区别是:
>
> (1) 联运提单限于由海运与其他运输方式所组成的联合运输时使用;多式联运单据既可用于海运与其他运输方式的联运,又可用于不包括海运的其他运输方式的联运,但必须是两种或两种以上不同运输方式的联运。
>
> (2) 联运提单由承运人、船长或承运人的代理人签发;多式联运单据则由多式联运经营人或经其授权的人签发,多式联运经营人可以是完全不掌握运输工具的无船承运人,全程运输由经营人安排其他承运人负责。
>
> (3) 联运提单的签发人仅对第一程运输负责;多式联运的签发人则要对全程负责,无论货物在任何区段发生属于承运责任范围的灭失或损害,均对托运人负责。
>
> (4) 联运提单是货物装船之后,由第一承运人签发的全程联运提单,它属于已装船提单;多式联运单据可以是已装船的,但大部分是在联运经营人接管货物后准备待运时签发的单据。

(三) 国际多式联运单据的内容

在国际多式联运中,多式联运单据一般包括以下 15 项内容。

(1) 货物品类、标志、危险特征的声明、包数或者件数、重量。
(2) 货物的外表状况。
(3) 多式联运经营人的名称与主要营业地。
(4) 托运人名称。
(5) 收货人名称。
(6) 多式联运经营人接管货物的时间、地点。
(7) 交货地点。
(8) 交货日期或者期间。
(9) 多式联运单据可转让或者不可转让的声明。
(10) 多式联运单据签发的时间、地点。

(11) 多式联运经营人或其授权人的签字。
(12) 每种运输方式的运费、用于支付的货币、运费由收货人支付的声明等。
(13) 航线、运输方式和转运地点。
(14) 关于多式联运遵守本公约规定的声明。
(15) 双方商定的其他事项。
但是以上一项或者多项内容的缺乏，不影响单据作为多式联运单据的性质。

(四) 国际多式联运单据的流转程序

以下以一程是道路运输、二程是海上运输、三程是铁路运输的多式联运为例，说明多式联运经营人签发的多式联运单据以及各区段单证的流转程序，如图 6.17 所示。

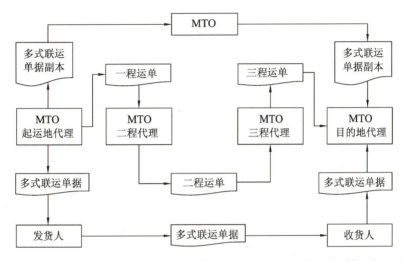

图 6.17　多式联运提单及各区段实际承运人签发运输单证的流转程序

（1）多式联运经营人起运地分支机构或代理缮制并签发全程多式联运单据，其中的正本交给发货人，用于结汇；副本若干份交付多式联运经营人，用于多式联运经营人留底和送交目的地分支机构或代理。

（2）多式联运经营人起运地分支机构或代理货交一程承运人后，一程承运人签发以多式联运经营人或其起运地分支机构或代理为托运人、多式联运经营人或其二程分支机构或代理为收货人的道路运单，运单上应注有全程多式联运单据的号码。多式联运经营人起运地分支机构或代理在货物出运并取得运单后，应立即以最快的通信方式将运单、舱单等寄交多式联运经营人二程分支机构或代理，以便二程分支机构或代理能用此提货；与此同时，还应向多式联运经营人提供运单副本、载运汽车离站时间及预计抵达时间等信息，以便多式联运经营人能全面了解货运进展和向二程分支机构或代理发出必要的指示。

（3）多式联运经营人二程分支机构或代理收到运单后，凭此从一程承运人或其代理处提取货物，并交付二程承运人或其代理。二程承运人或其代理收到货物后，签发以多式联运经营人或其二程分支机构或代理为托运人、以多式联运经营人或其三程分支机构或代理为收货人的提单，提单上应注明全程多式联运单据号码。多式联运经营人二程分支机构或代理在货物出运并取得提单后，应立即以最快的通信方式将正本提单、舱单等寄交多式联运经营人三程分支机构或代理，以便三程分支机构或代理能用此提货；与此同时，还应向多式联运经营人提供提单副本以及船舶离港报告等,以便多式联运经营人能全面了解货运进展和向三程分支机构或代理发出必要的指示。

(4) 多式联运经营人三程分支机构或代理收到运单后,凭此从二程承运人或其代理处提取货物,并交付三程承运人或其代理,三程承运人或其代理收到货物后,签发以多式联运经营或其三程分支机构或代理为托运人、以多式联运经营人或其目的地分支机构为收货人的铁路运单,运单上应注明全程多式联运单据号码。多式联运经营人三程分支机构或代理在货物出运并取得运单后,应立即以最快的通信方式将运单等寄交多式联运经营人目的地分支机构或代理,以便目的地分支机构或代理能用此提货;与此同时,还应向多式联运经营人提供运单副本以及火车动态等,以便多式联运经营人能全面了解货运进展和向目的地分支机构或代理发出必要的指示。

(5) 多式联运经营人目的地分支机构收到铁路运单后,可凭此从承运人或代理处提取货物,并向收货人发出提货通知。收货人付款赎单后取得多式联运经营人签发的全套正本多式联运单据,凭此全套正本提单可向多式联运经营人目的地分支机构或代理办理提货手续。多式联运经营人目的地分支机构或代理人与多式联运经营人的副本单据核对,在收取应收取的运杂费后,将货物交付收货人。

三、国际多式联运经营人

(一) 国际多式联运经营人的概念及其应具备的条件

1. 国际多式联运经营人的概念

多式联运经营人(Combined Transport Operator,CTO)是一个独立的法律主体,他的身份是基于多式联运合同而向托运人承担履行运输义务的本人,不管他是作为多式联运的实际提供人还是作为运输的承办人,只要他事实上与发货人签订了国际货物多式联运合同,作为本人他就应该负责对多式联运做出妥善安排,同时对整个多式联运合同履行过程中发生的货物的灭失、损害以及货物的迟延交付承担责任。

> **知识拓展**
>
> **国际多式联运经营人的分类**
>
> 通常根据多式联运经营人是否参加海上运输,把多式联运经营人分为:
>
> (1) 以船舶运输经营为主的多式联运经营人,或称有船多式联运经营人。他们通常承担海运区段的运输,而通过与有关承运人订立分合同来安排公路、铁路、航空等其他方式的货物运输。
>
> (2) 无船多式联运经营人。无船多式联运经营人可以是除海上承运人以外的运输经营人,也可以是没有任何运输工具的货运代理人、报关经纪人或装卸公司。

2. 国际多式联运经营人应具备的条件

当多式联运经营人从发货人那里接管货物时起,其对多式联运合同的责任即开始,他必须按照合同,把货物从一国境内的接货地安全、完好、及时地运至另一国境内指定的交货地,货物在全程运输过程任何区段发生的过失、损害或延误交付,多式联运经营人均以本人身份直接向货主进行赔偿,即货物的灭失、损害是区段实际承运人灭失所致。因此,作为多式联运主体的多式联运经营人,应具备以下一些必要条件。

(1) 订立多式联运合同。

多式联运经营人必须与托运人订立多式联运合同,并据以收取全程运费并负责履行合同。根据多式联运的定义,在合同中应至少使用两种不通的运输工具连贯地完成国际间的货物运输。

(2) 接货后即签发多式联运单据。

多式联运经营人或其代表从发货人手中接管货物时,即签发多式联运单据,并对所接管的货物开始负有责任。

(3) 按合同规定将货物交指定的收货人。

多式联运经营人应承担合同规定的与运输和其他服务有关的责任,如组织不同运输工具的运输和转运、办理过境国的海关手续,货物在运输全程中的报关、照料等,并保证将货物交多式联运单据指定的收货人或多式联运的人持有。

(4) 有足够的赔偿能力。

对多式联运全程运输中所发生的货物过失、损害或延误交付,多式联运经营人应首先负责对货主进行直接赔偿。因此多式联运经营人必须有足够的赔偿能力。当然,如果货损事故为实际区段承运人的过失所致,多式联运经营人在直接赔偿后拥有向其追偿的权利。

(5) 有相应的技术能力。

多式联运经营人应具备与多式联运所需的相应的技术能力,包括多式联运必需的网店和业务技术人员,并保证对自己签发的多式联运单据的流通性,以及作为有价证券在经济上有令人信服的担保程度。

(二) 国际多式联运经营人承担的责任

1. 责任分担制

责任分担制也称分段责任制,是多式联运经营人对货主并不承担全程运输责任,仅对自己完成的区段货物运输负责。各区段的责任原则按该区段使用的法律予以确定。

2. 网状责任制

网状责任制是指多式联运经营人尽管对全程运输负责,但对货运事故的赔偿原则仍按不同运输区段所使用的法律规定。当无法确定货运事故发生区段时,则按海运法规或双方约定原则加以赔偿。

3. 统一责任制

统一责任制是指多式联运经营人对货主赔偿时不考虑各区段运输方式的种类及其所适用的法律,而是对全程运输按一个统一的原则并一律按一个约定的责任限额进行赔偿。

4. 经修订的统一责任制

经修订的统一责任制是介于统一责任制与网状责任制之间的责任制,也称混合责任制。它在责任基础方面与统一责任制相同,在赔偿限额方面则与网状责任制相同。目前,《联合国国际货物多式联运公约》基本上采取这种责任形式。

（三）国际多式联运经营人的责任类型

对多式联运经营人赔偿责任的分析，首先必须确定责任制（Liability Regime），即其应承担的责任范围。在目前的国际集装箱多式联运中，经营人所负的责任范围主要有以下两种类型。

1. 统一责任制（Uniform Liability System）

统一责任制（又称同一责任制）就是多式联运经营人对货主负有不分区段的统一原则责任，也就是说经营人在整个运输中都适用统一责任向货主负责。即经营人对全程运输中货物的灭失、损坏或延期交付负全部责任，无论事故责任是明显的，还是隐蔽的；是发生在海运段，还是发生在内陆运输段，均按一个统一原则由多式联运经营人统一按约定的限额进行赔偿。但如果多式联运经营人已尽了最大努力仍无法避免的或确实证明是货主的故意行为或过失等原因所造成的灭失或损坏，经营人则可免责。

统一责任制是一种科学、合理、手续简化的责任制度。但这种责任制对联运经营人来说责任负担较重，因此目前在世界范围内采用还不够广泛。

2. 网状责任制（Network Liability System）

网状责任制（又称混合责任制）就是多式联运经营人对货主承担的全部责任局限在各个运输部门规定的责任范围内，也就是由经营人对集装箱的全程运输负责，而对货物的灭失、损坏或延期交付的赔偿，则根据各运输方式所适用的法律规定进行处理，如海上区段按《海牙规则》处理，铁路区段按《国际铁路运输公约》处理，公路区段按《国际公路货物运输公约》处理，航空区段按《华沙公约》处理。在不适用上述国际法时，则按相应的国内法规定处理。同时，赔偿限额也是按各区段的国际法或国内法的规定进行赔偿，对不明区段的货物隐蔽损失，或作为海上区段按《海牙规则》处理，或按双方约定的原则处理。

网状责任制是介于全程运输负责制和分段运输负责制这两种负责制之间的一种责任制，故又称混合责任制。也就是该责任制在责任范围方面与统一责任制相同，而在赔偿限额方面则与区段运输形式下的分段负责制相同。

目前，国际上大多采用的就是网状责任制。我国自"国际集装箱运输系统（多式联运）工业性试验"项目以来发展建立的多式联运责任制采用的也是网状责任制。

我国发展和采用网状责任制有以下有利之处：

（1）与国际商会 1975 年修订的《联合运输单证统一规则》有关精神相一致，也与大多数航运发达国家采用的责任形式相同；

（2）我国各运输区段如海上、公路、铁路等均有成熟的运输管理法规可以遵循，采用网状责任制，各运输区段所适用的法规可保持不变；

（3）相对于统一责任制而言，网状责任制减轻了多式联运经营人的风险责任，对保护刚刚起步的我国多式联运经营人的积极性，保证我国多式联运业务顺利、健康地发展具有积极意义。

重要提示

在国际多式联运公约起草过程中,分歧最大的问题之一就是选择网状责任制还是统一责任制。一些发展中国家主张采用统一责任制,而发达国家则主张采用网状责任制。但是从国际多式联运发展来考虑,网状责任制并不理想,易在责任轻重、赔偿限额高低等方面产生分歧。因此,随着我国国际多式联运的不断发展与完善,统一责任制应更为符合多式联运的要求。这种特殊规定,在多式联运中出现了两层赔偿关系,第一层是多式联运经营人与货主间的赔偿关系,第二层赔偿关系是多式联运经营人与各区段实际承运人之间的赔偿责任。对于这一责任,公约中并没作出任何规定,只能按目前各区段适用的法律处理。

(四)国际多式联运经营人的责任期间

责任期间(Period of Responsibility)是指行为人履行义务、承担责任在时间上的范围。不言而喻,承运人责任期间的长短,也在一定程度上体现了承运人承担义务的多少和责任的轻重。

对于海上承运人的责任期间,根据《海牙规则》的规定,承运人的责任期间是"自货物装上船时起至卸下船时止"这一段时间。就是说货物的灭失或损坏系在该期间产生的,才适用《海牙规则》。然而,由于人们对"装上船"和"卸下船"的理解存在差异,因而《海牙规则》的这一规定不是很明确。

基于上述情况,提单条款必须定出精确的时间,作为承运人责任期间的开始与结束,而大多数船公司的提单,都以"钩到钩"作为承运人的责任期间。"钩到钩原则"(Tackle to Tackle)规定,在使用装运船舶起重机起吊货物时,对于货物的风险,承运人只在货物被吊离地面时起至货物被吊离船落地时为止这一段时间内负责。

任务三　组织大陆桥运输

案例导入

随着中国北疆铁路与哈萨克斯坦上西铁路接轨,一条濒临东海连接我国主要港口,西出新疆阿拉山口、横穿亚欧大陆、终抵大西洋东岸西欧各港口的新亚欧大陆桥已全线贯通。这条新大陆桥的开通,对于形成亚欧非三大洲、太平洋、大西洋的物流新格局,促进我国中、西部地区的对外开放,加强我国远洋运输在国际集装箱运输中的地位,都具有重要的意义和作用。

一、新亚欧大陆桥的特点

(1)大陆桥的两端桥头多。该大陆桥东端同时由大连、天津、连云港、上海、广州、深圳等港口和车站上桥。路线多,可综合发挥各港站的中转换装作业能力与线路输送能力,机动灵活。西端桥头也多,主要的有鹿特丹、汉堡、安特卫普、敖德萨、圣彼得堡等港。

(2) 吸引范围广。由于新亚欧大陆桥的腹地宽广,吸引范围大,预计将来的集装箱源是充足的。日本、韩国、东南亚各国以及大洋洲国家和中国香港、台湾等地区,均有可能利用它运输集装箱货物,可形成过境的固定箱源。返程西欧、东欧、近东、中东至远东的货流也是非常充裕的。

　　(3) 沿陆桥两岸物资丰富。这座大陆桥在我国的骨干,由陇海线和兰新线架起,途经各省区,资源蕴藏丰富,且亟待开发。它的沟通,对促进途经省区,特别是中原和西北省区的经济发展十分有利,故得到了这些省区的重视与支持。

　　(4) 地理位置适中,运距短。新亚欧大陆桥比西伯利亚大陆桥运距缩短了 3 000 km,径路更便捷,运费更便宜。其竞争力更强。

　　(5) 自然条件优越,气候适宜。新亚欧大陆桥的东、南端桥头堡,均为不冻港,可全年不间断地作业。而西伯利亚大陆桥,一年中有三个多月的冰冻期,需破冰船协助作业,不仅成本高,且能力受限制。

二、新亚欧大陆桥对我国经济发展的战略意义

　　根据国家总体战略部署,加速"大陆桥经济带"的开发,不断完善大陆桥的功能,是建设陆桥经济带的一项长期的共同的战略任务。从长远来说,将给国际集装箱海运带来深远影响,将进一步推进国际集装箱多式联运的发展和提高整个集装箱运输的经营效果。

案例思考
新亚欧大陆桥对于发展国际集装箱多式联运的积极作用有哪些?

一、大陆桥运输的概念

　　所谓大陆桥运输(Land Bridge Transport),是指使用横贯大陆的铁路、公路运输系统为中间桥梁,把大陆两端的海洋连接起来的运输方式。从形式上看,是海陆海的连贯运输,但实际在做法上已在世界集装箱运输和多式联运的实践中发展成多种多样。

　　大陆桥运输一般都是以集装箱为媒介,因为采用大陆桥运输,中途要经过多次装卸,如果采用传统的海陆联运,不仅增加运输时间,而且大大增加装卸费用和货损货差,以集装箱为运输单位,则可大大简化理货、搬运、储存、保管和装卸等作环节,同时集装箱是经海关铅封,中途不用开箱检验,而且可以迅速直接转换运输工具,故采用集装箱是开展大陆桥运输的最佳方式。

二、世界主要大陆桥运输的路线

　　世界主要大陆桥运输的路线如图 6.18 所示。

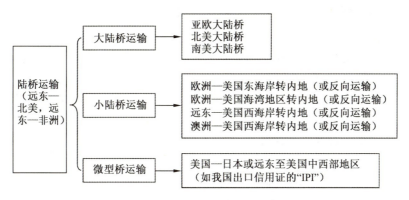

图 6.18 世界主要陆桥运输路线

(一) 大陆桥运输

1. 亚欧大陆桥

第一条亚欧大陆桥(西伯利亚大陆桥):贯通亚洲北部,以俄罗斯东部的哈巴罗夫斯克(伯力)和符拉迪沃斯托克(海参崴)为起点,通过世界上最长铁路——西伯利亚大铁路(莫斯科至符拉迪沃斯托克,全长 9 332 km),通向欧洲各国最后到达荷兰的鹿特丹港,也称西伯利亚大陆桥,整个大陆桥共经过俄罗斯、中国、哈萨克斯坦、白俄罗斯、波兰、德国、荷兰 7 个国家,全长 13 000 km 左右。沟通了太平洋和大西洋。

目前,经西伯利亚大陆桥往返欧洲与亚洲间的联运链主要有三条:海路—铁路;海路—铁路—公路;海路—铁路—海路。

第二条亚欧大陆桥(新亚欧大陆桥):是从中国的江苏连云港市和山东日照市等港群,到荷兰鹿特丹港口、比利时的安特卫普等港口的铁路联运线。大陆桥途经山东、江苏、河南、安徽、陕西、甘肃、山西、四川、宁夏、青海、新疆等 11 个省、区,到中俄边界的阿拉山口出国境。出国境后可经 3 条线路抵达荷兰的鹿特丹港。中线与俄罗斯铁路友谊站接轨,进入俄罗斯铁路网,途经华沙、柏林到达荷兰的鹿特丹港,全长 10 900 km,辐射世界 30 多个国家和地区。它是远东—欧洲间运输距离最短的一条运输链,可实现集装箱的门到门运输。

在我国境内,因运输的路线的不断完善,各个欧亚大陆桥的路线也有所改变。如以大连市为起点的亚欧陆桥运输,货物在到达大连港后,通过东北境内发达的铁路网,经满洲里出境,在俄罗斯的后贝加尔车站换装后,可直达莫斯科和圣彼得堡,货物运输的时限和成本将大幅降低。班列全程运行时间仅需 18 天,比海运节省 20 多天,比西伯利亚大陆桥运输节省 10 天。

2. 北美大陆桥

这是世界上出现最早的一条大陆桥。美国独立战争以后,为了加速发展西部地区经济,把铁路线不断向西延伸。这条大铁路,东起纽约,西止圣弗朗西斯科(旧金山),全长 4 500 km,它东接大西洋,西连太平洋,缩短了两大水域之间的距离,避免了货物水路绕道巴拿马运河的麻烦。

北美大陆桥包括美国大陆桥运输和加拿大大陆桥运输。美国大陆桥有两条运输线路:一条是从西部太平洋沿岸至东部大西洋沿岸的铁路和公路运输线;另一条是从西部太平洋沿岸至东南部墨西哥湾沿岸的铁路和公路运输线。北美大陆桥运输指从日本向东,利用海路运输到北美西海岸,再经由横贯北美大陆的铁路线,陆运到北美东海岸,再经海路运到欧洲的海—陆—海运输结构。

（二）小陆桥运输

小陆桥运输，也就是比大陆桥的海—陆—海运输缩短一段海上运输，成为陆—海或海—陆联运方式的运输。

北美小陆桥运送的主要是日本经北美太平洋沿岸到大西洋沿岸和墨西哥湾地区港口的集装箱货物。

目前，小陆桥运输链的主要路线有四条：

（1）欧洲—美国东海岸转内地（或反向运输）。

（2）欧洲—美国海湾地区转内地（或反向运输）。

（3）远东—美国西海岸转内地（或反向运输）。

（4）澳洲—美国西海岸转内地（或反向运输）。

北美小陆桥在缩短运输距离、节省运输时间上效果是显著的。以日本—美东航线为例，从大阪至纽约全程水运（经巴拿马运河）航线距离9 700海里，运输时间21～24天。而采用小陆桥运输，运输距离仅7 400海里，运输时间16天，可节省1周左右的时间。

（三）微型桥运输

所谓微型陆桥运输，就是没有通过整条陆桥，而只利用了部分陆桥区段，是比小陆桥更短的海陆运输方式，又称为半陆桥运输。美国微型陆桥运输是指从日本或远东至美国中西部地区的货运，由日本或远东运至太平洋港口后，再换装铁路或公路续运至美国中西部地区。

微型桥运输相比小陆桥运输，费用更省，运输时间更短。

知识拓展

大陆桥运输的历史背景

大陆桥运输是集装箱运输开展以后的产物，出现于1967年。当时苏伊士运河封闭，航运中断，而巴拿马运河又堵塞，远东与欧洲之间的海上货运船舶，不得不改道绕航非洲好望角或南美，致使航程距离和运输时间倍增，加上油价上涨航运成本猛增，集装箱运输开始兴起。在这种历史背景下，大陆桥运输应运而生。从远东港口至欧洲的货运，于1967年年底首次开辟了使用美国大陆桥运输路线，把原来全程海运，改为海—陆—海运输方式，试办结果取得了较好的经济效果，达到了缩短运输里程、降低运输成本、加速货物运输的目的。

三、大陆桥运输的优越性

大陆桥运输的优越性主要表现在以下几个方面。

（1）可简化理货、搬运、装卸、储存、保管等作业环节。

（2）集装箱经海关铅封，中途不用开箱检验，可迅速转换运输工具。

（3）缩短货物运输时间，节省运输费用。

（4）提高货运质量，降低运输成本。

项目巩固

一、单项选择题

1. (　　)不属于仓库的设备。
   A. 集装箱　　　B. 货架　　　C. 托盘　　　D. 堆垛机

2. 集装箱最早出现在(　　)。
   A. 美国　　　B. 英国　　　C. 法国　　　D. 德国

3. 以下属于集装箱按货物特征分类的是(　　)。
   A. 整箱货　　　B. 干货集装箱　　　C. 罐式集装箱　　　D. 敞顶集装箱

4. 多式联运经营人按托运人的要求签发了不可转让多式联运单据,在该单据的收货人栏内应写为(　　)。
   A. 记名抬头　　　　　　　　　　B. 不记名抬头
   C. 指示抬头　　　　　　　　　　D. 上述三者中任选一个即可

5. 下列(　　)不包括在国际多式联运的运输成本中。
   A. 从内陆接管货物发生的费用　　　B. 中转站至码头堆场运费
   C. 单证传递通信费用　　　　　　　D. 集装箱租用费

6. 国际多式联运中,多式联运单据是由(　　)签发的。
   A. 船公司　　　B. 货主　　　C. 多式联运经营人　　　D. 收货人

7. 美国大陆桥运输中的IPI运输,其中文名称为(　　)。
   A. 内陆点运输　　　　　　　　B. 内陆公共点运输
   C. 内陆点多式联运　　　　　　D. 内陆点连贯运输

8. 集装箱按货物的性质可分为普通货和(　　)货物。
   A. 特殊　　　B. 干　　　C. 湿　　　D. 重型

9. (　　)是在台架式集装箱上再简化而只保留底板的一种特殊结构集装箱。
   A. 干货集装箱　　　B. 平台集装箱　　　C. 罐式集装箱　　　D. 重型集装箱

二、多项选择题

1. 从事国际多式联运的经营人(　　)。
   A. 必须拥有运输工具　　　　　　B. 可以不拥有运输工具
   C. 可以以船舶运输为主的　　　　D. 可以只拥有货运站、堆场

2. 集装箱运输业务的参与方有(　　)。
   A. NVOCC　　　　　　　　　　B. Actual Carrier
   C. Container Leasing Company　　D. Container Yard

3. 下列各种类型的集装箱中,不适合用于危险货物运输的集装箱有(　　)。
   A. 通风集装箱　　　B. 杂货集装箱　　　C. 柜架集装箱　　　D. 罐装集装箱

4. 水路货物运输的类型包括(　　)。
   A. 整批运输　　　B. 零星运输　　　C. 拼装运输　　　D. 集装箱运输

三、简答题

1. 国际多式联合运输经营人承担的责任有哪些?

2. 我国发展和采用网状责任制有哪些有利之处？

3. 场站收据有什么作用？

四、综合分析题

集装箱运输的优越性体现在什么地方？

五、案例分析题

美国的多式联运服务大致包括4个独立的作业环节：

（1）港口作业。船停港总共3～5天，其中通关作业一般为1～2天。

（2）港口附近周转作业（即从港口转到火车上）。

（3）铁路长途运输。多式联运长途运输方式主要是铁路，列车平均运行速度为60～80 km/h。

一般工作日集装箱在列车出发前3～4 h集中到站场，列车的运输距离可以达每天1 200～1 500 km。其中通过公路运输向客户运送货物时，一般情况下，运价为3元/km，汽车行驶速度为45 km/h，运输过程中的存储费用为100元/h。

（4）内陆中转站的内陆作业。集装箱的停留时间主要取决于物流工作的商业考虑，其运输过程由集装箱所有者来控制。

当港口至货主的运距为1 500 km时，采用集装箱货车运输。集装箱从船上运到集装箱货车后，其运送速度一般为80 km/h，若配备两个驾驶员则会减少停车时间。在24 h内集装箱最大运输范围可达2 000 km。

根据案例，回答问题：

1. 国际多式联运的优越性是什么？

2. 如果采用公路运输，运输距离为300 km，请根据上述案例中提供的资料计算出总运输费用。

实战演练

联合运输作业

【技能训练目标】

通过让学生模拟操作办理动作手续，熟悉多式联运经营人联系业务的流程、随时掌握运输动态和运价表的变化、正确填写多式联运提单及委运书，同时使学生掌握多式联运经营人在从事业务时的责任划分问题。

【任务准备】

1. 单据准备

船期表、航运表、运价表、多式联运提单。

2. 人员准备

分组：每组8人，包括托运人1人、空箱发放1人、出口报关1人、承运人2人、保险1人、海关1人、其他1人。

【训练步骤】

1. 利用模拟操作系统熟悉多式联运经营人开展业务的流程。

2. 通过网上航运信息系统或教学操作软件数据库，确定各区段的实际承运人。

3. 填写样本托运单。主要内容有：出口货物的名称、件数、包装、唛头、毛重、尺码、目的港及最后装运日期等。

4. 根据配舱回单，缮制多式联运提单。

5. 利用模拟操作系统，对学生提交的托运单以及海运提单，选择有代表性的由教师进行点评。

【技能训练评价】

联合运输作业技能训练评价表

被考评人				
考评地点				
考评内容	水路货物运输合同			
考评标准	内 容	自我评价	教师评价	综合评价
	熟练使用船期表、航运表			
	正确填写托运单			
	联运提单缮制正确完整			
	责任的划分清楚			
	该项技能能级			

备注：
1. 综合评价：以教师评价为主，自我评价作为教师对学生初期技术能力评价参考条件。
2. 能级标准：
1 级标准：在教师指导下，能部分完成某项实训作业或项目；
2 级标准：在教师指导下，能全部完成某项实训作业或项目；
3 级标准：能独立地完成某项实训作业或项目；
4 级标准：能独立地又快又好地完成某项实训作业或项目；
5 级标准：能独立地又快又好地完成某项实训作业或项目，并能指导其他人。

【训练建议】
1. 在模拟实验室利用操作软件，网上航运信息系统做模拟操作。
2. 学生选定的不同承运人或运价进行分析，实时评估。
3. 以学生作为托运人，教师作为承运人的身份，确认托运单和签发配舱回单，并缮制多式联运提单。
4. 通过具体的案例分析使学生理解多式联运经营人与各分段承运人的责任划分问题。

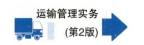

项目七

特种货物运输

 学习目标

【知识目标】

1. 了解特种货运工具、货运设备、货运场站的特点和作用以及对从业者的要求；
2. 熟悉危险货物主要特性，能合理选择运输工具和设备，组织危险货物运输；
3. 掌握超限货物的特点，能制订大件货物运输方案，合理组织超限货物运输；
4. 掌握鲜活货物的特点，了解不同货物的承运条件，合理组织鲜活货物运输。

【能力目标】

1. 通过学习，能够在实际生活中辨识特种货物；
2. 通过学习，掌握特种货物运输业务的工作流程，能够在实际工作中正确组织特种货物运输。

学习任务提要

1. 超限货物的概念、特殊性，公路和铁路危险货物运输的组织；
2. 鲜活易腐货物的概念、特点、分类及运输要求，公路和铁路鲜活易腐货物运输的组织；
3. 危险货物的概念、分类和包装要求，公路、铁路和水路危险货物运输的组织。

工作任务提要

1. 通过查阅资料、企业访谈，了解各种运输方式下超限货物、鲜活货物、危险货物的运输组织；
2. 在考虑特种货物的特点及运输要求的基础上编制特种货物运输方案。

建议教学时数

6学时。

任务一　组织超限货物运输

案例导入

2017年4月15日23时左右,石某驾驶半挂牵引车行驶到京港澳高速公路咸宁南收费站时,经计重设备检测显示车货总重为79.9 t,该车涉嫌违法超限运输。现场收费员立即通知京珠路政四大队,在路政员赶赴现场前当事人石某为躲避超限处罚,自行推杆驶离。

为打击违法超限车辆的逃逸行为,京珠路政办案人员协调辖地高速交警及各站所,先后调取了车辆所有人信息,该车进出站录像,并将该车辆车型、车号、颜色、所运输货物等相关信息申请录入了全省高速公路联网系统的"灰名单"。

4月19日,驾驶员石某心存侥幸驾车从湖北咸通高速嘉鱼北收费站打算上站,但收费站收费员接到联网收费系统自动提示,有此前列入"灰名单"系统的超限车辆上站,经宣讲此前违法超限运输车辆未进行处理,不能行驶湖北省高速公路后,驾驶员石某随即驶离。5月2日,该车从湖北武黄高速黄石南出站时再次被拦截,京珠路政四大队接通知后,联系武黄路政六大队,联合执法办案,经过路政员出具的证据事实及宣讲法律法规,驾驶员石某不得不接受事实。5月3日驾驶员石某到京珠路政四大队接受处罚,缴纳了15 000元的罚款。

自2016年交通运输部《超限运输车辆行驶公路管理规定》实施以来,为维护法律的严肃性,京珠路政与辖区交警及各收费站及湖北各高速路政就如何加强联动联勤、信息互通开展沟通、探讨,协同作战,京珠路政开展联网模式,形成违法超限的"天网"。

案例思考

1. 石某运输过程中哪些行为违法了?
2. 何为超限运输? 超限运输有何特殊性?

知识链接

一、超限货物运输的基本常识

(一)超限货物的概念

超限货物是指货物外形尺寸和重量超过常规(超长、超宽、超高、超重)车辆或船舶装载规定的大型货物。货物只需具备上述四种条件之一即可认为该货物是该运输方式中的超限货物。不同运输方式对超限货物的判别标准有所不同。

1. 公路超限货物（图7.1）

公路方面，超限货物是指符合下列条件之一的货物：

（1）货物外形尺寸长度在 14 m 以上或宽度在 3.5 m 以上或高度在 3 m 以上的货物；

（2）重量在 20 t 以上的单体货物或不可解体的成组（捆）货物。

图7.1　公路超限运输　　　　　　图7.2　铁路超限运输

2. 铁路超限货物（图7.2）

铁路方面，超限货物是指符合下列标准之一的货物：

（1）单件货物装车后，在平直线路上停留时，货物的高度和宽度有任何部位超过机车车辆界限或特定区段装载限界。

（2）单件货物装车后，在平直线路上停留虽不超限，但行经半径为 300 m 的曲线线路时，货物的内侧或外侧的计算宽度（已经减去曲线水平加宽量 36 mm）仍然超限。

（3）对装载通过或到达特定装载限界区段内各站的货物，虽没有超出机车车辆界限，但货物的高度或宽度超出特定区段的装载界限。

想一想　*超限与超载一样吗？*

（二）超限运输的特殊性

超限货物的运输组织与一般货物的运输组织不同，具体体现在以下几方面。

1. 特殊装载要求

一般情况下，超限货物装载在超重型挂车上，用超重型牵引车牵引。超重型车组是非规的特种车组，车组装上大件货物后，其重量和外形往往超过了普通汽车、列车，因此超重型挂车和牵引车都是用高强度钢材和大负荷轮胎制成，价格昂贵，而且要求行驶平稳，安全可靠。

2. 特殊运输条件

对于超限货物的运输条件而言，途经道路和空中设施必须满足所运货物的车载负荷。道路必须具备足够的宽度、净空以及良好的曲度，桥涵要有足够的承载能力。这些要求在一般道路上往往难以满足，必须事先进行勘测，必要时，要对相关道路设施进行改造，在运输中采取适当的组织技术措施，分段封闭交通，保证大件货物运输顺利实施。

3. 特殊安全要求

超限货物通常都是重点工程的关键设备，必须确保安全。其运输是一项系统工程，相关运输企业要提交申请,组织有关部门对运输路线进行勘察筛选,排除地空障碍,加固桥涵,制定护送方案;在运输中,要严密组织,协调关系,处理突发事件,保证万无一失。

二、超限货物运输的组织

(一) 公路超限货物运输的组织

由于超限货物运输具有极强的特殊性,因此,对于超限货物的运输组织工作也较为复杂。公路超限货物运输组织环节主要包括办理托运、理货、验道、制定运输方案、签订运输合同、线路运输工作组织以及运输统计和运输结算。

1. 办理托运

托运人必须在(托)运单上如实填写大型物件的名称、规格、件数、件重、起运日期、收发货人详细地址及运输过程中的注意事项。

2. 理货

调查大型物件的几何形状和重量、调查大型物件的重心位置和质量分布情况、查明货物承载位置及装卸方式、查看特殊大型物件的有关技术经济资料,以及完成书面形式的理货报告。

3. 验道

查验运输沿线全部道路的路面、路基、纵向坡度、横向坡度及弯道超高处的横坡坡度等。然后根据上述查验结果预测作业时间,编制运行路线图,完成验道报告。

4. 制订运输方案

在充分研究、分析理货报告及验道报告基础上,制订安全可靠、可行的运输方案。

5. 签订运输合同

根据托运方填写的委托运输文件及承运方进行理货分析、验道、制订运输方案的结果,承托双方签订书面形式的运输合同。

6. 线路运输工作组织

建立临时性的大件运输工作领导小组,负责实施运输方案,执行运输合同和相应对外联系。

7. 运输统计和运输结算

运输统计指完成公路大型物件运输工作各项技术经济指标统计;运输结算即完成运输工作后按运输合同规定结算运费及相关费用。

(二) 铁路超限货物运输的组织

1. 货运手续

托运人在托运超限货物时,除按一般货运手续办理外,还要提供下列资料:

(1) 托运超限货物说明书。

(2) 货物外形的三维视图,并须以"+"号标明货物重心位置。

(3) 自轮运转的超限货物,应有自重、轴数、轴距、固定轴距、长度、转向架中心销间距离、制动机形式和运行限制条件。

(4) 必要时,应附有计划装载加固方案的图纸和说明。

2. 受理托运

托运人提供的货物技术资料及相关证明文件齐全有效、符合规定,且货物发到站(含专用线、专用铁路)具备超限超重承运人资质的,发站应给予受理。

3. 选择装载方案

(1) 受理后,发站须认真审查资料,必要时应组织有关部门共同研究。
(2) 对照资料核查货物实际,复核货物重量,测量核对货物外形尺寸和重心位置。
(3) 拟定使用货车的车种、车型及车数,拟订货物装载加固方案。
(4) 根据货物的外形、重量和结构特点,结合装运车辆的技术条件,综合考虑装车方案。
(5) 必要时应采取改变货物包装、解体货体或某个部件的措施,以降低超限等级。

4. 装车作业

装车前,装车前发站应做好以下准备工作:

(1) 应严格按批复的文电内容和要求选择车辆。装车前应通知车辆部门进行技术检查合格,并经货运人员确认符合批示电报和装车的要求,方能使用。
(2) 检查内容包括车地板的高度、长度和宽度。
(3) 确认加固材料和加固装置的规格、数量及质量符合装载加固方案规定。
(4) 在负重车上标划车辆纵横中心线。
(5) 在货物上标明重心位置(投影)、索点。货物装车前应按货物重心的位置,在货物的两端或两侧,标画货物纵、横重心的垂直线。货物重心的垂直线是确定货物重心装载位置的主要依据。
(6) 开好车前会,向装车人员布置装车事项。装车时,站段超限超重运输和装载加固主管人员须到装车现场进行指导;装车后进行检查,保证货物的安全。

5. 标记

装车完毕,确认符合批示电报条件后,按规定需要"禁止溜放"的货车,应在货车两侧拴挂超限超重货物检查标示牌。

6. 到达作业

超限超重货物到站应根据批示电报正确选择、确定卸车地点和货位,科学制定卸车方案,严格加强卸车组织,确保安全。收货人组织自卸的,车站应与收货人签订自卸车协议,明确安全责任,并在卸车前与收货人办理完货物交付手续。

任务二 | 组织鲜活易腐货物运输

案例导入

新的一天又开始了。昨夜一场大雨过后,空气格外清新,罗斯走向农场,准备开始一天的劳作。这些玫瑰含苞待放,露珠在枝叶上微微颤抖,不禁惹人怜爱,然而她们实在太娇嫩了,经不起日晒雨淋。所以罗斯将园中的玫瑰花枝剪下来之后立即包装起来。为了防止花枝受到挤压,这些包装玫瑰花的盒子都非常结实,盒子装满鲜花后即使站一个人上去都不会变形,而且这种良好的包装使得运输过程中避免了重复包装。每次,罗斯都将150枝玫瑰花包成一盒,然后将盒子装入2℃的冷藏集装箱内。在农场中,所有的人都在这么做。等集装箱装满之后就被送到厄瓜多尔首都国际机场,再从这里被连夜直接送往美国迈阿密机场。

由于布里恩花卉物流公司发明了一种环保集装箱,它的保温时间可以持续96个小时,而且还能贮存在宽体飞机底部的货舱内。所以,这些玫瑰花整晚都安安静静地躺在飞机底部货舱。第二天凌晨,满载着新鲜玫瑰切花的货机徐徐降落在迈阿密国际机场。在此等候的工作人员将鲜花迅速从飞机舱口运到温控仓库里。早晨,海关、检疫所和动植物检验所的工作人员来对鲜花进行例行检查。之后,花卉就被转运到集装箱卡车或国内航空班机上,直接运达美国各地配送站、超市和大卖场,再通过它们将鲜花送往北美大陆各大城市街道上的花店、小贩和快递公司等处,并最终到达消费者手中。整个过程是快速衔接的,在时间上不能有任何差错。这样,北美地区的人们就能够欣赏到来自南美洲厄瓜多尔最美丽的玫瑰花了。

案例思考

1. 案例中的玫瑰花是怎样"旅行"的?
2. 鲜活货物在运输过程中与普通货物有何区别?

 知识链接

一、鲜活易腐货物的基本知识

（一）鲜活易腐货物的概念

鲜活易腐货物是指在运输过程中需要采取特殊措施（如冷藏、保温、加温等）,以防止腐烂变质或病残死亡的货物。

（二）鲜活易腐货物的运输方式

鲜活易腐货物的运输主要分为三大类：

（1）冷冻运输（-10 ℃ ~ -20 ℃）：提供符合标准的冷冻运输专用车辆运送。主要用于运输速冻食品、肉类、冷饮等货物。

（2）冷藏运输（0 ℃ ~ 7 ℃）：提供符合标准的冷藏运输专用车辆运送。主要用于运输水果、蔬菜、鲜奶制品、花草苗木、熟食制品等货物。

（3）恒温运输（18 ℃ ~ 22 ℃）：提供符合标准的保温、温控运输车辆运送。主要用于运输药品、化工产品等货物。

（三）鲜活易腐货物的运输特点

1. 品种多,组织工作复杂

鲜活货物有数千种,各种货物性质不尽相同,而且我国幅员广阔,南北气候差异大,给运输带来极大麻烦。特别是长距离的活动物运输,在运输过程中除了供氧以外,还要有适宜的温度。鲜活类货物的组织工作与普通货物相比要复杂得多。

2. 季节性强,运量波动大

鲜活类货物大部分是季节性生产的农副产品,如瓜果、蔬菜,这些产品的上市都有确定的时间,运量会随着季节的变化而变化。

3. 运输时间紧迫

鲜活类货物本身的特点是新鲜、成活。大部分鲜活货物都是易腐性的,极易变质,所以都要求在最短的时间内将货物及时运到,以避免经济损失。

4. 易受外界条件的影响,运输途中需特殊照料

鲜活类货物一般比较娇嫩,热了容易腐烂,冷了容易冻坏,干了容易干缩,碰破及卫生条件不好容易被微生物侵蚀,使易腐货物腐烂变质,使活动物病残死亡。为此,在运输途中要做到防冷、防冻,保持一定湿度和温度,特别是动物运输途中还需供氧,沿途需要特殊照料。

(四)鲜活易腐货物的保存及运输要求

1. 鲜活易腐货物发生腐烂变质的原因

鲜活易腐货物运输中,除了少数部分货物确因途中照料或车辆不适造成死亡外,其中大多数货物都是因为发生腐烂而产生货物损坏及灭失。发生腐烂变质的原因主要有以下几方面:

(1)对于动物性食物来说,主要是微生物的作用。由于细菌、霉菌和酵母在食品内的繁殖,使蛋白质和脂肪分解,变成氨、游离氮、硫化醛、硫化酮、二氧化碳等简单物质,同时产生臭气和有毒物质。此外,还使维生素受到破坏,有机酸分解,使食物腐败变质不能食用。

(2)对于植物性食物来说,主要是呼吸作用所致。水果、蔬菜等易腐货物,在运输过程中其植物原生质还活着,需要进行呼吸作用来维持其生命。但是,植物的呼吸作用是一个氧化过程,虽能抵抗细菌入侵,但同时也不断消耗体内的养分。随着体内各种养分的消耗,植物体内抗病性逐渐减弱,到了一定程度细菌就会乘虚而入,加速各种营养成分的分解,植物体内营养物质消耗完毕后,就不能再维持其生命,而此时,细菌会乘机快速繁殖,使水果、蔬菜很快腐烂变质。

(3)自然界中的化学作用。运输过程中无论是动物性食物还是植物性食物,一旦被碰伤后,食物会被迅速氧化,其呼吸作用就会加强,也就加快了腐烂变质的进程。

2. 鲜活易腐货物的保存方法

了解鲜活易腐货物腐烂变质的原因,就可以得出保存这些货物的方法。凡能用以抑制微生物的滋长,减缓呼吸作用的方法,均可达到延长鲜活易腐烂货物保藏时间的目的。所以,在鲜活易腐货物运输中,只有设法抑制微生物的繁殖,控制呼吸作用和化学作用的强度,才能防止或推迟货物腐烂变质的过程。为此,我们要注意以下几个方面。

(1)保持适宜的温度条件。

鲜活易腐货物在运输过程中为了防止货物变质需要保持一定的温度。该温度一般称作运输温度。温度的大小应根据具体的货种而定。即使是同一货物,由于运输时间、冻结状态和货物成熟度的不同,对运输温度的要求也不一样。温度对微生物的生存和繁殖及鲜活易腐货物的呼吸作用都有较大的影响。温度降低,减弱了微生物的繁殖能力,而降低到一定温度,可使微生物停止繁殖,使物品长时间不会腐坏。降低温度,果蔬的呼吸也随之减弱,其营养物的消耗与分解也相应减慢,从而增加了它们的保鲜时间。

运输中,当外界气温大大高于物品所要求的运输温度时,就应使用冷藏运输。冷藏货大致分为冷冻货和低温货两种。冷冻货是指货物在冻结状态下进行运输的货物,运输温度的范围一般在 $-20℃ \sim -10℃$;低温货是指货物在还未冻结或货物表面有一层薄薄的冻结层

的状态下进行运输的货物,一般允许的温度调整范围在 -1 ℃ ~16 ℃。

想一想 鲜活易腐货物的存储是不是温度愈低愈好?

（2）提供合适的湿度。

用冷藏方法来储藏和运输鲜活易腐货物时,温度固然是主要的条件,但湿度的高低、通风的强弱和卫生条件的好坏对货物的质量也会产生直接的影响。湿度对食品质量影响甚大,湿度增大会使食物表面"发汗",便于微生物滋长;湿度过低食物蒸发加强,食物易于干缩枯萎,失去新鲜状态,而且破坏维生素和其他营养物质,降低食品的质量。在实际运输过程中,温、湿度可以相互配合,冷冻食物为减少干耗,湿度可以大些;水果、蔬菜温度不能太低,湿度可适当小些。

（3）需要适当的通风。

蔬菜、水果、动物性食物在运输过程中,都需要通风,目的是排除呼吸时放出的二氧化碳、水蒸气和热量,同时换入新鲜空气。但通风对温、湿度又有直接影响,如外界温度高,通风会提高车内温度和湿度;反之,就会下降。通风的时间也要适当,时间过短达不到换气目的,时间过长又要影响车内的温度和湿度。

（4）保持良好的卫生条件。

卫生条件不好,微生物太多,鲜活易腐货物沾染的机会多,即使温、湿度适合,食物也易于腐烂。

总之,温度、湿度、通风、卫生四个条件之间既有互相配合,又有互相矛盾的关系,只有充分了解其内部规律,妥善处理好它们相互之间的关系,才能保证鲜活易腐货物的运输质量。

3. 鲜活易腐货物的运输要求

鲜活易腐货物运输过程中采用冷藏运输的方法比较有效,常被采用。它的优点是:延长运输时间,能很好地保持食物原有的品质,并且能进行大批量、长时间的运输。鲜活货物运输过程必须依靠冷冻或冷藏等专用车辆进行,冷冻或冷藏专用车辆除了需要有一般货车相同车辆结构外,必须额外在车上设置冷冻、冷藏与保温设备。

在运输过程中要特别注意必须是连续的冷藏,因为微生物活动和呼吸作用都随着温度的升高而加强。如果运输中各环节不能保证连续冷藏的条件,那么货物就有可能在某个环节中开始腐烂变质。在运输时,应该根据货物的种类、运送季节、运送距离和运送地方确定运输方法。在运输过程中,尽量组织"门到门"的直达运输方式,以提高运输速度,保证温度、湿度符合规定。

二、公路鲜活易腐货物的运输组织

良好的运输组织,对保证鲜活易腐货物的质量十分重要。鲜活易腐货物运输的特殊性,要求保证及时运输。应充分发挥公路运输快速、直达的特点,协调好仓储、配载、运送各环节,以保证及时送达。

配载运送时,应对货物的质量、包装和温度要求进行认真的检查,包装要合乎要求,温度要符合规定。应根据货物的种类、运送季节、运送距离和运送地方确定相应的运输服务方法,及时地组织适宜车辆予以装运。鲜活易腐货物装车前,必须认真检查车辆及设备的完好状态,应注意清洁和消毒。装车时应根据不同货物的特点,确定其装载方法。如,为保持冷冻货物的冷藏温度,可紧密堆码;水果、蔬菜等需要通风散热的货物,必须在货件之间保留一定的空隙;怕压的货物必须在车内加隔板,分层装载。

三、铁路鲜活易腐货物运输组织

（一）鲜活易腐货物的承运

承运鲜活易腐货物时,车站货运员要根据《铁路鲜活货物运输规则》对鲜活易腐货物的质量、包装和热状态进行检查。在承运时应注意鲜活易腐货物的运到期限和容许运送期限。容许运送期限是指在规定的运送条件下,根据货物的品种、成熟度、热状态的要求组织运输,以保持货物质量的期限。容许运送期限应由托运人提出,车站负责审查。

承运畜禽产品和鲜活植物时,应取得查验其兽医卫生机关的检疫证后才能承运。

对于货物质量、包装、温度等方面的检查结果应填写"冷藏车作业单",每车填写一份,与货物运单一起随车递至到站保存备查,以便积累运输经验,同时作为分析处理货运事故的依据。

（二）鲜活易腐货物的装车

在装运鲜活易腐货物时,应根据货物的种类、数量、热状态、外界温度和运送距离选择适宜的车辆。在装车后要认真对车辆进行技术检查和货运检查。冷藏车在装车前应进行预冷,最好将其预冷到货物所要求的运输温度。此外,应根据不同的鲜活易腐货物进行货物装载,以保证货物的完好。

（三）装运鲜活易腐货物车辆的运行组织

鲜活易腐货物具有容易腐败变质的特点,即使在规定的条件下保管和运输也仍然不会停止其腐坏的过程。因此,在铁路运输过程中除技术上需要采取特殊措施外,凡进行装车、取送、编解、挂运、加冰、加盐等作业,都应该密切配合,实行快速作业。根据我国铁路运输条件,为了保证冷藏车快速运行,除了必须建立和健全取送、预确报、编挂等制度外,还应对冷藏车的运行实行监督制度。除车站监督外,铁路分局或铁路局调度应按车号掌握冰冷藏车的运行,使每辆冷藏车从装车开始直到卸车为止,都处在集中监督之下,以便提高冷藏车运用效率。我国铁路组织鲜活易腐货物和活口车合编的快运货物列车,实行定停站点、定运行线、定编组顺序和定在站停车轨道等"四固定"制度,为加速冷藏车的运行提供了值得借鉴的经验。鲜活易腐货物卸车时,车站应把货物的状态、温度情况、卸车时间等记入"冷藏车作业单",存站备查。遇有腐坏变质情况,车站应会同收货人检查确认腐损程度,并编制货运记录,以作调查事故判定责任的根据。

任务三　组织危险品货物运输

案例导入

2005年9月3日1时50分,在黑龙江301国道横道收费站以西3 km处,一辆装载了39 t危险品冰醋酸的运输车撞上一辆停在路边的卡车,造成4人死亡,1人受伤,车上的冰醋酸全部泄漏。事故发生后,消防、公安、环保等部门及时赶到现场抢险,救治受伤人员。一名受伤的司机,经海林市人民医院全力抢救后脱离危险。由于事故导致罐车上的冰醋酸全部泄漏,指挥部采取紧急措施,迅速组织30多名抢险人员,一边用喷水稀释,一边抢运一车白灰,利用白灰中和醋酸的原理,砌堵白灰防渗墙、泼洒事故现场,有效阻止冰醋酸对环境的污染扩散。

 案例思考

1. 本案例中的冰醋酸属于哪类特种货物?此类货物的特点有哪些?
2. 此类货物在运输过程中需要注意什么?

 知识链接

一、危险品货物运输的基本常识

(一) 危险品货物的概念

在货物运输中,凡具有爆炸、燃烧、毒害、腐蚀、放射射线等性质,在运输、装卸和保管过程中,容易引起人身伤亡和财产损毁而需要特别防护的货物,均属于危险货物。

危险货物的定义包含如下三点要求:

(1) 具有爆炸、易燃、毒害、腐蚀、放射性等性质。
(2) 能引起人身伤亡和财产损毁。
(3) 在运输、装卸、保管过程中需要特别防护。

必须同时具备以上三点的货物方可称为危险货物。

> **重要提示**
>
> 精密仪器、易碎器具都需要特别防护,但这些物品不具有特殊性质,即使防护失措,也不致造成人身伤亡或除货物本身以外的财物毁损,所以不属于危险货物。

(二) 危险品货物的分类

危险货物是一个总称,包括很多品种。我国2012年颁布实施的国家标准《危险货物分类和品名编号》(GB6944—2012),将危险货物按其主要特性和运输要求分成以下9类。

1. 爆炸品

本类货物系指在外界作用下(如受热、撞击等),能发生剧烈的化学反应,瞬时产生大量的气体和热量,使周围压力急骤上升,发生爆炸,对周围环境造成破坏的物品,也包括无整体爆炸危险,但具有燃烧、抛射及较小爆炸危险,或仅产生热、光、音响或烟雾等一种或几种作用的烟火物品。常见爆炸品如图7.3所示。

爆炸性物质　　　　　烟火物质　　　　　爆炸性物品

图7.3　爆炸品

2. 气体

本类货物系指压缩、液化或加压溶解的气体,并应符合下述两种情况之一者:

(1) 临界温度低于50 ℃时,或在50 ℃时,其蒸气压力大于291 kPa 的压缩或液化气体。

(2) 温度在21.1 ℃时,气体的绝对压力大于275 kPa,或在51.4 ℃时气体的绝对压力大于715 kPa 的压缩气体;或在37.8 ℃时,雷德蒸气压(reid vapour pressure)大于274 kPa 的液化气体或加压溶解的气体。

常见的此类货物有氧气、氢气、氯气、氨气、乙炔、石油气等。

3. 易燃液体

本类货物系指易燃的液体、液体混合物或含有固体物质的液体,但不包括由于其危险特性列入其他类别的液体。常见易燃液体如图7.4所示。

乙醇　　　　　　　油漆　　　　　　　石油制品

图7.4　易燃液体

4. 易燃固体、易于自燃的物质、遇水放出易燃气体的物质

易燃固体指燃点低,对热、撞击、摩擦敏感,易被外部火源点燃,燃烧迅速,并可能散出有毒烟雾或有毒气体的固体,不包括已列入爆炸品范围的物品。常见的此类货物有赤磷、硫磺、萘、硝化纤维塑料等。

易于自燃的物质指自燃点低,在空气中易于发生氧化反应,放出热量而自行燃烧的物品,如黄磷和油浸的麻、棉、纸及其制品等。

遇水放出易燃气体的物质指遇水或受潮时,发生剧烈化学反应,放出大量易燃气体和热量的物品。有些不需明火,即能燃烧或爆炸,如钠、钾等碱金属,碳化钙等。

常见易燃固体、易自燃或遇湿易燃物品如图7.5所示。

| 易燃固体——硫磺 | 易于自燃的物质——黄磷 | 遇水放出易燃气体的物质——电石 |

图 7.5　易燃固体、易于自燃的物质、遇水放出易燃气体的物质

5. 氧化性物质和有机过氧化物

氧化性物质和有机过氧化物是指易于放出氧气从而促使其他材料燃烧并助长火势的物质。本身未必燃烧,但一般因容易分解放出氧气并产生大量的热可导致或促成其他物质的燃烧,甚至引起爆炸。有机过氧化物绝大多数是燃烧猛烈的,能起强氧化剂的作用并易于发生爆炸性的分解,能严重损害眼睛。

6. 毒性物质和感染性物品

毒性物质是指如误被吞咽、吸入或与皮肤接触易于造成人或动物死亡或严重损害人体健康的物质。

感染性物质指含有会引起或可能引起人或动物疾病的活性微生物的物质,这类微生物包括细菌、病毒、寄生虫、真菌等。

7. 放射性物质

一些元素和它们的化合物或制品,能够自原子核内部自行放出穿透力很强而人的感觉器官不能察觉的粒子流(射线),具有这种放射性的物质称为放射性物质。《危险货物运输规则》中将放射性物质定义为放射性比活度大于 7.4×10^4 Bq/kg 的物品。

8. 腐蚀性物质

从包装内渗漏出来后,接触人体或其他物品,在短时间内即会与接触表面发生化学反应或电化学反应,造成明显破坏现象的物质称为腐蚀质。如硫酸、硝酸、盐酸、氯化氢、氯磺酸、冰醋酸、氢氧化钠、脱和水合肼、甲醛等。此外,有些腐蚀性物质具有强氧化性,当与有机材料接触时会着火烧燃,如溴及其溶液、硝酸、高氯酸等。有些腐蚀性物质遇水时会放出大量的热,如氯磺酸、三氧化硫、发烟硫酸等。

9. 杂项危险物质和物品,包括危害环境物质

此类物质是指除以上八类以外的其他危险货物,包括凡经验已经证明或可以证明,按其危险性质必须应用本类规定的任何其他物质。

二、公路危险品货物运输

(一)公路危险货物资质管理

1. 从事公路危险货物运输的基本条件

(1)拥有相适应的停车场、仓储设施。

(2)危险货物的车辆、容器、装卸机械及工机具,必须符合交通运输部 JT617《汽车危险货物运输规则》规定的条件,经道路运输管理机构审验合格。

(3)有符合要求的从业人员,掌握危险货物运输的有关知识,持有经当地地(市)级以

上道路运输管理机构或危险货物运输管理机构考核颁发的《道路危险货物运输操作证》。

(4) 有健全的安全生产管理制度,包括安全生产操作规程、安全生产责任制、安全生产监督检查制度以及从业人员、车辆、设备安全管理制度。

2. 危险货物运输资质凭证

包括:企业《危险货物运输经营许可证》;车辆《道路运输证》;"危险品"标志牌、灯;人员《道路危险货物运输操作证》;消防技术合格证等。其中,《道路运输证》一车一证,随车同行。

(二) 公路危险货物运输规范

危险货物运输,要经过受理托运,仓储保管,货物装卸、运送、交付等环节,这些环节分别由不同岗位人员操作完成。其中,受理托运、货物运送及交接保管工作环节尤其应加强管理。

1. 受理托运

在受理前应先了解货物,必须对货物名称、性质等情况进行详细了解并注明,问清包装、规格和标志是否符合国家规定要求,必要时下现场进行了解。如果货物属于新产品,需要检查随附的《技术鉴定书》是否有效。按照道路运营管理法规的相关规定,危险品货物运输必须具备齐全的"准运证件",包括危险货物的托运单、危险货物合格证明书、危险货物说明书、危险货物包装检查证明书、放射性货物申报单、放射性空容器检查证明书等。最后,做好运输前准备工作,检查装卸现场、环境是否符合安全运输条件,在受理前应赴现场检查包装等情况,看是否符合安全运输要求。

2. 货物运送

首先,详细审核托运单内容,发现问题及时弄清情况,然后再安排运输作业。其次,安排作业时,必须按照货物性质和托运人的要求安排车班、车次,同时,要注意气象预报,掌握雨雪和气温的变化;遇有大批量烈性易燃、易爆、剧毒和放射性物质时,须作重点安排;安排大批量危险物品跨省市运输时,应安排有关负责人员带队;如遇有特殊注意事项,应在行车单上注明。最后,对货物运行过程要进行实时监控,通过 GPS 定位系统、物联网监控系统能够做到特殊情况的及时处理,保证运输过程的安全。

3. 交接保管

承运单位及驾驶人员、装卸人员、押运人员应明确各自应负的责任,规范作业,完成货物运输。在货物交接时,严格货物交接程序,危险货物必须点收点交签证手续完善;装货时发现包装不良或不符安全要求,应拒绝装运,待改善后再运;因故不能及时卸货,在待卸期间行车人员应负责对所运危险货物的看管;如所装货物危及安全时,承运人应立即报请当地有关部门进行处理。

(三) 危险货物运输承运人注意事项

(1) 注意包装:危险品在装运前应根据其性质、运送路程、沿途路况等采用安全的方式包装好。

(2) 注意装卸:危险品装卸现场的道路、灯光、标志、消防设施等必须符合安全装卸的条件。

(3) 注意用车:装运危险品必须选用合适的车辆。

(4) 注意防火:危货运输忌火,危险品在装卸时应使用不产生火花的工具,车厢内严禁吸烟,车辆不得靠近明火、高温场所和太阳暴晒的地方。

(5) 注意驾驶:装运危险品的车辆,应设置《道路运输危险货物车辆标志》(GB13392—

2005)规定的标志。

（6）注意漏散：危险品在装运过程中出现漏散现象时，应根据危险品的不同性质，进行妥善处理。

（7）注意停放：装载危险品的车辆不得在学校、机关、集市、名胜古迹、风景游览区停放，如必须在上述地区进行装卸作业或临时停车时，应采取安全措施，并征得当地公安部门的同意。

（8）注意清厢：危险品卸车后应清扫车上残留物，被危险品污染过的车辆及工具必须洗刷清毒。

三、铁路危险品货物运输

（一）铁路危险货物管理

1. 托运人资质

铁路危险货物运输实行托运人资质认证制度。办理危险货物运输的托运人应具有国家有关部门审批认定的危险货物生产、储存、使用、经营许可资格，按规定取得《铁路危险货物托运人资质证书》（简称《托运人资质证书》）或《铁路进出口危险货物代理人资格确认件》（以下简称《代理人资格确认件》）。

> **重要提示**
> 正确地办理危险货物的托运和承运，是保证危险货物运输安全的重要环节。危险货物仅办理整车和 10 t 以上集装箱运输。

2. 危险货物包装管理

危险货物运输包装不仅能保护产品质量不发生变化和数量完整，而且是防止运输过程中发生燃烧、爆炸、腐蚀、毒害、放射射线污染等事故的重要条件之一，是安全运输的基础。

受理危险货物时必须审查运单填写的包装方法是否符合《品名表》和《危规》附件"危险货物包装表"的规定，货物的品名、重量、件数是否与运行记载一致，包装标志是否清晰、齐全、牢固等。

托运人要求改变危险货物运输包装时，应填写《改变运输包装申请表》一式四份。发站对托运人提出的改变包装的有关文件确认后，报铁路局批准，在指定的时间和区段内组织试运，跨局试运时由铁路局通知有关铁路局和车站。

（二）铁路危险货物运输规范

1. 装卸作业

（1）危险物的装（卸）车的基本要求。

托运人、收货人有专用铁路、专用线的，整车危险货物的装车和卸车必须在专用线、专用铁路办理。托运人、收货人提出专用铁路、专用线共用时，需经铁路局批准。

危险货物装卸前，应对车辆、仓库进行必要的通风和检查。车内仓库内必须打扫干净。装卸危险货物严禁使用火灯具照明。照明灯具应具有防爆性能，装卸作业使用的机具应能防止产生火花。

（2）装车作业。

作业前货运员应向装卸工组详细说明货物的品名、性质、布置装卸作业安全注意事项和需准备的消防器材及安全防护用品。作业时要轻拿轻放，堆码整齐牢固，防止倒塌。要严格按规定的安全作业事项操作，严禁货物倒放、卧装（钢瓶及特殊容器除外）。破损的包装件不准装车。

（3）签认制度。

危险货物运输作业实行签认制度。作业应按规定程序和作业标准进行并签认。要对作业过程内容的完整性、真实性负责，严禁漏签、代签和补签。签认单保存期半年。

落实危险货物运输签认制度的有关要求，按《铁路危险货物运输作业签认单》办理。

2. 保管作业

车站对危险货物按其性质和要求将其存放到指定的仓库、雨棚等场地。遇潮或受阳光照射容易燃烧或产生有毒气体的危险货物不能在雨棚或露天存放。

存放保管危险货物时，应按照《铁路危险货物配放表》（简称《配放表》）的规定执行。编号不同的爆炸品不得同库存放。放射性物质需建专用仓库，并与爆炸品仓库保持20 m以上的安全距离。

> **知识拓展**
>
> **表7.1　危险货物配放表**
>
> | 可以配放 | 配放表中无配放符号 |
> |---|---|
> | 隔离配放 | 以△表示。隔离配放是指可以配放，堆放时至少应隔开2 m的距离 |
> | 不能配放 | 以×表示。不能配放是指两种货物不能配放在同一库内 |
> | 注释 | 标有注1～注6等注释时，应按注释规定办理 |

堆放危险货物的仓库、雨棚等场地必须清洁干燥、通风良好，配备充足有效的消防设施。货场严禁吸烟、使用明火。应划定警戒区、设置明显警戒标志，加强警卫巡守，闲杂人员不得进入。存放危险货物的仓库作业完毕应及时锁闭库门，剧毒品必须加双锁，做到双人收发、双人保管。进入货场的机动车辆必须采取安装防火帽等防火措施。

3. 交付作业

危险货物到达时应及时通知收货人搬出。存放危险货物的货位，应清扫洗刷干净。遇有危险货物包装破损时，车站应及时清理撒漏物，同时通知收货人予以处理。对危险性大、撒漏严重的，要在卫生、防疫、环保、消防等部门指导下进行。装过危险货物的货车，应进行卸后洗刷除污或清扫干净。

四、水路危险货物运输

（一）包装和标志

根据危险货物的性质和水路运输的特点，危险货物的包装应满足以下基本要求。

（1）包装的规格、形式和单件重量应便于装卸或运输。

（2）包装材料应具有一定强度，能有效地保护货物。盛装低沸点货物的容器强度须具有足够的安全系数,以承受住容器内可能产生的较高的满气压力。

(3) 包装方法(包括包装的封口)应与拟装货物的性质相适应,包装内的衬垫材料和吸收材料应与包装货物性质相容,并能防止货物移动和外漏。

(4) 包装应干燥、清洁、无污染,并能经受住运输过程中温度和湿度的变化。

(5) 用容器盛装液体货物时必须留有足够的膨胀余位(预留容积),防止在运输中因温度变化而造成容器变形或货物渗漏。

(6) 盛装下列危险货物的包装应达到气密封口的要求:① 产生易燃气体或蒸气的货物。② 干燥后成为爆炸品的货物。③ 产生毒性气体或蒸气的货物。④ 产生腐蚀性气体或蒸气的货物。⑤ 与空气发生危险反应的货物。

(二) 托运

办理危险货物运输时,托运人应向承运人和港口经营人提交以下有关单证和资料。

(1) "危险货物运输声明"或"放射性物品运输声明"。

(2) "危险货物包装检验证明书"、"压力容器检验合格证书"或"放射性物品包装件辐射水平检查证明书"。

(3) 用集装箱装运危险货物时,应提交有效的"集装箱装箱证明书"。

(4) 托运民用爆炸品时应提交所在地县、市公安机关根据《民用爆炸物品安全管理条例》核发的"爆炸物品运输证"。

(5) 除提交上述(1)—(4)款的有关单证外,对可能危及运输和装卸安全或需要特殊说明的货物还需提交有关资料。

(三) 承运

承运人承运危险货物运输时,应满足以下要求。

(1) 装运危险货物时,承运人应选派技术条件良好的适载船舶。船舶的舱室应为钢制结构,通气设备、通风设备、避雷防护、消防设备等技术条件应符合要求。500 t以下的船舶以及乡镇运输船舶、水泥船、木质船装运危险货物时,应按国家有关规定办理。

(2) 船舶装载危险货物应严格按照《水路危险货物运输规则》的相关规定和特殊要求合理积载和隔离。积载处所应清洁、阴凉、通风良好。对于下列货物,应采用舱面积载:① 需要经常检查的货物。② 需要近前检查的货物。③ 能生成爆炸性气体混合物、产生剧毒蒸气或对船舶有强烈腐蚀性的货物。④ 有机过氧化物。⑤ 发生意外事故时必须投弃的货物。

(3) 装运爆炸品、一级易燃液体和有机过氧化物的船舶,原则上不得与其他船舶混合编队、拖带。如必须混合编队、拖带时,船舶所有人(经营人)要制定切实可行的安全措施,经港航监督机构批准后,报交通运输部备案。

(4) 载运危险货物的船舶在航行中要严格遵守避碰规则,停泊、装卸时应悬挂或显示规定的信号。

(5) 装卸易燃、易爆危险货物的船舶不得进行明火、烧焊或易产生火花的修理作业。如有特殊情况,应采取相应的安全措施。

(四) 装卸

装卸危险货物时应注意以下几点。

(1) 应选派具有一定专业知识的装卸人员(班组)装卸危险货物。装卸前应详细了解所装卸危险货物的性质、危险程度、安全和医疗急救措施等,并严格按照有关操作规程作业。

（2）装卸前应对装卸机具进行检查，装卸爆炸品、有机过氧化物、一级毒害品和放射性物品时，装卸机具应按额定负荷降低25%使用。

（3）夜间装卸危险货物时应有良好的照明设备，装卸易燃易爆货物应使用防爆型的安全照明设备。

（4）船舶装卸易燃、易爆危险货物期间，不得进行加油、加水（岸上管道加水除外）等作业，装卸爆炸品时，不得使用和检修雷达、无线电电报发射机，其他通信设备应符合相关规定。

（5）爆炸品、有机过氧化物、一级易燃液体、一级毒害品和放射性物品原则上应最后装、最先卸。

（五）储存和交付

经常装卸危险货物的港口应建有存放危险货物的专用库（场），配备经过专业培训的管理人员及安全保卫和消防人员，配有相应的消防器材。

危险货物储存时，堆码要整齐、稳固，垛顶距灯不少于1.5 m，垛距墙不少于0.5 m，垛间距离不少于1 m；性质不相容或消防方法不同的危险货物不得同库存放，确需同库存放时应符合相应的隔离要求。

对于抵港危险货物，承运人或其代理人应提前通知收货人做好接运准备，并及时发出到货通知。

项目巩固

一、单项选择题

1. 下列哪项不属于腐蚀品（　　）。
   A. 硝酸　　　　　B. 硫酸　　　　　C. 油漆　　　　　D. 氧化钠
2. 在铁路危险货物运输中，盛装液体危险货物的容器应至少留有（　　）空隙。
   A. 3%　　　　　B. 5%　　　　　C. 8%　　　　　D. 10%
3. 下列不属于危险品运输的是（　　）。
   A. 槽罐车运输汽油　　　　　　　　B. 槽罐车运输热开水
   C. 栏板车运输液氧　　　　　　　　D. 栏板车运输炸药
4. 使用冷藏运输时，下列不符合冷冻食品的车内温度要求的是（　　）。
   A. −30 ℃　　　　B. −20 ℃　　　　C. −15 ℃　　　　D. −10 ℃
5. 水路危险货物运输中，装卸机具应按额定负荷降低（　　）使用。
   A. 10%　　　　　B. 20%　　　　　C. 25%　　　　　D. 30%
6. 危险货物储存时，垛间距离应不少于（　　）m。
   A. 0.5　　　　　B. 1　　　　　C. 1.5　　　　　D. 1.8
7. 在外界作用下能发生剧烈的化学反应，瞬间产生大量的气体和热量，使周围的压力急剧上升，发生爆炸，对周围环境、设备、人员造成破坏和伤害的物品是（　　）。
   A. 爆炸品　　　B. 压缩和液化气体　　C. 易燃液体　　　D. 自燃物品
8. 黄磷属于（　　）。
   A. 爆炸品　　　　　　　　　　　B. 压缩和液化气体

C. 易燃液体　　　　　　　　　　　　D. 易燃固体、易自燃物品和遇湿易燃物品
9. 农药、真菌属于（　　）。
A. 易燃固体、自燃物品和遇湿易燃物品　　B. 腐蚀品
C. 毒害品和感染性物品　　　　　　　　D. 氧化剂和有机过氧化物
10. 下列选项中（　　）不属于鲜活货物的特点。
A. 季节性强　　　　　　　　　　　　B. 运输过程需要特殊照顾
C. 运输时间紧迫　　　　　　　　　　D. 货源波动性小
11. 肉类属于（　　）。
A. 活体动物　　B. 易腐物品　　C. 贵重物品　　D. 鲜活货物
12. 鲜活易腐货物运输过程中采用（　　）运输的方法比较有效,常被采用。
A. 恒温　　　　B. 冷冻　　　　C. 冷藏　　　　D. 普通

二、多项选择题

1. 爆炸品的特性有（　　）。
A. 产生气体　　B. 产生热量　　C. 不稳定性　　D. 不确定性
2. 超限货物运输组织与一般货物运输的不同体现在（　　）三个方面。
A. 特殊装载要求　B. 特殊运输条件　C. 特殊安全要求　D. 特殊包装要求
3. 用冷藏方法来保藏和运输鲜活易腐货物时,对货物的质量会产生直接的影响条件（　　）。
A. 温度　　　　B. 湿度　　　　C. 通风　　　　D. 卫生
4. 鲜活货物运输的对象主要有（　　）三大类。
A. 冷冻运输　　B. 冷藏运输　　C. 变温运输　　D. 恒温运输
5. 鲜活货物的特点有（　　）。
A. 季节性强　　　　　　　　　　　　B. 货源波动性大
C. 时效性强　　　　　　　　　　　　D. 运输过程需要特殊照顾
6. 下列属于危险货物的是（　　）。
A. 烟花爆竹　　B. 雷管　　　　C. 乙醇　　　　D. 硫酸
7. 下列属于鲜活易腐货物的是（　　）。
A. 鲜花　　　　B. 蔬菜　　　　C. 奶酪　　　　D. 深海鱼

三、判断题

1. 取得《道路运输证》的企业即可从事超限货物运输。（　　）
2. 铁路超限货物运输装车前应通知车辆部门进行技术检查合格。（　　）
3. 操作人员穿着有铁钉的鞋子装卸搬运易燃固体。（　　）
4. 从事危险品运输的企业必须取得加盖道路危险货物运输专用的《道路运输经营许可证》和《道路运输证》。（　　）
5. 鲜活类货物大部分是季节性生产的农副产品,如瓜果、蔬菜,这些产品的上市都有确定的时间,运量会随着季节的变化而变化。（　　）
6. 鲜活物品装车前应对车厢进行清洁和消毒。（　　）
7. 鲜活易腐货物在装车时为保持冷冻货物的冷藏温度,可紧密堆码。（　　）

四、名词解释

1. 超限货物
2. 鲜活易腐货物
3. 危险货物

五、简答题

1. 超限运输的特殊性体现在哪些方面？
2. 简述公路超限货物运输的组织环节。
3. 简述鲜活易腐货物运输特点。
4. 在鲜活易腐货物的运输中如何防止或推迟货物腐烂变质的过程？
5. 危险品货物的种类有哪些？

实战演练

鲜活易腐货物运输与保管作业实训

【任务准备】

1. 分组

自由结组，以 4～5 人为宜。

2. 货物准备

各种鲜活易腐货物若干。

3. 训练地点

超市或配送中心。

【训练步骤】

步骤 1：将学生分成几个小组。

步骤 2：根据鲜活易腐货物的实物或图片总结此类货物的安全运输和安全保管要求。

【技能训练评价】

训练考核评分表

被考评人						
考评内容	鲜活易腐货物运输及保管作业					
考评标准	内容	分值（分）	自我评价（20%）	小组评价（40%）	教师评价（40%）	综合评价
	货物图片认识正确	40				
	货物安全运输认识正确	30				
	参与讨论积极、有团队合作精神	30				
	合　计	100				

<<< 项目八 物流运输决策

物流运输决策

学习目标

【知识目标】

1. 掌握运输合理化的概念、不合理运输的形式以及采取运输管理合理化的措施；
2. 了解运输成本的构成，运输成本的特点；
3. 了解运输价格及其特点，掌握运输价格的结构、种类与形式以及影响运输价格的因素；
4. 了解运输绩效管理的含义、运输绩效管理的原则，掌握运输绩效评价的指标与方法、运输绩效评价体系的构成、运输绩效评价的步骤。

【能力目标】

1. 结合所学知识能够对运输活动进行合理地组织；
2. 结合实际案例能够优化物流路线运输方案。

学习任务提要

1. 运输合理化的概念、不合理运输的方式、运输合理化的措施；
2. 运输成本的概念、构成，运输价格的类型、运输价格的形成因素；
3. 运输绩效评价的指标与方法。

工作任务提要

1. 通过查阅资料、企业访谈、参观运输企业，了解企业物流运营模式。
2. 复习"管理学基础"课程中决策的内容。

建议教学时数

8学时。

任务一　探析运输合理化

案例导入

坐落于港口城市的某外商独资食品生产企业,主要生产低附加值的玻璃罐装食品,年销售额近10亿元。该企业的整体物流费用占公司销售成本的4%左右,每天运输数量在300~500 t左右。省内配送主要使用汽运,而省外港口城市多使用海运集装箱再短驳至客户。省内配送也使用过一段时间的自有车辆,但考虑到成本较高最终也改用第三方物流车辆。该企业的运输管理工作包括监控运作质量、运输价格管理(谈判)、向其他部门提供发货信息。汽车运输的运价按不同吨位不同标准设定和收取,每天客服将订单通知车队(运输供应商),由供应商根据订单情况派出车辆到工厂装货,具体车辆调度由供应商完成(比如某车装哪几票货物,或者每票货装多少)。供应商根据每月发货情况跟客服部门对账确认运费。

案例思考

该公司如果降低运输费用,可以从哪些方面考虑?

知识链接

一、运输运营模式的类别与选择决策

企业运输运营模式有自营运输和运输外包两大类。企业选择什么样的运输运营模式,主要取决于两个因素:一是物流对企业成功的影响程度;二是企业对物流的管理能力。

（一）自营运输与运输外包

自营运输是指生产企业借助于自身的物质条件自行组织的运输活动。在自营运输方式中,企业也会向别的运输公司购买运输服务,但这些运输服务往往只限于一次,是临时性、纯市场交易的运输服务,别的运输公司并不按照企业独特的业务程序提供独特的服务,即别的企业提供的运输服务与企业价值链是松散的联系。如果运输对企业成功的影响程度很大,且企业对运输的管理能力很强,企业采用物流自营模式较适宜。

运输外包是指生产或销售等企业为集中资源和精力在自己的核心业务上,增强企业的核心竞争能力,把自己不擅长或没有比较优势的运输业务部分或全部以合同方式委托给专业的第三方物流公司运作。运输外包是一种长期的、战略的、相互渗透的、互利互惠的业务委托和合约执行方式。

（二）自营运输与运输外包的选择决策

企业到底是选择自营运输还是外包运输,要在明确两种经营方式优缺点的基础上进行

定量分析。

1. 自营运输的优缺点

优点:掌握自主控制权;降低交易成本;避免商业秘密泄露;提高企业品牌价值。

缺点:资源配置不合理;成本较高;滞后性。

2. 运输外包的优缺点

优点:有利于集中主业;有利于降低库存;有利于减少投资;有利于提高客户服务水平,提高企业形象;有利于降低管理难度,提升管理效率。

缺点:存在企业战略被泄露的风险、顾客关系管理上的风险、连带经营风险、生产企业对于物流的控制能力降低的风险。

3. 自营运输与运输外包的定量分析及决策

究竟是选择自营运输,还是运输外包,要综合多种因素权衡考虑,仅仅是考虑两种运营模式的优缺点,进行定性分析往往不够,还有必要作定量分析,进行比较选择。在保证运输质量的前提下,是组建车队自营,还是以外雇车为主,则须视经营成本而定。如图8.1所示,曲线 L_1 表示外雇车辆的运送费用随运输量的变化情况;曲线 L_2 表示自有车辆的运送费用随运输量的变化情况。当运输量小于 A 时,外雇车辆费用小于自有车辆费用,应选用外雇车辆;当运输量大于 A 时,外雇车辆费用大于自有车辆费用,应选用自有车辆。

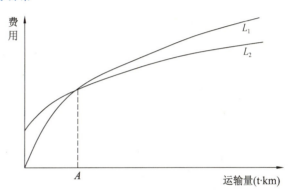

图8.1 外雇车辆与自有车辆的费用比较

但无论自有车辆还是外雇车辆,都必须事先掌握有哪些车辆可供调派并符合要求,即这些车辆的容量和额定载重是否满足要求;其次,安排车辆之前,还必须分析订单上货物的信息,如体积、重量、数量等对于装卸的特别要求等,综合考虑各方面因素的影响,做出最合适的车辆安排。

> **知识拓展**
>
> **京东的自营物流模式**
>
> 京东自2007年开始自建物流以来,目前已形成覆盖全国超过1 800多个区县的自有送货体系。
>
> 根据刘强东的"十节甘蔗"理论,京东的商业发展是"吃掉更多的甘蔗节数",即不只是做交易平台,还要将业务延伸至运输、仓储、配送、售后、营销等其他环节,并通过持续的成本降低实现多环节的盈利。因此,抓紧进行以自建物流为优势的O2O,以及移动互联网的布局,将成为京东超越阿里,建立商业生态的"王道"。
>
> (资料来源:http://blog.sina.com.cn/s/blog_4a01359b0102xeql.html)

二、运输服务模式的选择决策

（一）影响运输方式选择的因素分析

对于运营企业来说，如何选择适当的运输方式是物流合理化的重要问题。一般来讲，应根据物流系统要求的服务水平和可以接受的物流成本来决定，是使用一种运输方式还是采用联运的方式。运输方式的选择可综合考虑以下因素。

1. 货物的特性

货物的价值、单件的重量和容积、变质性等都是影响选择方式的重要因素。

2. 运输期限

运输期限必须与交货日期相联系，保证及时运输。必须调查各种运输工具需要的运输时间，根据运输时间来选择运输工具。运输时间的快慢顺序一般情况下依次为航空运输、汽车运输、铁路运输、船舶运输。各种运输工具可以按照它的速度编组来安排日期，加上它的两端及中转的作业时间，就可以计算所需要的运输时间。

3. 运输成本

运输成本因货物的种类、重量、容积、运距不同而不同。而且，运输工具不同，运输成本也会发生变化。航空运输最贵，管道运输和水路运输最便宜，公路运输又比铁路运输贵。

4. 运输距离

从运输距离看，一般情况下可以依照以下原则：200 km 以内用汽车运输；200~500 km 的范围内用铁路运输；500 km 以上，可采用船舶运输或航空运输。

5. 运输批量

运输批量方面，因为大批量运输成本低，应尽可能使商品集中到最终消费者附近，选择合适的运输工具进行运输是降低成本的好方法。

> **知识拓展**
>
> **运输方式**
>
> 运输方式是运输业中由于使用不同的运输工具、设备线路，通过不同的组织管理形成的运输形式。在使用动力机械以前，运输方式以人力、畜力、风力、水力的挑、驮、拉、推为主。动力机械使用以后，才使运输方式现代化，出现了以铁路运输、公路运输、水路运输、航空运输和管道运输为主的现代运输。现代运输还有索道运输、输送带运输等。随着科学技术的进步，还将出现无人车、无人机等新的运输方式。交通运输是国民经济良性循环的物质基础，合理发展各种运输方式，是国民经济迅速发展的关键。国家根据技术经济特点、资源状况、地理特点、生产水平以及国民经济总体规划及区域规划，有计划、有目的地综合发展各种运输方式。

（二）运输方式的选择方法

1. 定性分析法

影响运输方式选择的因素有货物特性、运输批量、运输距离、运输时间和运输成本等，所以在实际中可以以此为依据，结合企业实际情况和运输市场环境，进行综合分析与比较，选择最为合理的运输方式或运输方式组合。

2. 定量方法

选择运输方式的定量方法主要有成本比较法、竞争因素比较法、综合评价法三种。

(1) 基于物流总成本比较的运输方式选择。

[例题一] 有一批商品计 23 t，从甲地运往乙地，有公路和水路两种运输方式可供选择。汽车运输按每辆标重 4 t 计。从公路走，甲乙两地相距 180 km。汽车运价不分整件、零件，吨千米运价均为 1.5 元，其他杂费（包装、装卸费）每吨 2 元（按汽车标重计算）。从水路走，甲乙两地相距 320 km，吨千米运价为 0.5 元，但乙地码头离仓库还有 10 km，仍需用汽车运输，其他杂费与公路运输相同。由于该商品中途要转运，需在码头停留一天，每天每吨堆存费 1 元，港务费 0.3 元。公路运输震动较大，但只一次装卸，当天就能到达目的地，商品损耗每吨 2 元。水路运输应中转一次，比公路运输的损耗多，每吨损耗 10 元。究竟采用水路运输还是公路运输好？如何选择？

分析：这是一个定量决策方法的实例，可以通过计算两种运输方法的费用，选择费用低的方法。

从甲地到乙地公路运输的成本：

商品 23 t，汽车运输每辆标重 4 t 计，其需用汽车 $23 \div 4 \approx 6$ 辆，则运杂费即损耗共为：$6 \times (4 \times 1.5 \times 180 + 2 \times 4) + 23 \times 2 = 6\,554$ 元。

从甲地到乙地水路运输的成本：$320 \times 0.5 + 6(4 \times 1.5 \times 10 + 2 \times 4) + (1 + 0.3) \times 23 + 23 \times 10 = 827.9$ 元。

综上，水路的运杂费用远小于公路，仅为公路的约 12.63%，所以，从运杂费考虑，选择水路经济。但是在实际决策中，必须考虑到交货期，水路运输的时间远大于公路，要从实际的交货情况来选择。

(2) 基于竞争因素考虑的选择方法。

[例题二] 某制造商分别从两个供应商购买了共 3 000 个配件，每个配件单价 100 元。这 3 000 个配件是由两个供应商平均提供的，无论哪一个供应商缩短运达时间，都可以多得到交易份额，每缩短一天，可从总交易量中多得 5% 的份额，即 150 个配件。供应商从每个配件可赚得占配件价格（不包括运输费用）20% 的利润。于是供应商 A 考虑，如将运输方式从铁路转到卡车运输或航空运输是否有利可图？各种运输方式的运费率和运达时间见表 8.1。

表 8.1 载运工具参数统计表

运输方式	运费率(元/天)	运达时间(天)
铁路	2.5	7
货车	6	4
航空	10.35	2

显然，供应商 A 只是根据他可能获得的潜在利润来对运输方式进行选择决策。表 8.2 是供应商 A 使用不同的运输方式可能获得的预期利润。

表 8.2 供应商 A 使用不同运输方式的利润比较表

运输方式	配件销售量(元)	毛利(元)	运输成本核算(元)	净利润(元)
铁路	1 500	30 000	3 750	26 250
货车	1 950	39 000	11 700	27 300
航空	2 250	45 000	23 287	21 712.5

(3)综合评价法。

综合评价法就是运输方式的选择应尽量满足运输的基本要求,即经济性、迅速性、安全性和便利性。具体评价步骤如下:

① 确定运输方式的评价因素值:F_1(经济性)、F_2(迅速性)、F_3(安全性)、F_4(便利性)。
② 确定各评价因素值的权重:γ_1、γ_2、γ_3、γ_4。
③ 确定综合评价值:$F = \gamma_1 F_1 + \gamma_2 F_2 + \gamma_3 F_3 + \gamma_4 F_4$。
④ 综合性评价评分表见表 8.3、表 8.4。

表 8.3 综合性评价评分表(一)

比较项目	1	2	3	4	5
F_1 成本	水路	管道	铁路	公路	航空
F_2 速度	航空	公路	铁路	水路	管道
F_3 安全性	管道	公路	铁路	水路	航空
F_4 便利性	公路	铁路	航空	水路	管道
运载能力	水路	铁路	管道	公路	航空

表 8.4 综合性评价评分表(二)

比较项目	铁路	公路	水路	航空
F_1 成本	3	4	1	5
F_2 速度	3	2	4	1
F_3 安全性	3	2	4	5
F_4 便利性	2	1	4	3
运载能力	2	4	1	5
频率	4	2	5	3
合计	17	15	19	22

(三)运输服务商选择

1. 影响运输服务商选择的主要因素

只要运输业没有垄断存在,对于同一种运输方式,托运人或货主就有机会面临不同的运输服务商,而托运人或货主甚至是供应商在确定运输方式后,就需要对选择哪个具体的运输服务商作出决策。当然,不同的客户会有不同的决策标准和偏好,但总体而言,可以从运输成本、运输时间和运输时间的可靠性、可到达性、服务能力、安全性等几个主要因素来考虑。

2. 运输服务商的评价方法

（1）服务质量比较法。

客户在付出同等运费的情况下，总是希望得到好的服务，因此，服务质量往往成为客户选择不同运输服务商的首要标准。

（2）运输价格比较法。

各运输服务商为了稳定自己的市场份额，都会努力提高服务质量，而随着竞争的日趋激烈，对于某些货物来说，不同的运输服务商所提供的服务质量已近乎相同，因此运价很容易成为各服务商的最后竞争手段。于是客户在选择时，如面对几乎相同的服务质量，或有些客户对服务质量要求不高时，运输价格成为另一个重要的决策准则。

（3）综合因素加权求和法。

假设一共有 N 个评价指标。对于某备选运输服务商来说，客户可通过统计分析、专家打分或其他信息获取途径，得出该运输服务商的 N 个指标（取值）得分情况，分别用 X_1、X_2,…X_n 表示。

则该运输服务商的综合得分为：$S = K_1 \times X_1 + K_2 \times X_2 + K_3 \times X_3 + \cdots + K_n \times X_n$，其中 $K_1 \cdots K_n$ 为各指标权重。

3. 运输服务商选择的步骤

（1）确定运输服务商选择的标准。要有效地完成权衡利弊的分析，就必须确立标准，即确定什么因素与决策有关。这些标准包括运输成本、运输时间、责任、能力、可达性，以及安全性等。

（2）给每个标准分配权重。

（3）初步选定运输服务商的范围。这一步要求运输部门经理列出有可能的运输服务商，无须评价，仅列出即可。

（4）与运输服务商进行洽谈，进行初选。

（5）评价经初步筛选的运输服务商。通过对每一种标准进行的衡量，对初选出的各个运输服务商的绩效进行评分。

（6）确定运输承运商。使用上述方法所得到的最佳运输商，应该是总分最高的运输商。对可供选择的运输商进行等级比较，有助于分配货载和建立联盟。

三、运输合理化管理

（一）物流运输合理化的概念

运输合理化是指在保证货物运量、运距、流向和中转环节合理的前提下，在整个运输过程中确保运输质量，能以适宜的运输工具、最少的运输环节、最佳的运输线路、最低的运输成本将货物从起运地运送至目的地。

运输路线合理化是物流中心进行运输管理的基本要求，合理化的运输线路可以节省运力、缩短运输时间，最终表现为节约运输成本和提高运输质量，增强运输企业的竞争优势。

（二）影响运输合理化的因素

1. 外部因素

外部因素主要有以下五个方面。

（1）政府。在我国，政府主要在客观上对运输活动进行调节和干预，以保证运输市场协调稳定发展。例如载重汽车运输,理论上装载货物越多越经济合理,但受到桥梁、路面承重限制,交通事故影响等,政府出台政策禁止超载。

(2) 资源分布状况。我国资源分布不平衡,这也在很大程度上影响了运输布局的合理性。如能源工业中的煤炭、石油运输的总流向是"北煤南运""西煤东运""北油南运""东油西运"的格局。因而,资源的分布状况也对运输活动产生较大的影响。

(3) 国民经济结构的变化。当运输系数较大的产品比重提高时,运输量也会以较快的速度增长;反之亦然。工农业生产结构的变动会引起运输分布的变化。

(4) 运输网布局的变化。铁路网布局高于公路网分布密度,则铁路运量就大于公路运量;反之亦然。运输网布局的合理化,直接影响着企业运输的合理化。运输网布局的合理化,将促进货运量的均衡分布。

(5) 运输决策的参与者。运输决策的参与者主要有托运人、承运人、收货人及公众。公众通过按合理价格产生对周围商品的需求最终确定运输需求。显然,运输决策的参与者的活动及决策直接影响着某一具体运输作业的合理性。

2. 内部因素

内部因素包括以下五个方面。

(1) 运输距离。运输的经济性与运输距离有紧密的关系,不同运输方式的运输距离与成本之间的关系有一定的差异。

(2) 运输环节。运输环节直接影响到运输路径的优化选择。

(3) 运输工具。由于技术及经济的原因,各种运输方式的运载工具都有其适当的容量范围,从而决定了运输线路的运输能力。

(4) 运输速度。物流运输的产品是货物的空间位移,以什么样的速度实现它们的位移是物流运输的一个重要技术经济指标。决定各种运输方式运输速度的一个主要因素是各种运输方式载体能达到的最高技术速度。

(5) 运输成本。物流运输成本主要由四项内容构成:基础设施成本、转运设备成本、营运成本和作业成本。它直接影响到运输方式的选择。

(三) 不合理运输的表现形式

不合理运输是指在组织货物运输过程中,违反货物流通规律,不按经济区域和货物自然流向组织货物运输,忽视运输工具的充分利用和合理分工,装载量少,流转环节多,运输时间长,从而浪费运力,增加运输成本的运输现象。主要表现为:对流运输、倒流运输、迂回运输、过远运输、重复运输、无效运输、返程或起程空驶等。

1. 与运输方向有关的不合理运输

(1) 对流运输。对流运输是指同一种物资或两种能够相互替代的物资在同一运输线或平行线上作相对方向的运输,如图8.2所示。

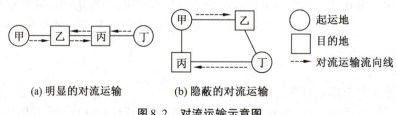

图 8.2 对流运输示意图

（2）倒流运输。倒流运输是指同一批货物或同批货物中的一部分货物由产地运往销地后，又从销地运往产地的回流运输现象。如图8.3所示，倒流运输有两种形式：一是同一物资由销地运往产地或转运地；二是由乙地将甲地能够生产且已经消费的物资运往甲地，而甲地的同种物资又运往丙地。

图8.3　倒流运输示意图

2. 与运输距离有关的不合理运输

（1）迂回运输。迂回运输也称绕道运输，是指物资运输舍近求远、绕道而行的现象，如图8.4所示。物流过程中的计划不同、配合不当或调运差错都容易出现迂回现象。

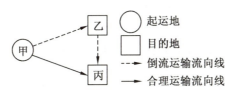

图8.4　迂回运输示意图

（2）过远运输。过远运输是指相同质量、价格的商品舍近求远的运输现象，即销地本可以由距离较近的产地供应物资，却超出货物合理流向的范围从远地采购进来，或者商品不是就近供应消费地，却调给较远的其他消费地，违反了近产近销的原则，如图8.5所示。

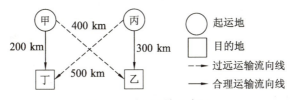

图8.5　过远运输示意图

3. 与运量有关的不合理运输

（1）空驶。空驶包括起程空驶和返程空驶。在实际运输过程中，有时必须调运空车，这种现象不能看成是不合理运输。但是，如果因调运不当、货源计划不周、不采用运输社会化等形成的空驶，则是不合理运输的表现。

（2）重复运输。重复运输是指某种物资本来可以从起运地一次直运到目的地，但由于商业仓库设置不当或计划不周等人为地运到中途地点（如中转仓库）卸下后，又二次装运的不合理现象。

（3）无效运输。无效运输是指被运输的货物杂质较多，使运输能力浪费于不必要的物资运输。

4. 与运力有关的不合理运输

与运力有关的不合理运输主要是由于运力选择不当，没有综合考虑运输方式与运输工具的优势，造成运输方式的优势没有发挥出来。这种不合理运输主要有弃水走陆、铁路及大

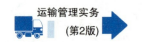

型船舶的过近运输、运输工具承载能力选择不当、托运方式选择不当等。

(1) 弃水走陆是指在同时可以利用水运及陆运时,不利用成本较低的水运或水陆联运,而选择成本较高的铁路运输或公路运输,使水运优势不能发挥。

(2) 铁路及大型船舶的过近运输是指不在铁路及大型船舶的经济运行里程内,却利用这些运力进行运输的不合理做法。

(3) 运输工具承载能力选择不当是指不根据承运货物的数量及重量选择运输工具,从而造成过分超载、损坏车辆或货物不满而浪费运力的现象。

(4) 托运方式选择不当是指托运货物时,在可以选择最好的托运方式时而未选择,从而造成运力浪费及费用成本增加的一种不合理运输现象。

(四) 运输合理化的措施

(1) 合理配置运输网络。运用经验试探法和节约里程法、扫描法、图上作业法、线性规划法等定量分析工具,优化设计运输路线,节约运输成本,提高运输效率。

(2) 选择最佳的运输方式。开展中短距离铁路公路分流,"以公代铁"运输。在公路运输经济里程范围内,或者经过论证,超出通常平均经济里程范围,也尽量利用公路。一是对于比较紧张的铁路运输,用公路分流后,可以得到一定程度的缓解,从而加大这一区段的运输通过能力;二是充分利用公路从门到门和在中途运输中速度快且灵活机动的优势,实现铁路运输服务难以达到的水平。

(3) 采取减少动力投入,增加运输能力的措施。如采用汽车挂车法、"满载超轴"法、水运拖排和拖带法、顶推法等措施。

(4) 提高车辆运行效率。充分利用运输工具的额定能力,减少车船空驶和不满载行驶时间,减少浪费,从而求得运输的合理化。

(5) 发展社会化运输体系。将多家需要的货物或者一家需要的多种货物实行配装,以达到容积和载重的充分合理运用,比起以往自家提供或一家送货车辆大部分空驶的状况,是运输合理化的一个进展。

(6) 采用先进的运输技术装备。比如采用大型运输车辆、GIS 技术、GPS 技术、RFID 等技术手段,提高运输技术水平,实现运输合理化。

(7) 采用合理的运输策略和模式。根据企业的战略,以及培植核心竞争力的需要,选择适合企业的运营管理模式,比如采用运输外包模式或者采用自营运输和外包运输相结合的模式。

另外,合理地进行物资调配、优化运输线路、提高包装的质量、提高车辆装载技术、流通加工等,也是运输合理化的有效措施。

任务二　优化运输线路

 案例导入

康鑫全药业集团公司有 4 个药品生产厂:A_1(南宁四塘)、A_2(巴马)、A_3(南丹)和 A_4

(柳州),2008年第二季度生产供应高科技产品——"护肝王"特效药(针剂)分别为+20、+60、+100、+20万盒(供应量记"+");有5个批发配送中心:B_1(平果)、B_2(合山)、B_3(宜州)、B_4(河池)、B_5(贵州黔南县),负责推销配送"护肝王"分别为-30、-30、-50、-70、-20万盒(需求量或销售量记"-")。"护肝王"配送的交通线路如图8.6所示。图中○表示生产供应点,□表示配送点,站点旁边的数字表示生产(正数)或配送(负数)"护肝王"数量。线路旁括号内标注的数字表示相邻两点间的距离(为了计算方便,未取实际准确数,单位为千米)。

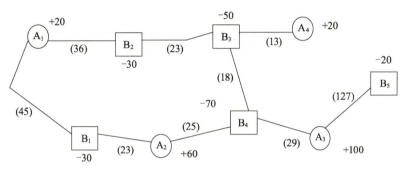

图8.6 "护肝王"配送的交通线路

(资料来源:中国物流网,http://www.56.com.cn)

案例思考

案例中康鑫全药业集团的4个生产供应点、5个批发配送点,应该如何安排才能达到路程最近和时间及费用最省?

知识链接

一、运输路线的选择问题

运输路线的选择问题可以简单地概括为:找到运输工具在公路网、铁路线、水运航道和航空线运行的最佳路线,以尽可能地缩短运输时间或运输距离,从而使运输成本降低的同时,客户服务也得到改善。

二、物流运输线路的类型与优化

物流运输线路,从起点到终点,常见的有不成圈的直线、丁字线、交叉线和分支线,还有形成闭合回路的环形线路。尽管线路的类型颇多,但是可以将其归纳为以下三个基本类型。

(一)单一装货地和单一卸货地的物流运输线路——最短路径法

最短路径法要求在一个无向图中从出发点开始,用最短的距离(或最少的费用)到达目的地。

如图8.7所示,路路通运输公司签订了一项运输合同,要把A城的一批化肥运送到J城,为此,路路通公司根据这两个城市之间可选择的行车线路绘制了公路网络图。其中A点表示装货地,J点是卸货地。此类运输线路的特点是A点和J点是两个点,不重合。

在图 8.7 中,路路通运输公司要在装货地 A 点,满载货物到 J 点卸货。B、C、D、E、F、G、H、I 是网络中的站点,站点之间以线路连接,线路上标明了两个站点之间的距离。

从图 8.7 可以看出,从 A 地到 J 地,有很多条线路可以选择,然而,运输线路选择优化的任务就是要找出使总路程的长度最短的线路。这就是运输规划中的最短线路问题,通常称为最短路径法,或者称最短路线方法。即是列出最短运输线路计算表(表 8.5),分步骤地计算。通过比较,选择走近路。

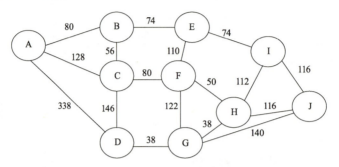

图 8.7 公路网络示意图

表 8.5 最短运输线路计算表

步骤	直接连接到未解节点的已解节点	与其直接连接的未解节点	相关总成本（单位：km）	第 n 个最近节点	最小成本	最新连接
1	A A A	B C D	80 128 338	B	80	AB *
2	A A B B	C D E C	128 338 80 + 74 = 154 80 + 56 = 136	C	128	AC
3	A B C	D E F	338 80 + 74 = 154 128 + 80 = 208	E	154	BE *
4	A C C E	D F D I	338 128 + 80 = 208 128 + 146 = 274 154 + 74 = 228	F	208	CF
5	A C E F	D D I H	338 128 + 146 = 274 154 + 74 = 228 208 + 50 = 258	I	228	EI *
6	A C F I	D D H J	338 128 + 146 = 274 208 + 50 = 258 228 + 116 = 344	H	258	FH

续表

步骤	直接连接到未解节点的已解节点	与其直接连接的未解节点	相关总成本（单位：km）	第n个最近节点	最小成本	最新连接
7	A C F H H I	D D G G J J	338 128 + 146 = 274 208 + 122 = 330 258 + 38 = 296 258 + 116 = 374 228 + 116 = 344	D	274	CD
8	D F H I	G G J J	274 + 38 = 322 208 + 122 = 330 258 + 116 = 374 228 + 116 = 344	G	322	DG
9	G H I	J J J	322 + 140 = 462 258 + 116 = 374 228 + 116 = 344	J	344	IJ *

步骤1：从图8.7可以看出，装货地A即是起点，是第一个已解的节点。与A点直接连接的未解的节点有B、C和D点。B到A的距离最短，所以是唯一的选择，成为已解的节点。

步骤2：找出距离已解A点和B点最近的未解节点。只要列出距各个已解节点最近的连接点，则有A—C，B—C。注意从起点通过已解节点到某一节点所需的路程应该等于到达这个已解节点的最短路程加上已解节点与未解节点之间的路程。即从A经过B到达C的距离为80 + 56 = 136 km，而从A直达C的距离为128 km。现在C点也成为已解节点。

步骤3：找出与各已解节点直接连接的最近的未解节点。在图8.7上可见，在与已解节点A、B、C直接连接的有D、E、F三个点，自起点到三个候选点的路程分别是338 km、154 km、208 km，其中连接BE的路程最短，为154 km。因此，E点为所选。

重复上述过程，直至到达终点J，即步骤9。由此得到最优线路为A—B—E—I—J，最短的路程为344 km。

最短路径法可以利用计算机进行求解。把运输网络中的线路(有的称为链)和节点的资料都存入数据库中，选好起点和终点后，计算机可以很快算出最短路径。

此计算的结果，称为单纯的最短距离路径，并未考虑各条线路的运行质量，不能说明穿越网络的最短时间。因此，对运行时间和距离都设定权数就可以得出比较具有实际意义的线路。

（二）起点与终点为同一地点的物流运输线路的选择优化

起点与终点为同一地点(起讫点重合)的物流运输线路的选择优化，目标是找到一个可以走遍所有地点的最佳顺序，使运输车辆必须经过所有站点并且总距离或运输时间最短。这一类问题没有固定的解题思路，在实践中通常是根据实际情况的不同，结合经验寻找适用的方法，可以分为以下两种情况。

1. 规模很大

规模很大，即是包含站点很多。某次运输在很多个站点的规模中找到最优路径，是不切合实际的。此情况不是我们讨论的范围。

2. 规模比较小

对于规模相对比较小的情况,可以应用经验试探法加以解决,其步骤如下。

(1)掌握来自实践的经验。经验是:合理的经停线路中各条线路之间是不交叉的,并且只要有可能,路径就会呈凸形或水滴状。

(2)根据经验作出判断。按照"线路不交叉"和"凸形或水滴状"两条原则,画出线路规划图,如图8.8所示。图8.8所示的是通过各点的运行线路示意图,都是经过所有站点,但是先后次序不同,即线路不同。其中(a)是不合理的运行线路,(b)是合理的运行线路。

当然,如果各停车点之间的空间关系不能代表实际的运行时间或距离,或者有关卡、单行线或交通拥堵等复杂的情况,则经验试探法略显逊色,利用计算机模型方法比较好。

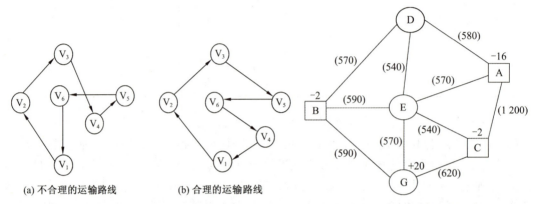

图8.8 运输线路示意图 　　　　图8.9 G公司运输线路示意图

(3)举例。

采购商A、B和C三个单位需要购买物资一批,数量见表8.6采购单,由供应商G公司在公司内如数供应(完成任务后车辆即返回原位)。货物供需方的交通线路见图8.9运输线路示意图(D和E为相关物流节点)。试根据交通线路图和采购单的相关信息制定优化的运输方案,并按照优化方案对采购商A、B、C三个单位送货上门。

表8.6 采购单　　　　　　　　　　　　　　　　　　　　单位:吨

货物名称	包装	规格/型号	A公司	B公司	C公司
白砂糖	袋装		8	2	
龙眼干	纸箱		3		2
荔枝干	纸箱		5		
数量合计			16	2	2

分析:这是起点与终点为同一地点(起讫点重合)的物流运输线路。其选择优化的目标是找到一个可以走遍所有地点的最佳顺序,使运输车辆必须经过所有站点并且总距离或运输时间最短。

从点G出发,有三条路可走,GE最短,但是E不是目标,因此没有意义。第二条路是GB,即是顺时针方向,那么GB的运力消耗是20×590。在B点又有二条路可走,可到达A点,显然选择途经D点是捷径。在A点又面临二条路的选择才可到达C,经E为近路是所选。在 C 点卸完货物可以返回 G 点。此时,顺时针方向的运力消耗:20×590+18×(570+580)+2×(570+540)+620=35 380。

第三条路是 GC。即是逆时针方向,其运力消耗是:20×620+18×(570+580)+2×(570+580)+590=35 270。

计算结果表明,逆时针方向的运力消耗比顺时针方向小,因此自 G 出发,线路 G—C—E—A—D—B—G 为最优的运输线路(图 8.10)。

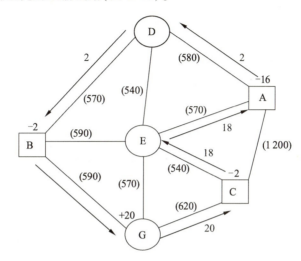

图 8.10　G 公司运输线路选择示意图

(三)多起点、多终点的物流运输线路的选择优化

有多个货源地服务于多个目的地时,物流运输线路选择优化的任务是,要指定为各目的地服务的供货地,同时要找到供货地、目的地之间的最佳路径。解决这类问题常常可以运用物资调运图上作业法进行求解。

图上作业法是我国物资部门从实际工作中创造出来的一种物资调运的方法,是一种行之有效的方法。利用图上作业法,可以帮助我们避免物资调运工作中的对流和迂回现象,提高运输过程中的里程利用率、减少空驶、增加运量、充分利用现有运输设备等,是一个有效的工具。这种方法使用图解的形式,直观易操作,计算简单,效果显著,应用相当广泛。

图上作业法是在运输图上求解线性规划运输模型的方法。交通运输以及类似的线性规划问题,都可以首先画出流向图,然后根据有关规则进行必要调整,直至求出最小运输费用或最大运输效率的解。这种求解方法,就是图上作业法。

图上作业法适用于交通线路呈树状、圈状,而且对产销地点的数量没有严格限制的情况。图上作业法的求解规则可以归纳为:流向划右方,对流不应当;里圈、外圈分别算,要求不能过半圈长;若超过半圈长,应去运量最小段;反复运算可得最优方案。

图上作业法包括运输线路不成圈的图上作业法和运输线路成圈的图上作业法。

1. 运输线路不成圈的图上作业法

对于线路不成圈的货物运输,即是不构成回路的运输线路,包括直线、丁字线、交叉线和分支线等。只要不出现对流和迂回现象,就是最优调运方案。

运输线路不成圈的图上作业法较简单。就是从各端点开始,按"各站供需就近调拨"的原则进行调配。

如图 8.11 所示的是某地区的物资供应网络,有 4 个起运站①、③、⑥、⑧,供应量分别为 +7、+8、+6、+4 单位(为了便于识别,供应量记" + ",需求量记" - ");另有 4 个目的地②、④、⑤、⑦,需求量分别为 -2、-8、-7、-8。为了便于检查对流现象,把流向箭头统一画在右侧。箭头旁标注的数字表示调运量。

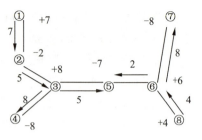

图 8.11　某地区的物资供应网络

具体调运方案是:从站点①开始,把 7 个单位的物资供应给②,②剩余 5 个单位,供应给③;站点④的 8 个单位由③供应;③剩余的 5 个单位供应给⑤,⑤尚缺少 2 单位由⑥提供。⑧的 4 个单位经过⑥,连⑥原有的 4 单位合计 8 单位供给⑦。这样就得出一个最优调运方案。

2. 运输线路成圈的图上作业法

运输线路成圈,就是形成闭合回路的环形线路,可以是一个圈或者多个圈。在图 8.11 中,包含有两个圈,一是由①、②、③、⑤、⑥、⑦组成的圈;另一是由③、④、⑧、⑥、⑤组成的圈。圈可以是三角形、四边形和多边形,图 8.13 中的两个圈都是多边形。起运站(目的地)之间线路旁括号内标注的数字表示两点之间的距离。

对于成圈运输线路的图上作业法,可以按照如下三个步骤求解,直到寻求到最优方案。成圈的线路流向图要同时达到既无对流现象,又无迂回现象的要求才是最优流向图,所对应的方案为最优运输方案。

第 1 步:去段破圈,确定初始运输方案。在成圈的线路中,先假设某两点间的线路"不通",去掉这段线路,把成圈线路转化为不成圈的线路,即破圈;然后按照运输线路不成圈的图上作业法,即可得到初始运输方案。

第 2 步:检查有无迂回现象。因为流向箭头都统一画在线路右边,所以圈内圈外都画有一些流向。分别检查每个小圈,如果内圈和外圈流向的总长度都不超过全圈总长度的 1/2,那么,全圈就没有迂回现象,这个线路流向图就是最优的,对应的方案就是最优运输方案。否则,转向第 3 步。

第 3 步:重新去段破圈,调整流向。在超过全圈总长 1/2 的里(外)圈各段流向线上减去最小运量,然后在相反方向的外(里)圈流向线上和原来没有流向线的各段上,加上所减去的最小运量,这样可以得到一个新的线路流向图,然后转到第 2 步检查有无迂回现象。如此反复,直至得到最优线路流向图为止。

如果线路图存在两个及两个以上的圈,则需分别对各圈进行是否存在迂回线路的检查,如果各圈的里、外圈都不超过全圈总线长的 1/2,则不存在迂回现象,此方案为最优运输方案。

现在,是解决案例导入所涉及问题的时候了。

(1) 去段破圈,确定初始运输方案。在图 8.6 中,A_1(南宁)—B_2(合山)—B_3(宜州)—B_4(河池)—A_2(巴马)—B_1(平果)组成的圈,去掉 A_1 至 B_2 的线路,然后根据"各站供需就近调拨"的原则进行调运,即可得到初始运输流向线路图,如图 8.12 所示。

(2) 检查有无迂回现象。由图 8.11 看出,不存在对流现象,但是要检查里、外圈流向线长,看是否超过全圈总长的 1/2,即是否存在迂回。相关计算如下:

全圈总长 = 45 + 23 + 25 + 18 + 23 + 36 = 170 km

半圈总长 = 170/2 = 85 km
外圈流向线长 = 45 + 25 + 18 + 23 = 111 km
里圈流向线长 = 23 km

从计算结果看，里圈流向线长 = 23 km，小于全圈总长的 1/2(85 km)，没有迂回现象。而外圈流向线长 111 km，超过了全圈总长的 1/2(85 km)。可以断定，初始运输流向线路存在迂回现象，所对应的运输方案不是最优方案，必须进行优化调整。

（3）重新去段破圈，调整流向。初始运输中，外圈流向线路中运量最小的是 A_1 至 B_1 的"20"，所以，去掉 A_1 到 B_1 的线路，并在外圈各段流向线路上减去最小运量"20"，同时在里圈各段流向线上和原来没有流向线的 A_1 到 B_2 上，各加上最小运量"20"，这样可以得到一个新的线路流向图，如图 8.12 所示。

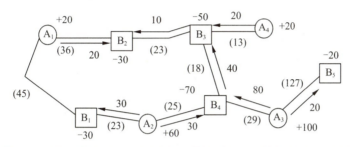

图 8.12　调整后的广西康鑫全药业集团公司特效药品运输流向线路图

检查新运输线路图的里、外圈流向线长，看是否超过全圈（封闭回路线）总长的 1/2。新的流向线路图相关情况是：

外圈流向总长 = 25 + 18 + 23 = 66 km
里圈流向总长 = 23 + 36 = 59 km

两者均没有超过全圈总长的 1/2，即 85 km，所以调整后的新线路流向图所对应的方案为最优运输方案。

之所以说调整后的新线路流向图所对应的方案为最优运输方案，可以将它与初始运输方案进行对比如下。

按调整后的新方案组织运输，运力消耗为：
20 × 36 + 10 × 23 + 20 × 13 + 40 × 18 + 20 × 127 + 80 × 29 + 30 × 25 + 30 × 23 = 8 230 t·km

按初始方案组织运输的运力消耗为：
20 × 45 + 10 × 23 + 50 × 25 + 80 × 29 + 20 × 127 + 60 × 18 + 20 × 13 + 30 × 23 = 9 270 t·km

可见，调整后的运输方案比初始运输方案节约运力 1 040 t·km，当然是最优运输方案。

多起点、多终点的物流运输线路的选择优化方法，还有表上作业法等，限于篇幅，此处不加以介绍。

想一想　图 8.13 是一个运输线路存在两个圈的情况，如何找到最优运输方案？

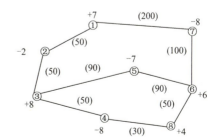

图 8.13　存在两个圈的运输线路

重要提示

如果运输线路全图存在两个及两个以上的圈,则需分别对各圈进行是否存在迂回线路的检查,如果各圈的里、外圈都不超过全圈总线长的 1/2,则不存在迂回现象,此方案为最优运输方案。

1. 分别破圈。对于由①、②、③、⑤、⑥、⑦组成的圈,去掉①至⑦的线路;在由③、④、⑧、⑥、⑤组成的圈中,去掉④到⑧的线路,便得到不成圈的线路,从各端点开始,按"各站供需就近调拨"的原则进行调配,得出调运方案,如图 8.15。图中箭头线旁不带括号的数字表示调运量。

2. 检查。在图 8.14 上部的圈中,总长度为 580,调运方案外圈总长度为 50 + 50 + 90 + 100 = 290,内圈总长度为 90,均不超过圈总长度的一半。而在图下部的圈中,总长度为 310,外圈总长度为 50 + 90 + 50 = 190,大于圈总长度的一半(155)。所以,此方案不是最优方案,应当进行调整。

3. 调整。办法是:去掉①至⑦、⑤至⑥的线路(因为⑤至⑥是③、④、⑧、⑥、⑤组成的圈中外圈各段流向线上的最小运量),运输线路就不成圈了。按照前述办法,做出调运方案如图 8.15 所示。

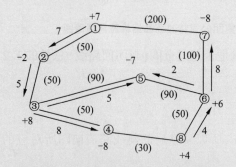 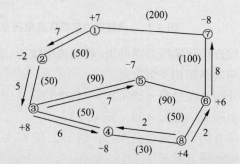

图 8.14 运输线路成圈的初始调运方案　　图 8.15 运输线路成圈调整后的调运方案

4. 再检查。在图 8.15 上部的圈中,总长度的 1/2 为 290,调运方案外圈总长度为 50 + 50 + 90 + 100 = 290,内圈总长度为 0,均不超过圈总长度的一半。在图 8.14 下部的圈中,总长度的 1/2 为 155,外圈总长度为 50 + 50 = 100,内圈总长度为 30 + 90 = 120,外、内圈总长度均不超过全圈总长度的一半(155)。所以,图 8.15 方案是最优方案。

知识拓展

优化物流运输线路与运输线路开发"不是一码事"

优化物流运输线路是在已知货物名称及数量、货源地和目的地的情况下,根据运输合理化原则对运输线路的选择与优化,而运输线路的开发主要是根据当前物流市场环境、货源数量情况、政府规定等对运输线路的选择确定,两者在目的、市场环境等多方面不同,因此不是一码事。

任务三 透析运输成本

案例导入

据统计,中国制造企业有90%的时间花费在物流上,物流仓储成本占据了总销售成本的30%~40%,供应链上物流的速度以及成本更是令中国企业苦恼的老大难问题。美的针对供应链的库存问题,利用信息化技术手段,一方面从原材料的库存管理做起,追求零库存标准;另一方面针对销售商,以建立合理库存为目标,从供应链的两端实施挤压,加速了资金、物资的周转,实现了供应链的整合成本优势。

案例思考
1. 仓储成本的构成有哪些?
2. 分析美的采取仓库零库存给生产带来了哪些好处?

知识链接

一、运输成本的概念

货物运输生产过程就是实现货物位移的过程。在实现货物位移的过程中,产生的成本包括运费、燃料费、设备维护费用、人员工资、保险费、装卸费等,这些价值耗费构成了运输成本,即运输成本是运输经营者完成运输任务所消耗的全部物化劳动和活劳动的货币表现。

二、运输成本的构成

通常,运输成本可根据成本的特性划分为可变成本、固定成本、联合成本和公共成本。

(一) 可变成本

可变成本是指随服务量或者运量变化的成本。它通常按照每公里或每单位重量的费用来衡量,与运输里程和运输量成正比。主要包括:直接人工成本,如工人工资、津贴、奖金等;直接材料成本,如运输过程中的材料主要是燃料和轮胎;其他直接费用,如保养修理费、折旧费、养路费等。

(二) 固定成本

固定成本是指在短期内不随运输里程和运输量的变化而变化的成本。这类成本在短期内不发生变化,但又必须得到补偿。它一般包括各种设施设备费用、投资、保险和税收等。此外,企业的运输端点站、运输设施、运输工具、信息系统的设立和购置等方面的费用也属于固定成本。

（三）联合成本

联合成本又称综合成本，是指决定提供某种特定的运输服务而产生的不可避免的费用。联合成本对运输费用有很大的影响，因为承运人索要的运价中必须包括隐含的联合成本，它的确定要考虑托运人有无适当的回程货，或者这种回程运输由原先的托运人来弥补。

（四）公共成本

公共成本是指承运人代表所有的托运人或某个分市场的托运人支付的费用。如端点站或管理部门之类的费用，具有企业一般管理费用的特征。

三、影响运输成本的因素

运输成本通常受载货量、输送距离、货物疏密度、装卸搬运、运输供求等多种要素的影响，承运人制定运输费率时，必须对这些因素加以考虑。通过对影响运输成本的因素进行归类发现，影响运输成本的因素主要包括产品特征、运输特征与市场因素三大部分。

（一）产品特征

产品特征一般包括产品的密度、产品的易损性与产品的装载能力等。

1. 产品密度

产品密度是指产品的质量与体积之比，通常密度小的产品，每单位重量所花费的运输成本比密度大的产品要高，因为同一运输工具装载货物的运输成本不仅受重量限制，而且还要受空间限制。

货物的密度越高，相应地就可以把固定成本分摊到增加的重量上去，使这些货物所承担的每单位重量的运输成本相对较低。如图8.16所示。

2. 产品的易损性

对容易损坏或者容易被盗的、单位价值较高的货物（如计算机、珠宝及家用娱乐产品等）而言，产品的易损性是衡量其运输成本的一个

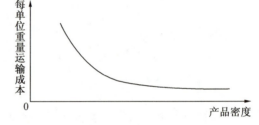

图8.16 产品密度与运输成本的关系

重要指标。一般来说，单位价值高的珠宝、易损耗的生鲜、危险性较高的化学品的运输成本都较高。

3. 货物的装载能力

装载能力是指货物的具体尺寸及其对运输工具（如铁路列车、拖车或集装箱等）空间利用程度的影响。一般来说外形或尺寸不规则、超重或超长的货物浪费运输工具的空间，且装卸较为复杂，所以运输成本较高。

> **知识拓展**
>
> **如何提高货物装载量**
>
> 改进商品包装，压缩疏松的商品体积并积极改善车辆的装载技术和装载方法，可以运输更多的货物。提高装载率的基本思路是：一方面要最大限度地利用车辆载重吨位；另一方面是要充分使用车辆装载容积。具体的做法包括：组织轻重配装；对于体大笨重、不易装卸又容易碰撞致损的货物，如自行车、科学仪器等，可采取解体运输；加强计划工作，避免"货多车少"和"货少车多"的现象。

（二）运输特征

1. 运输距离

运输距离是影响运输成本的主要因素。一方面，运输距离的增加，会使运输总成本上升，因为它直接影响燃料费、维修保养费用和运输人员的补贴费等费用的变化；另一方面，随运输距离的增加，单位距离的运输成本通常会降低。

2. 运输量

运输量是影响运输成本最重要的因素，运输量越大、单位运输成本就越低。运输成本由固定成本和变动成本组成。固定成本包括运输设备和工具等固定资产的折旧、业务人员和管理人员的工资等。固定成本一般不受运输活动变化的影响，不随运输量改变而变化，相对比较固定。但费用水平随物流量的变化呈反比例关系，即物流量增加时，费用水平（单位固定成本）下降。变动成本是从事运输时发生的费用，如燃油费、维修费、运输人员的补贴等，与具体的运输活动直接相关，它们随物流量的变化而变化。运输量越大，费用就越高。运输的变动成本一般与运输量的增减成正比，即运输量增加时，运输的变动成本也随之增加；反之则减少。

3. 运输方式

不同的运输方式对运输成本的高低影响很大。总的来说，空运成本最大，水运成本最低。运输成本的高低与每种运输方式的固定成本、管理费用和载重量有关。

（三）市场因素

1. 竞争性

不同运输方式之间的竞争、同一运输方式的不同线路之间的竞争都会造成运输成本的波动。运输速度要求快的，运输成本较高，运输速度要求慢的，运输成本较低。

2. 货物运输的季节性

季节性商品（如秋季的水果、夏季的空调等）的运输也具有很强的季节性，承运人应对此具有较强的敏感性。季节性商品在其需求旺季货源充足，导致运输量加大，承运人很容易承揽货物，运输成本相应减少。

3. 运输供需因素

运输通道（指起运地与目的地之间的线路）流量的均衡性也会影响运输成本。例如，回程运输时如果空驶返回，运输成本仍要按照全程运输支付。

四、运输成本的控制

运输成本控制是指根据计划和控制过程中发生的各种耗费进行计算、调节和监督的过程，同时也是一个发现薄弱环节，挖掘内部潜力，寻找一切可能途径降低成本的过程。科学地组织实施成本控制，可以促进企业改善管理水平，提高服务水平，使企业在市场竞争的环境下生存、发展和壮大。同时，成本控制还可以协调企业各部门的关系，达到各个子系统的协调统一。

（一）运输成本的控制主体

运输成本控制的主体是企业的管理组织和结构，客体是经济活动中发生的所有费用。运输成本控制的关键点主要在运输方式、运输价格、运输时间、运输的准确性、运输的安全可靠性以及运输批量水平等方面。

（二）运输成本的控制内容

运输成本控制按控制的时间来划分，具体可分为运输成本事前控制、事中控制和事后控制三个环节。

1. 事前控制

运输成本事前控制是指在运输活动或提供运输作业前对影响运输成本的经济活动进行事前的规划、审核,确定目标运输成本。它是运输成本的前馈控制。

2. 事中控制

运输成本事中控制是在运输成本形成过程中,随时对实际发生的运输成本与目标运输成本进行对比,及时发现差异并采取相应措施予以纠正,以保证运输成本目标的实现。它是运输成本的过程控制。

运输成本事中控制应在运输成本目标的归口分级管理的基础上进行,严格按照运输成本目标对一切生产经营耗费进行随时随地的检查审核,把可能产生损失浪费的苗头消灭在萌芽状态,并且把各种成本偏差的信息,及时地反馈给有关的责任单位,以利于及时采取纠正措施。

3. 事后控制

运输成本事后控制是在运输成本形成之后,对实际运输成本的核算、分析和考核。它是运输成本的后馈控制。

运输成本事后控制通过实际运输成本和一定标准的比较,确定运输成本的节约或浪费,并进行深入的分析,查明运输成本节约或超支的主客观原因,确定其责任归属,对运输成本责任单位进行相应的考核和奖惩。通过运输成本分析,为日后的运输成本控制提出积极改进意见和措施,进一步修订运输成本控制标准,改进各项运输成本控制制度,以达到降低运输成本的目的。

> **重要提示**
>
> 运输成本的事中控制主要是针对各个具体运输成本费用项目进行实时实地的分散控制;而运输成本的综合性分析控制,一般只能在事后才可能进行。运输成本事后控制的意义并非是消极的,大量的运输成本控制工作有赖于运输成本事后控制来实现。从某种意义上讲,控制的事前与事后是相对而言的,本期的事后控制,也就是下期的事前控制。

(三) 运输成本的控制原则

为了有效地进行运输成本控制,必须遵循以下原则。

1. 经济原则

这里所说的"经济"是指节约,即对人力、物力和财力的节省,它是提高经济效益的核心。因此,经济原则是运输成本控制的最基本原则。

2. 全面原则

在运输成本控制中实行全面原则,具体说来有如下几方面的含义。

(1) 全过程控制。运输成本控制不限于生产过程,而是从生产向前延伸到投资、设计,向后延伸到用户服务成本的全过程。

(2) 全方位控制。运输成本控制不仅对各项费用发生的数额进行控制,而且还对费用发生的时间和用途加以控制,讲究运输成本开支的经济性、合理性和合法性。

(3) 全员控制。运输成本控制不仅要有专职运输成本管理机构的人员参与,而且还要发挥广大职工群众在运输成本控制中的重要作用,使运输成本控制更加深入和有效。

3. 责、权、利相结合原则

只有切实贯彻责、权、利相结合的原则,运输成本控制才能真正发挥其效益。显然,企业管理当局在要求企业内部各部门和单位完成运输成本控制职责的同时,必须赋予其在规定的范围内有决定某项费用是否可以开支的权力。如果没有这种权力,也就无法进行运输成本的控制。此外,还必须定期对运输成本业绩进行评价,据此实行奖惩,以充分调动各单位和职工进行运输成本控制的积极性和主动性。

4. 目标控制原则

目标控制原则是指企业管理当局以既定的目标作为管理人力、物力、财力和各项重要经济指标的基础。运输成本控制是目标控制的一项重要内容,即以目标运输成本为依据,对企业经济活动进行约束和指导,力求以最小的运输成本获取最大的盈利。

5. 重点控制原则

所谓的重点控制,简言之,就是对超出常规的关键性差异进行控制,旨在保证管理人员将精力集中于偏离标准的一些重要事项上。企业日常出现的运输成本差异往往成千上万,头绪繁杂,管理人员对异常差异实行重点控制,有利于提高运输成本控制的工作效率。

(四) 运输成本控制的策略方法

控制运输成本的目的是使总的运输成本降低,但又符合运输的可靠性、安全性与快捷性要求。运输合理化可以充分利用现有的时间、财务等资源,组织合理运输,使得运输距离最短、运输环节最少、运输时间最短和运输费用最省,所以它也是运输成本控制的主要手段。以下简要介绍几种运输成本控制的策略性方法。

1. 合理选择运输方式

使用不同的运输方式会给企业带来不同的运输成本,所以应根据实际需要合理选择运输方式。例如,可根据各种运输方式的成本与货物重量的关系来选择运输方式,以控制运输成本。图 8.17 表明了运输成本、运输重量与运输方式的关系。如果企业运送货物的平均重量少于 10 kg,则用空运可以降低运输成本;如果平均重量在 10 ~ 35 kg 之间,则用卡车运送较为有利;当平均重量超

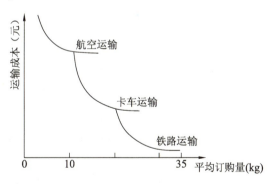

图 8.17 运输成本、运输重量与运输方式的关系

过 35 kg 时,由铁路运送将会降低运费。当然,在实际工作中,企业还要根据不同运送方式所带来的存货成本以及所需要的运送时间进行综合判断。

2. 拥有适当数量的车辆

企业拥有车辆过少,发货量多时,会出现车辆不足的现象,要从别处租车。相反,拥有车辆过多,发货量少时,会出现车辆闲置的现象,造成浪费。所以,对运输部门来讲,拥有适当数量的车辆是必要的。

3. 优化仓库布局

运输网络设置的优化可以从整个运输系统上控制运输成本。例如,通过优化仓库布局,可以实现运输时间最短,运输线路最短,从而达到运输成本最小化。

建立一个合理化仓库的基本原则是利用集运的规模经济性。一个制造商通常在广泛的市场区域中销售产品,如果一些客户的订货是少量的,那么只要将他们的订货集中起来,形成足够的货运量去覆盖每个仓库设施的固定成本,并使仓库与当地发送的总成本等于或少于直接运送货物至客户的总成本,这样建立的仓库设施在经济上就是合理的。

4. 实施集运策略

所谓集运,就是利用规模经济来降低运输成本的集中运输策略。当然,组织集运还要考虑因此而可能延迟物流响应时间的负面影响。从运作的角度看,集运有三种有效的方法:自发集运、计划集运和共同输送。

(1) 自发集运。集运最基本的形式是将一个市场区域中到达不同客户的小批量货物集中起来运输,即自发集运。这种方式在进行运输时只是修正,而不是自然的货物流动。

(2) 计划集运。计划集运就是将某一个时间段内的订单集中起来组织运输。通常,运输公司以集运互利的原则与客户沟通,并向客户做出承诺,保证所有在特定截止期前收到的订单都可在预定之日送货。

(3) 共同输送。共同输送是指货运代理公司、公共仓储公司或运输公司为在相同市场中的多个货主安排货物运输的一种集运方式。货运代理公司主要是通过提供代理服务来集聚小批量货物从而达到共同运输的目的。公共仓储公司或运输公司通常具备大批量送货的集运能力,可以按照客户要求提供增值服务,如分类、排序、进口货物的单据处理等。

5. 推行直运战略

直运即直达运输,就是在组织货物运输过程中,越过商业物资仓库环节或铁路等交通周转环节直接运达目的地的运输方式。就生产资料来说,由于某些物资体大笨重,一般采取生产厂家直接供应消费单位(生产消费)的方法实行直达运输。企业在决定是否采取直达运输战略时,必须考虑下述因素:该产品的特性(如单价、易腐性和季节性),所需运送的路程与成本,顾客订货的数量与重量,地理位置与方向等。

6. 采用"四就"直拨运输

"四就"直拨运输,是指各商业、物资批发企业在组织货物调运的过程中,对当地生产或由外地调达的货物,不运进批发仓库,而是采取直拨的办法,把货物直接分拨给市内基层批发、零售商店或用户,减少一道中间环节,这样可以收到双重的经济效益。其具体做法为:就厂直拨、就车站(码头)直拨、就库直拨、就车(船)过载。

7. 提高装载量

提高装载量的主要做法有以下几种。

(1) 组织轻重装配。即把实重货物和轻泡货物组装在一起,既可充分利用车船装载容积,又能达到装载重量,以提高运输工具的使用率。

(2) 实行解体运输。对一些体大笨重、不易装卸又容易碰撞致损的货物,如自行车、缝纫机、科学仪器等可将其拆卸装车,分别包装,以缩小所占空间、提高运输装载效率。

(3) 改进堆码方法。根据车船的货位情况和不同货物的包装形状,采取各种有效的堆码方法,如多层装载、骑缝装载、紧密装载等,以提高运输效率。

另外,充分利用各种运输方式的优势,推进联合运输,实施托盘化运输、集装箱运输、拼装整车运输等,也是运输成本控制的有效策略。

> **重要提示**
> 运输成本控制不是追求某一个环节运输成本的最低,而是注重物流总成本的最低。很多时候,运输业务成本最低也并不一定就会使物流总成本最低,需要综合其他环节的物流成本,充分分析。

任务四 探析运输价格

案例导入

某外商独资食品生产公司在中国投资有6个工厂(不包括在建和OEM的工厂),旗下主要有4大品牌,年销售额近10亿元。公司目前主要的销售区域仍集中于南方,南北大致销售比例为7:3(以长江划分南北)。由于生产的是属于低附加值的玻璃罐装食品(暂时只有小部分使用PET瓶),所以公司对物流成本一直比较注重。目前整体物流费用占公司销售成本的4%左右。A厂每天运输数量在300~500 t左右。省内配送主要使用汽运,而省外港口城市多使用海运集装箱再短驳至客户。省内配送也使用过一段时间的自有车辆,但考虑到成本较高最终也改用第三方物流车辆。运输管理主要工作:监控运作质量;管理合同价格(价格谈判);日常回顾;提供发货的信息给其他相关部门。每天客服将订单通知车队(运输供应商),由供应商根据订单情况派出车辆到工厂装货,具体车辆调度由供应商完成(比如某车装哪几票货物,或者每票货装多少)。供应商根据每月发货情况跟客服部门对账确认运费。

案例思考
该公司降低运输费用可以从哪些方面考虑?

 知识链接

一、运输价格及其特点

运输价格是指运输企业对特定货物所提供的运输服务的价格。由于运输产品不具有实物形态,只是所运的对象发生位置的变化,而且运输产品的生产过程与运输产品的消费过程同时发生,决定了运输价格与工农业产品价格有着不同的特点。运输价格的特点主要有以下几点。

(1)运输价格只有销售价格一种形式。只有销售价格没有出厂价格,是因为运输的生产过程和消费过程同时发生。

（2）运输价格是社会产品价格的组成部分。运输需求是社会生产的派生需求，运输生产是社会生产过程在流通领域内的继续，它参与了社会产品价值的创造，其运输过程中创造的价值，最终转移到产品的价值之中，因此运价的变动直接影响到社会产品的价格。

（3）运输价格与距离有密切的关系。运输的核心产品是位移，其计量单位为"吨千米"或"人千米"，其运输成本是随着距离的变化递远递减的，因而决定了运价因运输距离的不同而有差别，如长途、短途，每个里程段的运价各有不同。

（4）运输价格的种类繁多，结构复杂。运输需求多种多样，其运输对象性质不同、批量不同，使用车型、运输距离、道路条件和运输方式均存在差别，所以运价也不同。

（5）运输价格的变动与运输方式的运量、成本变动有一定的关系。受价值规律的影响，运价的变动会影响运量的变动，而运量的变动又会影响单位运输成本的变动。

（6）运输价格受政府管制政策限制。目前，货运价格基本放开，国家管制较少。

想一想 运输价格与运输成本的区别是什么？

二、运输价格的结构、种类与形式

（一）运价结构

运价结构是指运价体系各部分构成及其相互间的比例关系。运价结构主要可以分为按距离别的差别运价结构、按线路别的差别运价结构和按货种别的差别运价结构。

1. 按距离别的差别运价结构

这是根据运输里程而制定的运价结构体系，按距离别的差别运价也称为里程运价或距离运价。里程运价目前主要有两种形式：均衡里程运价和递远递减运价。

（1）均衡里程运价。指对同一种货物而言，每吨公里运价不论其运输距离的长短均为一不变值。目前我国在公路和航空这两种运输方式上实行均衡里程运价。

（2）递远递减运价。递远递减运价是运价率随运输距离延长而降低的一种有差别的运价制度。即运输距离越长，每吨公里运价越低。这是安排短途运价与长途运价之间的比价关系常用的一种方法。

在运输实践中，属于里程运价结构的变形有以下几种。

（1）邮票式运价结构。邮票式运价结构，指在一定区域范围内，对运输对象就像贴邮票邮信那样，不论运输距离长短，制定相同的运价，收取同样的运费。如市内客运的公共汽车、电车、地铁等。

（2）基点式运价结构。基点运价是把某一车站作为基点，运费总额是发送站到基点的运费加上由基点到终点站的运费。许多运价的特点是都有一基点运价，并将它与其他地点的运价建立一定的关系。基点式运价结构是不同运输方式以及不同运输线路之间竞争的结果。这种运价结构最普通的办法是，按规定超过或低于基点运价的差数来制定运价，所以这种运价结构又被称为"差数运价系统"。

重要提示

如图8.18所示,某水运航线,从起始点A出发,沿途有B、C、D三个停靠点。由于AC之间的运输有其他运输方式(如铁路、公路)的竞争,为了争取货源、战胜竞争对手,所以不得不降低其运价。但如果AB、AD之间无其他运输方式的竞争,则可抬高其运价以弥补AC之间的降价损失。然而,对AB、AD之间的加价应有一定的限度,即不能超过C至B或C至D的区间运价。否则,托运人将有可能先经竞争线路把货物运到C点,然后再由C点托运到B点或D点,这显然构成不合理运输。用这种方法制定的运价称为"基点运价",其中C为基点,并以此为基础来确定邻近处AB、AD间的货物运价。

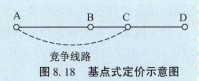

图8.18 基点式定价示意图

(3) 成组式运价结构。该结构又称为区域共同运价结构,指将某一区域内所有发站或到站集合成组,在一个组内的所有各站采用同一运价。

2. 按线路别的差别运价结构

这是指按运输线路或航线不同分别确定的货物运价体系。按线路别的差别运价也称为线路运价或航线运价,它被广泛使用于国际海运和航空货物运输中,在部分公路运输中也有应用。

里程运价能较好地适应运输成本随运输距离变化的规律,但它也有不足的一面:

(1) 单位运输成本的"递远递减"规律,应以运输条件相同或基本相同作为前提条件,即运输具有一定的区域性(故可称为"航区运价"形式),否则距离运价便丧失了制定的基础。

(2) 在市场经济条件下,货物运价的形成除运输成本外,还受运输供求关系、各种运输方式的竞争等多种因素的影响,因此,以运输成本为基础的距离运价有时在现实中无法实施。

因此,对上述情况只有按不同线路(或航线)分别确定运价才更符合实际。

3. 按货种别的差别运价结构

按货种别的差别运价结构是指对承运的不同货物制定高低不等的运价。比如,不同类型的货物在性质、体积、比重、包装等方面不同,它们要求使用的车辆、运输服务条件不同,因此,在运输成本上就存在较大差异。

(二) 运价的种类

运输价格可以按不同运输对象、不同运输方式、货物的不同种类等划分为若干种类。

1. 按不同运输方式划分

(1) 水路货物运输价格。国际海上货物运价包括班轮和航次租船运价,班轮运价指以班轮方式承运货物时规定的运输价格;航次租船运价指船舶所有人和承租人在航次租船合同中约定的运输价格。国内水路货物运价按不同航区分别制定,各航区根据不同货种、不同运输距离各自制定相应范围的货物运价。

(2) 铁路货物运输价格。我国铁路除少数线路外均实行全国统一货物运价,并按不同货种、不同运距分别制定。

(3) 公路货物运输价格。我国公路货运价由各省(市)分别制定,具体按不同货种、不同运输条件和不同运输距离分别制定。

(4) 航空货物运输价格。我国航空货运价格先区分国际航线和国内航线,然后按不同航线,并考虑货物种类和批量等因素分别制定。

(5) 管道货物运输价格。我国管道货物运价按不同管道运输线输送不同货种分别制定。目前输送的货种为油类(原油和成品油)、压缩气体(天然气和燃化气体)、水浆生矿砂和煤粉等。

2. 按运输货物的不同种类划分

按这种划分方法,运价可分为普通货物运价、危险货物运价、冷藏货物运价、集装箱货物运价等。其中,在普通货物运价中,一般又按其不同的运输条件和货物本身价值高低等因素划分若干等级。例如,我国沿海、长江等航区将货物划分为 10 个等级;铁路《货物运价分类表》中将货物分为 23 类 246 项,共规定 17 个运价号等。

3. 以运输货物的批量大小划分

按这种划分方法,运价一般分为整批货物运价和零担货物运价两种,并规定后者价格高于前者。例如,沿海、长江航区凡满 30 t 的货物以整批货物计价;一次托运未满 30 t 的则以零担货物计价,后者价格高于前者 20%。

铁路、公路货物的整批或零担的认定,则以一次托运量是否能装满一整车为标准,能装满一整车的为整批货,否则为零担货。

4. 按运输货物的联运方式划分

按这种划分方式,联运运价按联运起、讫点不同,可分为国内联运和国际联运两大类。

5. 按运价适用的地区划分

按这种划分方式,运价包括适用于国际运输线路、航线的国际运价,适用于国内运输的国内运价和适用于某一地区的地方运价等。

6. 按运价适用的范围划分

按这种划分方式,运价包括普通运价、特定运价和优待运价等,其中普通运价是运价的基本形式,特定运价是普通运价的补充形式,适用于指定的货物、指定的流向或指定的线路或航线等;而优待运价属于优惠性运价,适用于有专门用途的货物和回空运输的货物等。

7. 按运价的管理方式划分

按这种划分方式,运价包括国家定价(如国家对国有铁路运输的运价、抢险救灾运输的运价以及航空运输中的公布运价)、国家指导价(如交通运输部直属企业计划内货物运输实行国家指导价)和市场调节价(上述两种情况以外的情况均实行市场调节价)。

(三) 运输价格的形式

为了适用各种需要和各种特殊情况等,各种运输方式在实际运作中还采用多种多样的运价形式来满足不同的需要。

1. 铁路运价的形式

(1) 统一运价。这是铁路运价的主要形式,适用于全国各个地区,实行按距离、货种的差别运价。

(2) 特定运价。除上述统一运价外,根据运价政策,对按特定运输条件办理,或在特定的地区、线路运输的货物,规定特定运价。特定运价一般按普通运价减成或加成计算,也可另定。它是统一运价的补充,可以因时、因地、因货制定。

(3) 浮动运价。对于在不同季节忙闲不均的线路,在不同的季节可实行不同的运价。

(4) 地方铁路运价。为了提高地方修建铁路的积极性,允许地方铁路采用单独的运价。

知识拓展

国外铁路运输采用的运价形式

国外铁路运输企业所采用的运价形式与我国铁路有所不同,较为典型的有以下两种。

(1) 公开运价。这是铁路公司对外公布的运价,根据情况不同,公布的时间不同,如有的公司每周公布一次。公开运价定期调整,调整的依据是运输需求、通货膨胀等变化情况。

(2) 合同运价。它也称协议运价,其运价水平是在公开价的基础上,由货主和承运者双方根据运输市场供求关系及各自的利益协商认定的,是秘密运价。铁路公司为争取客户,对签订长期合同的客户给以优惠价格,以稳定客户,争取运输市场。如美国、加拿大等国铁路实行公开运价的部分占总数的15%~20%,实行合同运价的部分占80%~85%。

2. 公路运价的形式

(1) 计程运价。计程运价按整车运输和零担运输分别计算。整车运输以(t·km)、零担运输以(kg·km)为单位计价。

(2) 计时运价。计时运价以吨位小时为单位计价,适用于特大型汽车或挂车以及计时包车运输的货物。

(3) 长途运价。长途运价适用于长途运输的货物,实行递远递减的运价结构。

(4) 短途运价。短途运价适用于短途运输的货物,按递近递增原则采取里程分段或基本运价加吨次费的办法计算。

(5) 加成运价。对于一些专项物资,非营运线路单程货物运输,特殊条件下运输的货物,特种货物等运输实行加成运价。

3. 水运运价的形式

(1) 我国国内水运运价的形式主要有:

① 里程运价。又称航区运价,是对于同一航区各港间不同货种、不同运距而规定的差别运价。

② 航线运价。适用于两个港口之间的直达货物运价。

③ 联运运价。它是水陆联运、水水联运等联合运输的货物运价,一般分别按铁路、公路和水路各区段的运价并以统一规定的减免率进行计价。

(2) 国际水运运价的形式主要有:

① 班轮运价。它是远洋运输的班轮采取级差运价和航线运价相结合的运价。班轮运价是按照轮船公司或班轮工会制定并事先公布的运价和计费规则计收费用的。

② 航次租船运价。它是按照船舶所有人和承租人之间在租船合同中约定的运价和装

运货物数量计算的运费,有时也以一个运费总额包干。航次租船运价取决于租船市场上运力的供给和需求关系,而其计降幅度则受货物对运费的负担能力和运输成本的限制。

③ 国际油船运价。它是在油船航次合同中,通常以船舶所有人和承租人同意的,以某一国际航运组织或经纪人组织制定的油船费率表所规定的费率为基准,按租船市场行情确定增减的比例来定价。

4. 航空运价的形式

根据航线的不同,航空运价可分为国际航空运价和国内航空运价。其中,国际航空运价按所运输货物的性质划分,又可分为普通货物运价、指定商品运价、等级运价和集装箱货物运价。

按运价制定的途径,航空运价又可分为协议运价、公布直达运价和非公布直达运价等。

5. 管道运价的形式

我国管道货物运价按不同管道运输线输送不同货种分别制定。目前输送的货种为石油类(原油或成品油)、压缩气体(天然气和燃化气体)、水浆(矿砂和煤粉)等。

三、影响运输价格的因素

(一) 货物的属性

如特殊货物(危化物品、特种设备、三超货物、生鲜冷藏等),鉴于其货物的特性,对运输车辆有严格的要求,自然物流运输价格就会相对高一些。

(二) 环境因素

待发运货物的装货地址、卸货地址,以及途经路线对物流运输价格会有直接的影响。正常情况下:地方偏僻交通路况不好、线路复杂大车行进困难、在市内交通禁行区的装卸货地方是承运车辆最不愿去的地方。这种情况下承运车辆则要求相对高的运价(因为要承担更多的行车风险、到货地没有回货需返回货源多的地方要多费油、要承担禁行区闯禁被抓的风险)。

(三) 季节行情因素

如果某个地方突然货量大增(如当地的水果、农副产品或其他物品上市),那么原本平衡的供求关系就会受到很大的影响。会因为这些货物的上市,导致货多车少,运输价格快速上涨;反之,则物流运价相对平稳或有下降的可能。

(四) 各地政策因素

如某地突然新增加收费项目、某地施工需绕道行驶、某地重大活动交通管制、某地新增禁行区域、某地严格治限治超,以及各项税费改革等,都会影响到物流运输价格。

(五) 油价波动

油价的波动直接影响着承运车辆的直接成本。但是一般情况下,如果涨幅不大,则运价相对稳定;如果是大涨大跌,则影响较大。

(六) 其他因素

运价的因素还有运输的成本(需要提供运输包装、提供装卸、代购保险以及货主的其他要求)、运输供求关系、运输市场结构模式以及各种运输方式之间的竞争等。

四、制定运输价格的方法

在制定运价时,既要考虑运价的诸多形成因素,如运输成本、运输供求关系、运输市场的结构模式、国家有关经济政策、物价总水平、运输服务购买力以及各种运输方式之间的竞争等,还应坚持制定运价的一些原则,采取相应的方法与策略。

(一) 定价原则

(1) 运价的制定应当能够促进工农业生产和运输业的发展。运输是保证工农业生产发展的前提条件,因此运价的制定既要有利于促进工农业生产的发展,又要能促进运输业本身的发展。

(2) 运价必须以运输价值为基础。由于运价是运输价值的货币反映,所以运输价值是运价的基础。但是要直接准确地计算出运输价值是困难和复杂的,因此一般借助于构成运输价值的主要部分——运输成本作为主要依据,近似地反映运输价值。

(3) 运价要充分考虑货物的负担能力。运输费用在货物价格中占有一定的比重。因而,在制定某一具体货物的运价时,应适当考虑货物对运输费用的负担能力。一般高价值货物制定高价格,低价值货物制定低价格。

(4) 运价的制定要兼顾各方面的影响因素。运价虽然以运输价值为基础,但是在不同的时间范围内,运价还会受到诸如水运运价、公路运价或其他运输方式运价之间的比价关系,各种货物在国民经济中的地位及其在国际市场上的价格等各种因素的不同程度的影响。

(二) 定价方法

1. 成本导向定价法

成本导向定价法是以产品(劳务)的总成本为中心,分别从不同角度制定对企业最有利的价格。具体有平均成本定价法和边际成本定价法等形式。

(1) 平均成本定价法。平均成本定价也称平均成本加成定价,它是以部门正常运营时的平均单位成本为基础,再加上一定比例的利润和税金而形成的价格。计算公式为:

$$运价 = 平均成本 + 定额利润 + 应纳税金$$

或:

$$运价 = \frac{平均成本 + 定额利润}{1 - 税率}$$

式中:

$$平均成本 = 平均固定成本 + 平均变动成本$$
$$定额利润 = 预期总利润 / 总运量$$

采用平均成本定价法的优点是能够确保企业达到目标利润,计算方便,操作简单。它一般适合于运输市场不十分活跃,竞争不太激烈,并且货源比较稳定的运输方式或运输路线。其缺点是没有考虑运输市场上供求关系与运价之间的关系,没有考虑成本在不同路线、不同地区的差异对定价的影响,有时还会导致运价的严重扭曲。

(2) 边际成本定价法。边际成本定价法是以运输企业的边际成本为定价基础的定价方法。在生产规模不变(即固定成本不变时),边际成本实际上就是所增加的可变成本。

边际成本定价法比较适合于运输业的特点,也可为政府制定最低和最高限价提供参考。对于一些货源不足的线路,运能过剩,其平均成本可能较高,而边际成本却可能很低,如果按平均成本定价,一方面抑制了运输需求,另一方面也会造成运输设备闲置、运输资源浪费。

如果以边际成本定价,由于成本水平相对较低,不仅可以促进运输需求,还可以提高运输设备的利用率,提高运输收益。边际成本定价法不仅考虑了成本消耗,也考虑了市场上运输供求状况,它可以满足指定分线运价、分区运价的需求。

依据边际成本定价需要注意的是,由于它只考虑成本的边际变化,没有考虑总成本的情况,所以当边际成本长期小于平均成本时,就会使企业发生亏损。采用这种定价需要具备两个前提条件:一是路网早已形成,而且有相当多的剩余运输能力;二是各种运输方式之间,各个运输企业之间为争夺运输市场而展开竞争。

知识拓展

边际成本

在经济学和金融学中,边际成本指的是每一单位新增生产的产品(或者购买的产品)带来的总成本的增量。这个概念表明每一单位的产品的成本与总产品量有关。比如,仅生产一辆汽车的成本是极其巨大的,而生产第 101 辆汽车的成本就低得多,而生产第 10 000 辆汽车的成本就更低了(这是因为规模经济带来的效益)。

2. 需求导向定价法

成本导向定价的逻辑关系是:成本 + 盈利 = 价格,而需求导向定价法的逻辑关系是:价格 – 盈利 = 成本。即需求导向首先考虑的不是成本,而是货主对价格的接受程度,根据货主的接受程度,选择一个最佳的价格水平。

具体有以下几种方法。

(1)需求差异定价法。该方法是根据市场需求的时间差、数量差、地区差、消费水平及心理差异来制定价格。如在市场需求增加时,适当提高运价水平;反之,当市场需求减少时,适当降低运价水平;对需求数量大的货主定低价;对经济水平高的地区定高价等。

(2)权衡比较定价法。该方法在制定运价时考虑运价与运输量的动态变化关系,制定出价格合适、运输工作量较大的运价,以使企业取得最大的经济效益。

(3)逆向倒推定价法。这种方法不是以实际成本为主要依据,而是以市场需求为定价出发点,力求价格为货主接受。这种方法的实际定价权是市场需求,价格变化的区间较小,企业应尽量降低运输成本来获取更多利润。

3. 竞争导向定价法

该方法一般包括以下三种形式。

(1)优质优价定价法。在运输企业能提供高于平均服务水平的运输劳务时,可采用高价策略。优质产品的价格比同类竞争者的价格高 10% ~20% 为宜。

(2)流行水准定价法。这种方法是以本行业的主要竞争者的价格为企业定价的基础。采用这种方法定价可以避免在同行内挑起价格战争,而且充分利用了行业集体智慧,有助于协调同行企业之间的关系。

(3)渗透定价法。该方法一般以能打入市场,提高市场占有率为标准。初期运价较低,随着市场占有率的提高,逐步提高运价。

（三）定价策略

1. 折扣定价策略

这是一种让价策略，它是通过价格折扣、让价等优惠手段，吸引货主接受服务，加快资金周转，增加企业利润。主要有以下几种形式。

（1）数量折扣。这是因用户托运货物批量大而给予的价格优惠。数量折扣又分为累计数量折扣和一次数量折扣。前者是规定在一定时期内托运货物达到一定数量时所给予的价格折扣；后者是规定每次托运达到一定数量时所给予的价格折扣。

（2）功能折扣。这是运输企业给中间商的价格折扣，以便发挥中间商的组货或揽货作用。

（3）季节折扣。企业为均衡组织运输生产，对需求量较少的淡季给予价格优惠，类似于价格的季节波动。

（4）现金折扣。企业为加快资金周转，促使货主提前付款，对现付或提前付费的货主给予价格优惠。

（5）回程折扣。运输企业为提高运输工具的使用效率，减少运力浪费，对回程货给予一定的价格折扣。

2. 差别定价策略

这是一种按照货主、货物、航线的不同而确定的不同定价策略。

（1）货主差别定价。货主的规模、与企业的协作关系等都会影响定价水平。货主规模大，与企业建立了长期合作关系，定价时可以比一般市场价格稍低些，以便能保持住老用户，增加业务量；反之，则采取市场价格。

（2）货物差别定价。特殊货物价格应高于普通货物的运价；零担货物运价应高于整车运价。

（3）航线差别定价。由于地理位置的不同，世界各地、各区域的航线忙闲不均，因此可根据航线不同实行差别定价。繁忙航线价格定得高些，以发挥价格的调节作用。

任务五　分析运输绩效

案例导入

年末，某物流公司王经理想知道本公司当年的物流业绩状况，以便为公司下一年度的工作做出合理安排，于是安排财务小李来做这份物流业绩绩效报告，对本公司的经营效益及效率进行分析。

案例思考

小李该如何做这份业绩绩效报告呢？

一、绩效管理的含义

绩效管理是一个管理组织绩效的过程,即围绕组织战略和目标,利用组织结构、技术、事业系统和管理程序等,对一定时期组织的绩效进行管理,从而实现组织目标的过程。就企业组织来看,绩效管理是现代企业的一种新型管理模式,它以绩效为核心,将企业各项业务管理、各个部门管理、公司战略管理、技术创新管理等有机结合在一起,以确保经营者、管理人员、普通员工以及企业各个部门等的利益与公司整体战略利益保持一致。

绩效标准是指与其相对应的每项目标任务应达到的绩效要求。绩效标准明确了员工的工作要求,也就是说对于绩效内容界定的事情,员工应当怎样来做或者做到什么样的程度。绩效标准的确定,有助于保证绩效考核的公正性,否则就无法确定员工的绩效到底是好还是不好。衡量绩效的总的原则只有两条:是否使工作成果最大化;是否有助于提高组织效率。绩效目标是指给评估者和被评估者提供所需要的评价标准,以便客观地讨论、监督、衡量绩效。

二、运输服务绩效管理的概念

运输服务绩效管理,主要是指对运输活动或运输过程的绩效管理,这里的运输活动不限于运输企业的运输活动,还可以是其他企业的运输活动。运输服务绩效管理是管理运输活动的整个过程,也就是围绕组织的战略目标,对一定时期内运输活动的集货、分配、搬运、中转、装卸、分散等环节进行绩效管理,从而实现整个运输活动目标的过程。

三、运输绩效管理的原则

运输绩效管理在实施过程中,要提高其有效性,实现预定目标,需要坚持以下基本原则:

(一)管理结果和管理过程相结合

从企业的长远发展来说,绩效管理必须注重过程管理,严格按既定的制度和流程来执行。如果一味要求实现目标,不关注过程的话,那么员工就会为了实现目标不择手段,甚至会牺牲企业长远利益来获取短期的发展,这对企业是致命的,带来的伤害是巨大的,是不可逆转的。因此运输服务绩效管理不仅要强调结果导向,还要重视实现目标的管理过程,将二者结合起来。

(二)"管理过去"与"管理未来"相结合

抓好绩效评价的过程管理,将绩效管理的"管理过去"和"管理未来"有机地结合起来,才能不断提高运输企业的整体效益。

(三)短期目标与长期发展相结合

在运输绩效管理中,如果仅仅关注和追求短期财务指标,追求短期经济效益,会导致对长远发展战略和核心能力建设上关注度不够,可能会在整体上妨碍企业实现更大的长远目标。因此,为了企业的长远发展,既要关注短期目标又要关注长期的战略规划。

(四)个体行为和团队合作相结合

个体行为和团队合作相结合是提升绩效管理成功与否的关键,发挥团队精神、互补互助以达到团队最大的工作效率。对于团队的成员来说,不仅要有个人能力,更需要有在不同的位置上各尽所能、与其他成员协调合作,让所有员工的绩效都与企业生产经营业绩紧密关联,使人人肩上都有担子,事事有目标,人人有事做,这样就能够更好地实现企业的运营目标。

二、运输绩效的评价

(一) 运输绩效评价体系的构成

运输绩效评价体系作为企业绩效管理系统的子系统,也是企业管理控制系统的一部分,它有自己的完整体系。一个有效的运输绩效评价体系主要由以下内容构成。

(1) 评价对象。它主要说明对谁进行绩效评价。运输绩效评价对象主要是指企业的运输活动或运输过程,一般包括集货、分配、搬运、中转、装卸、分散等作业活动。这些活动在实际中还会涉及运输活动计划、目标、相关组织与人员以及相关的环境条件等相关情况。

(2) 评价组织。即负责领导、组织所有评价活动的机构,评价组织的构成情况及其能力大小将直接影响到绩效评价活动的顺利实施及效果。它一般由企业有关部门负责人组成,有时也邀请其他有关专家参与。

(3) 评价目标。它被用来指导整个绩效评价工作,一般根据运输绩效管理目标、企业实际状况以及发展目标来确定。评价目标是否明确、具体和符合实际,关系到整个评价工作的方向是否正确。

(4) 评价原则。就是实际评价工作中应坚持的一些基本原则,如客观公正、突出重点、建立完善的指标体系等等,它会影响到评价工作能否顺利开展及其效果。

(5) 评价内容。它说明了应该从哪些方面对运输绩效进行评价,反映了评价工作的范围,一般包括运输成本、运输能力、服务质量、作业效率、客户满意度等。

(6) 评价标准。这是用来考核评价对象绩效的基准,也是设立评价指标的依据。评价指标主要有三个来源:一是历史标准,就是以企业运输活动过去的绩效作为评价标准;二是标杆标准,就是将行业中优秀企业运输活动的绩效水平作为标准,以此来判断本企业的市场竞争力和自己在市场中的地位;三是客户标准,即按照客户的要求设立的绩效标准,以此来判断满足客户要求的程度以及与客户关系紧密程度。

(7) 评价指标体系。就是评价运输活动的具体指标及其体系。运输绩效指标可以按照运输量、运输服务质量、运输效率以及运输成本与效益等方面来分别设立。

(8) 评价方法。它是依据评价指标和评价标准以及评价目标、实施费用、评价效果等方面因素来判断运输绩效的具体手段。评价方法及其应用正确与否,将会影响到评价结论是否正确。通常用的评价方法有专家评价法、层次分析法、模糊综合评价法等。

(9) 评价报告。这是评价工作实施过程最后所形成的结论性文件以及相关材料,内容包括对评价对象绩效优劣的结论、存在问题及其原因分析等。

以上9项内容共同组成一个完整的运输绩效评价体系,它们之间相互联系、相互影响。

> **重要提示**
> 运输企业的绩效管理主要通过对一系列运输活动或过程的绩效管理来实现。如果按照运输活动或过程来设计指标体系,不同的运输企业或企业运输均可以根据实际情况,有选择地运用这些指标建立绩效评价指标体系。

（二）运输绩效评价的步骤

绩效评价步骤设计得合理，就能够将运输绩效评价体系落到实处，为有效地进行绩效评价提供保证。

1. 建立健全评价机构

建立一个由有关部门负责人组成的绩效评价组织，也可以邀请其他有关专家参与。应对其中的每个部分及其人员明确分工、职责和权利。

2. 调查评价对象的全面情况

通过调查，弄清楚评价对象的运输活动计划、目标、相关组织与人员以及相关的环境条件，尽可能掌握较为全面的数据资料。

3. 明确评价目标及原则

应根据运输绩效管理目标、企业实际状况以及发展战略和目标来确定评价的目标。围绕评价目标，还应制定一些具体评价工作中遵守的基本原则。一般来说，绩效评价的基本原则有以下几点。

（1）突出重点，要对关键绩效指标进行重点分析。

（2）建立完善的指标体系，使之能反映实际运输业务流程和全部运输过程。

（3）应尽可能采用实时分析与评价的方法，要把绩效度量范围扩大到能反映运输作业实时运营的信息上去。

（4）保证系统评价的客观性，使评价所依据的资料要全面、可靠、准确，同时要防止评价人员的倾向性，其组成也要有代表性。

（5）应特别重视用户满意度方面的评价。

4. 确定评价内容

应根据评价对象的实际情况与评价目标确定绩效评价的具体内容。评价内容一般包括以下项目。

（1）运输成本。这是绩效评价应首先考虑的问题。但要明确，运费并不是唯一的成本构成，装载情况、索赔、设备条件等因素也要考虑。

（2）服务质量状况。即准确性、安全性、迅速性、可靠性如何。

（3）运输能力。包括提供运输工具和设备以及专用车船的能力、装卸车船的能力等。

（4）中转时间。它的大小直接影响库存水平以及运输成本。

（5）服务能力。主要是利用信息技术以及提供信息服务的能力、实现门到门服务的能力、运输可达性的高低等。

（6）处理提货单、票据等运输凭证的情况。

（7）与顾客的合作关系。

5. 制定评价标准

一般来说，可以考虑从以下方面建立绩效评价标准。

（1）历史标准。这是以企业过去运输活动的绩效作为评价标准，进行自身纵向的比较，以判断运输活动绩效发展状况。

（2）标杆标准。这是将行业中优秀企业运输活动的绩效水平作为标准，这样可以判断出本企业的市场竞争力，认清自己在市场中的位置，找到自身的不足，以便不断改进和提高，持续提升竞争的实力和地位。

（3）客户标准。这是按照客户对运输货物的要求设立的绩效标准，将此标准来衡量运输活动的业绩水准，可以了解是否达到客户的要求，以便更好地提高顾客的满意度，与顾客建立良好的合作伙伴关系。

6. 建立评价指标体系

当确定了评价对象、评价目标、评价原则以及评价标准之后，就可以制定评价指标体系了。运输绩效指标体系可以按照运输量、运输服务质量、运输效率以及运输成本与效益等方面来建立，形成一个综合全面的指标体系。

7. 选择评价方法

评价方法是现代物流企业绩效评价的具体手段，常用的评价方法主要有专家评价法、层次分析法、模糊综合评价法等。

8. 实施绩效评价，撰写评价报告

这是具体实施运输绩效评价的阶段。在这个过程中，应随时关注实施过程，及时发现可能会产生的偏差，并做出纠偏的决策。最后要撰写评价报告，即实施绩效评价的最终结果。

三、运输绩效评价的指标

（一）选择运输绩效评价指标的原则

1. 目的性原则

绩效指标的选择应该体现企业整体经济效益的目的以及运输绩效评价的目的，也就是说，所选指标要能够科学合理地评价运输活动的作业过程、投入、产出与成本费用等客观情况。

2. 系统性原则

运输绩效会受到来自人、财、物、信息、服务水平等各种因素及其组合效果的影响，因此选择绩效评价指标不能只考虑某一单项因素，必须系统地、全面地考虑所有影响运输绩效的因素，从中抓住主要因素，保证评价的全面性和可信度。

3. 可操作性原则

所选择的评价指标要尽量含义清晰，简单规范，操作简便，数量相当；同时，能够与现有统计资料、财务报表兼容。这样就可以提高实际评估的可操作性，提高工作效率，易于人们接受。

4. 层次性原则

选择评价指标以及确定指标体系要有层次性，这样便于确定每层重点，有利于进行关键指标分析、评价方法的运用以及绩效评价的具体操作。

5. 目标导向性原则

选择绩效评价指标目的不仅仅是为了评出名次和优劣，更重要的是发挥出它正确的目标导向作用，即引导和鼓励企业按市场需求组织运输活动，提高管理水平，降低成本费用，提高经济效益。

6. 定性指标与定量指标相结合的原则

运输活动的评价指标既包括技术经济指标，又包括社会环境指标。前者易于通过定量数值表示，但后者诸如安全、快速、舒适、便利等方面，却很难用量化的数值表示。要使得评价更具有全面性、客观性，就应该使定量指标与定性指标相结合，这样可以利用两者的优势，

弥补双方的不足。

7. 绝对指标与相对指标相结合的原则

绝对指标可以反映运输活动的规模和总量，相对指标可以反映运输活动在某些方面的强度或性能，两者结合起来使用才能够全面地描述运输绩效的特性。

8. 责权利相结合的原则

绩效评价的目的是改善绩效，而不是为评价而评价。绩效指标必须与有关的部门与人员联系起来，指标评价的结果能够可以与责任人、责任单位的利益挂钩。因此，在绩效评价指标体系设计时，就应明确各项绩效指标的考评对象及其结果的责任归属。

(二) 运输绩效评价指标体系

一般来说，运输绩效评价指标体系可以由货物运输量、运输效率、运输质量、运输成本与效益等方面的指标组成。运输绩效评价指标主要包括以下内容。

1. 货物运输量指标

货物运输量可以以实物量(t)为计量单位进行衡量，也可以以金额为计量单位进行衡量。

2. 运输效率指标

运输效率指标主要指的是车(船)利用效率指标。可以从多个方面(如时间、速度、里程及载重量等)反映运输工具的利用率，这里仅简要介绍以下几种。

(1) 时间利用指标。时间利用指标主要有车辆工作率与完好率指标。车辆工作率是指一定时期内运营车辆总天数(时数)中工作天数(时数)所占的比重；完好率则是一定时期内运营车辆总天数中车辆技术状况完好天数所占的比重。

(2) 载重量利用指标。反映车辆载重能力利用程度的指标有吨位利用率和实载率。

(3) 里程利用率。里程利用率是指一定时期车辆的总行程中载重行程所占的比重，反映了车辆的实载和空载程度，它可以评价运输组织管理的水平高低。

3. 运输质量指标

运输质量可以从许多方面进行衡量，这里从安全性、可靠性、可达性、一票运输率、意见处理率以及客户满意率等方面选择衡量运输质量的指标。

(1) 安全性指标。

① 运输损失率。运输过程中的货物损失率可以有两种表示方式：一种是以货物损失总价值与所运输货物的总价值进行比较；另一种方式也可以用运输损失赔偿金额与运输业务收入额来反映。前者主要适用于货主企业的运输损失绩效考核，而后者更适用于运输企业或物流企业为货主企业提供运输服务时的货物安全性绩效考核。

② 货损货差率。该指标是指在发运的货物总票数中货损货差的票数所占的比重。

③ 事故频率。这是指单位行程内发生行车安全事故的次数，一般只计大事故和重大事故，它反映车辆运行过程中随时发生或遭遇行车安全事故的概率。

④ 安全间隔里程。指平均每两次行车安全事故之间车辆安全行驶的里程数。该指标是事故频率的倒数。

(2) 可靠性指标。正点运输率是对运输可靠性的评价的主要指标，它反映运输工作的质量，可以促进企业做好运输调度管理，采用先进的运输管理技术，保证货物流转的及时性。

(3) 可达性(方便性)指标。由于有些运输方式如铁路、航空等，不能直接把货物运至最终目的地,所以要利用直达性这个标准来评价物流企业提供多式联运服务的能力,尤其是当货物来往于机场、铁路端点站、港口时,直达性就显得尤为重要。

(4) 一票运输率。货主经一次购票(办理托运手续)后,由企业全程负责,提供货物中转直至将货物送达最终目的地的运输服务,这被称为一票运输。该指标反映了联合运输或一体化服务程度的高低。

(5) 意见处理率。它反映了对客户信息的及时处理能力,通常采用设置意见箱收集货主意见的办法进行操作。在货主针对运输服务质量问题提出的诸多意见中,企业予以及时查处并给予货主必要的物质或精神补偿,取得满意效果的意见,称为已处理意见。

(6) 客户满意率。在对货主进行满意性调查中,凡在调查问卷上回答对运输服务感到满意及以上档次的货主,称为满意货主。意见处理率和满意率均可按季度计,必要时也可按月计。前者反映了货主对运输服务性好坏的基本倾向及企业补救力度的大小,后者是对运输服务质量的总体评价。

4. 运输成本与效益指标

(1) 燃料消耗指标。燃料消耗是运输费用中的重要支出,评价燃料消耗的指标主要有单位实际消耗,燃料消耗定额比。燃料消耗量定额比反映驾驶人员消耗燃料是否合理,促进企业加强对燃料消耗的管理。

(2) 单位运输费用。单位运输费用指标可用来评价运输作业效益高低以及综合管理水平。运输费用主要包括燃料、各种配件、养路、工资、修理、折旧及其他费用支出。货物周转量是运输作业的工作量,它是车辆完成的各种货物的货运量与其相应运输距离乘积之和。

(3) 运输费用效益。它是指单位运输费用支出额所带来的盈利额。

(4) 单车(船)经济收益。它是单车(船)运营收入中扣除成本后的净收益。

(5) 社会效益。它主要衡量运输活动对环境污染的程度以及对城市交通的影响程度等。鉴于目前对运输项目的社会评价着重于宏观评价,且环境评价的指标过于专业,所以在这里我们可以更多地从定性的角度对企业具体的运输活动进行评价,如运输活动中是否采用清洁能源的车辆、运输时间是否考虑避开城市交通高峰等。

在实际运输活动中,可综合考虑运输活动的目标与任务、运输货物特点、运输环境、运输能力、客户要求等方面的因素,具体确定各项评价指标及其主次顺序,形成完整的、相互衔接的指标体系,以获得良好的评价效果。

> **重要提示**
>
> 各运输企业的情况差别较大,要设计一套适用于所有企业绩效评价的通用指标体系不太现实。不同的运输企业(或企业运输)可根据实际情况,运用指标体系构建方法、原则建立绩效评价指标体系。

项目巩固

一、名词解释

1. 运输合理化
2. 运输价格
3. 对流运输
4. 倒流运输

二、单项选择题

1. 运输运营的模式主要有运输自营和( )。
   A. 运输外包　　　　　　　　B. 公共运输
   C. 经营运输　　　　　　　　D. 企业运输

2. 运输外包的优点主要有( )。
   A. 掌握自主控制权　　　　　B. 提高企业品牌价值
   C. 有利于集中主业　　　　　D. 经营成本低

3. 下列不属于运输方式选择因素的是( )。
   A. 货物品种　　　　　　　　B. 运输距离
   C. 运输批量　　　　　　　　D. 运输的价格

4. 运输价格的下限是( )。
   A. 运输成本　　　　　　　　B. 运输供求关系
   C. 运输市场结构模式　　　　D. 国家经济政策

5. 制定各种运价要以( )为主要依据。
   A. 运输成本　　　　　　　　B. 运输利润
   C. 运输里程　　　　　　　　D. 运输服务

6. ( )是指在一定运距内,运距越远,每吨千米的运价越低。
   A. 递远递减运价　　　　　　B. 均衡里程运价
   C. 单一运价　　　　　　　　D. 递远递增运价

7. ( )对于所运输的单位吨千米均采用单一的运输价格。
   A. 递远递减运价　　　　　　B. 均衡里程运价
   C. 单一运价　　　　　　　　D. 递远递增运价

8. ( )的运用目的是限制迂回、相向等不合理运输。
   A. 递远递减运价　　　　　　B. 均衡里程运价
   C. 单一运价　　　　　　　　D. 递远递增运价

9. ( )被广泛使用于我国水路和铁路运输中。
   A. 递远递减运价　　　　　　B. 均衡里程运价
   C. 单一运价　　　　　　　　D. 递远递增运价

10. 同一种物资或两种能够相互替代的物资在同一运输线或平行线上作相对方向的运输称为( )。
    A. 重复运输　　　　　　　　B. 对流运输

  C. 过远运输   D. 无效运输

  11. 运输路线的优化的方法与单一出发地与单一目的地、起讫点重合、多点出发点与多点目的地等,其最简单、最直观的方法是( )。
  A. 最短路径法   B. 起讫点重合
  C. 多点出发点与多点目的地   D. 以上都不对

  12. 每一运输直接相关的费用是指( )。
  A. 固定成本   B. 可变成本
  C. 联合成本   D. 公共成本

  13. 端点站、运输设施、工具集信息系统的构建费用属于( )。
  A. 固定成本   B. 可变成本
  C. 联合成本   D. 公共成本

  14. 所选择的评价指标,要尽量含义清晰,简单规范,操作简便,数量相当;同时,能够与现有统计资料、财务报表兼容,这体现的运输绩效管理的原则是( )。
  A. 目的性原则   B. 系统性原则
  C. 可操作性原则   D. 层次性原则

  15. 运输绩效评价的指标体系中,下列属于运输质量指标的是( )。
  A. 时间利用指标   B. 安全性指标
  C. 社会效益   D. 里程利用率

三、判断

1. 按照运输工具的不同,运输方式可以分为公路、铁路、水路、航空和管道运输。( )
2. 运输的过程不产生新的产品,但可以创造时间和空间效益。( )
3. 运输是在不改变劳动对象原有属性或形态的要求下,实现劳动对象的空间位移。( )
4. 运输生产是为社会提供效用而不产生实物形态的产品,属于服务性生产。( )
5. 运输的主要职能是以最少的时间将货物从原产地转移到目的地。( )
6. 按照运营主体的不同,运输可以分为自营运输、经营性运输和公共运输。( )
7. 干线运输是运输的主体。( )
8. 运输价格可以在一定程度内有效的调节各种运输方式的运输需求。( )
9. 变动成本指与每一次运输配送直接相关的费用。( )
10. 端点站、运输设施、工具集信息系统的构建费用属于运输的固定成本费。( )
11. 距离运价是根据货物运输的距离远近而定制的价格。( )
12. 对流运输、交错运输和相向运输是同一种运输方式。( )
13. 运输与配送不同,主要表现在活动的范围、功能及运输方式和工具的选择上。( )
14. 海上运输合同一般都是要式合同。( )
15. 运输合同的订立需要要约和承诺两个步骤。( )
16. 要约可以由任意一方的当事人发出或同受要约人共同商定发出。( )
17. 要约只是当事双方的一种运输合同提议,不受法律部约束。( )
18. 运输合同发生纠纷,协商、调节、仲裁和诉讼可以任选一种方法进行选择。( )

19. 最短线路法主要是解决起讫点重合的运输线路问题。　　　　　（　　）
20. 经验试探法主要是解决其起讫点不同的单一问题。　　　　　（　　）
21. 运输方式的选择通常可以采用定性和定量分析。　　　　　　（　　）
22. 图上作业法主要解决多个起讫点的运输路线问题。　　　　　（　　）
23. 停留点的提货数量和送货数量会限制车辆的运行线路和时间安排。（　　）
24. 车辆在路上休息前允许行使的最长时间为 4 h。　　　　　　（　　）
25. 对有约束条件的车辆运输线路问题,我们一般采用扫描法解决问题。（　　）
26. 运用扫描法解决车辆运输问题,应顺时针扫描画圈选择线路。　（　　）
27. 客户在付出同等运费的情况下,服务商的品牌称为客户选择的首要标准。（　　）
28. 重量超过 1 t,体积超过 3 m^3 的物品应为整车运输。　　　　（　　）
29. 同一批次货物 360 件,可以采用零担运输。　　　　　　　　（　　）
30. 运行线路一般从里仓库最远的停留点开始。　　　　　　　　（　　）

四、简答

1. 运输合理化的有效措施有哪些?
2. 简述影响运输价格的因素。
3. 简述运输价格的结构。
4. 简述运输绩效评价的指标与方法。

五、论述题

论述运输绩效评价体系的构成。

> 实战演练

物流运输合理化

【技能训练目标】

熟悉不合理运输的含义,清楚运输合理化的含义及影响因素,掌握根据实际情况对运输活动进行合理组织的技能。

【技能训练准备】

1. 将学生分成 6~8 人一组,每一组调查所在地区不合理运输的表现形式。
2. 根据每组的情况,通过网络或图书查阅相关资料。
(1) 不合理运输的概念及表现形式。
(2) 运输合理化的概念。
(3) 影响运输合理化的因素。
(4) 实现运输合理化的途径。
3. 工具与设备:教室一间,情景模拟任务若干。
4. 辅助教学资料:运输视频。
5. 学生知识和能力准备:通过课堂讲解使学生了解运输不合理的表现。
6. 教师知识和能力要求:
(1) 掌握不合理运输的表现形式。
(2) 掌握实现运输合理化的途径。

【技能训练步骤】

1. 通过资料的查询,总结下列问题:

(1) 不合理运输的表现形式。

(2) 不合理运输的危害。

2. 通过下列运输业务,讨论运输过程是否合理,如不合理,请阐明原因。

(1) 小王从温州购买了 100 箱鞋子,准备运往乌鲁木齐销售。他雇了一辆 15 t 的载货汽车运输。

(2) 辛雨采用铁路运输的方式,从重庆运送 200 t 土产杂品到上海。

【技能训练评价】

物流运输合理化技能训练评价表

被考评人				
考评地点				
考评内容	物流运输合理化			
考评标准	内　容	自我评价	教师评价	综合评价
	理解运输合理化途径			
	分析不合理运输的表现			
	理论联系实际分析			
	该项技能能级			

备注:

1. 综合评价:以教师评价为主,自我评价作为教师对学生初期能力参考条件。

2. 能级标准:

1 级标准:在教师指导下,能部分完成某项实训作业或项目;

2 级标准:在教师指导下,能全部完成某项实训作业或项目;

3 级标准:能独立地完成某项实训作业或项目;

4 级标准:能独立地又快又好地完成某项实训作业或项目;

5 级标准:能独立地又快又好地完成某项实训作业或项目,并能指导其他人。

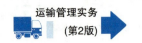

运输管理前沿

学习目标

【知识目标】
1. 了解"一带一路"的概念、绿色运输的概念、无车承运人的概念；
2. 掌握"一带一路"倡议的内容、绿色运输的发展方式及无车承运人的特征；
3. 了解无人驾驶汽车的内涵与发展前景。

【能力目标】
1. 能说出"一带一路"倡议的内容；
2. 对绿色运输、无车承运人、无人驾驶汽车有基本的认识。

学习任务提要

1. "一带一路"的概念、绿色运输的概念、无车承运人的概念；
2. 绿色运输的发展方式、无车承运人的特征；
3. 无人驾驶汽车的内涵与发展前景。

工作任务提要

1. 了解"一带一路"的有关政策；
2. 掌握无车承运人与货运代理人的区别；
3. 了解无人驾驶汽车的含义与未来发展方向。

建议教学时数

4学时。

任务一 认识"一带一路"

案例导入

基础设施互联互通是"一带一路"建设的优先领域。近年来,交通运输行业在推进"一带一路"建设方面承担了重要任务,取得了积极进展。一批境内外铁路、公路、港口、机场和跨境桥梁等基础设施项目相继开工建设,中欧班列、国际道路、国际海运、国际航空、快递等国际运输服务网络逐步完善,不仅促进了设施联通,而且对加强与沿线国家经贸合作、便利人员往来、推动"一带一路"全面建设发挥了先行和基础作用。

案例思考

"一带一路"建设对运输的发展有什么作用?

知识链接

一、"一带一路"倡议

2013年9月7日,习近平主席在哈萨克斯坦纳扎尔巴耶夫大学作题为《弘扬人民友谊 共创美好未来》的演讲,提出共同建设"丝绸之路经济带"。

2013年10月3日,习近平主席在印度尼西亚国会作题为《携手建设中国—东盟命运共同体》的演讲,提出共同建设"21世纪海上丝绸之路"。

"一带一路"(The Belt and Road)是"丝绸之路经济带"和"21世纪海上丝绸之路"的简称,其走向如图9.1所示。它将充分依靠中国与有关国家既有的双

图9.1 "一带一路"走向示意图

多边机制,借助既有的、行之有效的区域合作平台,借用古代丝绸之路的历史符号,高举和平发展的旗帜,积极发展与沿线国家的经济合作伙伴关系,共同打造政治互信、经济融合、文化包容的利益共同体、命运共同体和责任共同体。

丝绸之路经济带倡议涵盖东南亚经济整合、涵盖东北亚经济整合,并最终融合在一起通向欧洲,形成欧亚大陆经济整合的大趋势。

二、"一带一路"路线

"一带一路"的路线比较长,拥有下列几条。

(1)北线A:北美洲(美国,加拿大)—北太平洋—日本、韩国—日本海—扎鲁比诺港(海参崴,斯拉夫扬卡等)—珲春—延吉—吉林—长春—蒙古国—俄罗斯—欧洲(北欧,中欧,东欧,西欧,南欧)。

(2) 北线 B：北京—俄罗斯—德国—北欧。

(3) 中线：北京—西安—乌鲁木齐—阿富汗—哈萨克斯坦—匈牙利—巴黎。

(4) 南线：泉州—福州—广州—海口—北海—河内—吉隆坡—雅加达—科伦坡—加尔各答—内罗毕—雅典—威尼斯。

(5) 中心线：连云港—郑州—西安—兰州—新疆—中亚—欧洲。

三、"一带一路"对物流和运输的影响

"一带一路"项目成立以来，在国际上产生了重大的影响，同时对运输行业的发展起到了促进作用，主要体现在以下几点。

一是通过规划对接，共同推进国际骨干通道建设。国家"十三五"发展规划中，充分考虑了大通道与周边国家陆陆交通基础设施规划的有效对接，优化网络布局和结构，提高基础设施的联通性和运输服务保障。

二是抓住交通基础设施的关键通道、关键节点和重点工程，逐步形成内畅外联的国际运输大通道。按照优先打通缺失路段、畅通瓶颈路段的思路，重点推进渝新欧、汉新欧、义新欧等中欧铁路国际运输通道建设，加快推进中缅、中老泰、中越、中蒙俄等国际道路运输通道建设和陆水联运通道建设，会同沿线国家，集中力量确定优先领域和重点项目，推进铁路、公路、水运、航空等基础设施在建项目和新建项目建设。

三是大力推动交通运输企业走出去，带动相关产业转型升级。

国家发展改革委、外交部、商务部联合发布了《推动共建丝绸之路经济带和21世纪海上丝绸之路的愿景与行动》。根据"一带一路"走向，陆上依托国际大通道，以沿线中心城市为支撑，以重点经贸产业园区为合作平台，共同打造新亚欧大陆桥、中蒙俄、中国中亚—西亚、中国—中南半岛等国际经济合作走廊；海上以重点港口为节点，共同建设通畅安全高效的运输大通道。中巴、孟中印缅两个经济走廊与推进"一带一路"建设关联紧密，要进一步推动合作，取得更大进展。

"一带一路"同时对我国海上运输业的发展有极大的推动力，能打破美国对我国海洋上的封锁。

> **知识拓展**
>
> **国家"十三五"规划——打造"一带一路"互联互通开放通道**
>
> 一、着力打造丝绸之路经济带国际运输走廊
>
> 以新疆为核心区，以乌鲁木齐、喀什为支点，发挥陕西、甘肃、宁夏、青海的区位优势，连接陆桥和西北北部运输通道，逐步构建经中亚、西亚分别至欧洲、北非的西北国际运输走廊。发挥广西、云南开发开放优势，建设云南面向南亚东南亚辐射中心，构建广西面向东盟国际大通道，以昆明、南宁为支点，连接上海至瑞丽、临河至磨憨、济南至昆明等运输通道，推进西藏与尼泊尔等国交通合作，逐步构建衔接东南亚、南亚的西南国际运输走廊。发挥内蒙古联通蒙俄的区位优势，加强黑龙江、吉林、辽宁与俄远东地区陆海联运合作，连接绥芬河至满洲里、珲春至二连浩特、黑河至港澳、沿海等运输通道，构建至俄罗斯远东、蒙古、朝鲜半岛的东北国际运输走廊。积极推进与周边国家和地区铁路、公路、水运、管道连通项目建设，发挥民航网络灵活性优势，率

先实现与周边国家和地区互联互通。

二、加快推进21世纪海上丝绸之路国际通道建设

以福建为核心区,利用沿海地区开放程度高、经济实力强、辐射带动作用大的优势,提升沿海港口服务能力,加强港口与综合运输大通道衔接,拓展航空国际支撑功能,完善海外战略支点布局,构建连通内陆、辐射全球的21世纪海上丝绸之路国际运输通道。

三、加强"一带一路"通道与港澳台地区的交通衔接

强化内地与港澳台的交通联系,开展全方位的交通合作,提升互联互通水平。支持港澳积极参与和助力"一带一路"建设,并为台湾地区参与"一带一路"建设作出妥善安排。

(资料来源:中华人民共和国中央人民政府网,http://www.gov.cn/zhengce/content/2017-02/28/content_5171345.htm)

任务二　认识绿色运输

案例导入

日本自1956年从美国全面引进现代物流管理理念后,下大力气进行物流现代化建设,将物流运输业改革作为国民经济中最为重要的核心课题加以研究。把物流行业作为本国经济发展生命线的日本,从一开始就没有忽视绿色物流的重要意义,除了在传统的防止交通事故、抑制道路沿线的噪声和振动等方面加大政府部门的监管和控制外,还特别出台了一些实施绿色物流的具体目标,如货物的托盘使用率、货物在停留场所的滞留时间等,以此来降低物流对环境造成的负荷。1989年,日本提出了10年内3项绿色物流推进目标,即含氮化合物排出降低三至六成,颗粒物排出降低六成以上,汽油中的硫成分降低1/10。1992年,日本政府公布了汽车二氧化氮限制法,并规定了允许企业使用的5种货车车型,同时在大都市特定区域内强制推行排污标准较低的货车。1993年,除了部分货车外,日本政府要求企业必须承担更新旧车辆、使用新式符合环境标准货车的义务。

另外,为解决地球的温室效应、大气污染等各种问题,日本政府与物流业界在控制污染排放方面积极实施在干线运输方面推动模式转换(由汽车转向对环境负荷较小的铁路和海上运输)和干线共同运行系统的建构,在都市内的运送方面推动共同配送系统的建构以及提倡节省能源行驶等。

案例思考

日本在绿色物流建设中采取了哪些措施?

知识链接

一、绿色运输的概念

绿色运输是指以节约能源、减少废气排放为特征的运输。其实施途径主要包括：合理选择运输工具和运输路线，克服迂回运输和重复运输，以实现节能减排的目标；改进内燃机技术和使用清洁燃料，以提高能效；防止运输过程中的泄漏，以免对局部地区造成严重的环境危害。

二、运输的污染方式

交通运输污染源是指对周围环境造成污染的交通运输设施和设备。它以发出噪声、引起振动、排放废气和洗刷废水、泄漏有害液体、散发粉尘等方式污染环境。排放的主要污染物有一氧化碳、氮氧化物、碳氢化合物、二氧化硫、铅化合物、苯并(A)芘、石油和石油制品以及剧毒有害运载物等。这些污染物除污染城市环境外，还对河流、湖泊、海域构成威胁。排放的废气是大气污染物的主要来源之一。

三、绿色运输发展的方式

我们知道运输是物流活动中最主要的活动，但同时也是物流作业耗用资源、污染和破坏环境的重要方面。运输过程中产生的尾气、噪声、可能出现的能源浪费等都对绿色物流管理提出了课题。近年来激烈的能源供求矛盾使运输的绿色化更加凸显出来。如何实现绿色运输，保证运输与社会经济和资源环境之间的和谐发展，实现运输的可持续发展已成为我国物流业发展的重要内容。发达国家的成功经验为我国企业运输绿色化提供了借鉴。

（一）发展多式联运

伴随着我国国际化步伐的加快，国家对资源节约和环境保护的重视程度将与日俱增。我国已实施了一些法律并制定一些优惠政策，如对公路运输提价、鼓励铁路运输等鼓励企业绿色生产、绿色经营。而从美国运输企业实现绿色化的经验来看，大量采取多式联运是企业遵守国家法律和制度，推行物流绿色化的有效途径。

多式联运可以减少包装支出，降低运输过程中的货损、货差。多式联运的优势还表现在：它克服了单个运输方式固有的缺陷，通过最优化运输线路的选择，各种运输方式的合理搭配，使各种运输方式扬长避短，实现了运输一体化，从而在整体上保证了运输过程的最优化和效率化，以此降低能源浪费和环境污染；另一方面，从物流渠道看，它有效地解决了由于地理、气候、基础设施建设等各种市场环境差异造成的商品在产销空间、时间上的分离，促进了产销之间紧密结合以及企业生产经营的有效运转。

多式联运不是单纯的运输方式的转换，而是运输企业或运输承运人的自觉行动，以提高运输效率。联运的主要特点是：在从生产者到消费者整个行程中，货物运输在公路和铁路（有时是水上）之间是连续不断的，联运的核心是每一种运输形式都发挥出最适应其运输特点的应有的作用。

（二）发展共同配送

配送是指在经济合理区域范围内，根据用户要求，对物品进行拣选、加工、包装、分割、组配等作业，并按时送达指定地点的物流活动。配送作为一种现代流通组织形式，集商流、物流、信息流于一身,是具有独特运作模式的物流活动。在物流活动中,运输主要是指长距离两地间的商品和服务移动,而短距离、少批量、高频率的商品和物品的移动常常称之为配送。

共同配送指由多个企业联合组织实施的配送活动。它主要是针对某一地区的客户所需要物品数量较少而使用车辆不满载、配送车辆利用率不高等情况。共同配送可以最大限度地提高人员、物资、资金、时间等资源的利用效率,取得最大化的经济效益。同时,可以去除多余的交错运输,并取得缓解交通,保护环境等社会效益。对企业界而言,向物流绿色化推进就必须实行共同配送,以节约能源,防止环境污染。

(三) 建立信息网络

当前经济形势对多品种小批量的物流要求已成为趋势,这就要求企业信息系统要更加顺畅可靠。因此采用和建立库存管理信息系统、配送分销系统、用户信息系统、EDI/Internet数据交换、GPS 系统以及决策支持系统、货物跟踪系统和车辆运行管理系统等,对提高物流系统的运行效率起着关键作用。同时要更好地建立和运用企业间的信息平台,将分属不同所有者的物流资源通过网络系统连接起来进行统一管理和调配使用,物流服务和货物集散空间被放大,使物流资源得到充分利用。

任务三　认识无车承运

案例导入

2018 年 12 月 29 日,京东物流发布的一条由云南省昆明市呈贡区发到贵阳观山湖区的物流订单信息刚刚上线推送,仅 21 s 后就被抢单,并迅速成交,整个流程仅用了 1 min 32 s。这就是目前国内试点的"无车承运人"线上交易的速度。

2013 年"无车承运人"概念被提出,2016 年交通运输部试点落地,至 2017 年年初,经批准的无车承运企业近 300 家,试点企业为 229 家。试点一年后,仅 2017 年累计整合社会零散运力 45 万辆,与传统运输模式相比,车辆里程利用率提高 50%,交易成本降低 6%~8%,司机月收入增加了 30%~40%,收货时间由 2~3 天降到几个小时,拉动了整个物流行业的升级换代。

尤其是在经济发达、交通设施便利的东部地区,"无车承运人"试点效果尤为明显。"据预计,2018 年上半年,仅江苏地区试点企业平均完成运量就达到 56.3 万吨。而试点的业务覆盖了干线运输、城市配送、农村物流、集装箱运输等领域,表现出强劲的成长性和可扩展性。"

案例思考

在上述案例中,无车承运人的作用是什么?

一、无车承运人的概述

(一) 无车承运人的概念

无车承运人是指自身不拥有运输车辆,以承运人身份与托运人签订货物运输合同,通过委托实际承运人完成运输任务,并承担承运人责任和义务的道路货物运输经营者。这个来自美国的概念伴随着中国公路货运发展的需求异地而生、成长壮大,在"互联网+"的赋能下,成为高效化、科技化物流的最佳实践,并很快得到国家层面的高度重视。

(二) 无车承运人的特征

(1) 大体的业务对象:委托人、无车承运人、实际承运人、收货人。

(2) 基本业务流程:委托书、运单调度、装车、在途、签收、回单。

(3) 业务关注点:货主关心单据执行状态。

(4) 管理难点:过程监控、运费结算。

(5) 与普通运输的区别:无车承运人不用具体关注货物如何装卸,不用详细管理车辆。

二、无车承运人的意义

近年来,移动互联网技术与货运物流行业深度融合,货运物流市场涌现出了无车承运人等新的经营模式。无车承运人是以承运人身份与托运人签订运输合同,承担承运人的责任和义务,通过委托实际承运人完成运输任务的道路货物运输经营者。无车承运人依托移动互联网等技术搭建物流信息平台,通过管理和组织模式的创新,集约整合和科学调度车辆、站场、货源等零散物流资源,能够有效提升运输组织效率,优化物流市场格局,规范市场主体经营行为,推动货运物流行业转型升级。

目前,我国无车承运人的发展尚处于起步探索阶段,在许可准入、运营监管、诚信考核、税收征管等环节的制度规范还有待探索完善。通过开展试点工作,逐步调整完善无车承运人管理的法规制度和标准规范,创新管理方式,推动实现"线上资源合理配置、线下物流高效运行",对于推进物流业供给侧结构性改革,促进物流行业"降本增效",提升综合运输服务品质,打造创新创业平台,培育新的经济增长点,全面支撑经济社会发展具有重要意义。

三、无车承运人与货运代理人的区别

(一) 法律地位不同

无车承运人属于承运人的范畴,其业务活动是以承运人的身份接受货载,并以托运人的身份向实际承运人委托承运,签发自己的提单,并对货物的安全负责。在无车承运人与实际承运人对货物的损失都负有赔偿责任的情况下,二者要承担连带责任;而货运代理人则是受货方委托,代货方办理货物运输的人,属代理人范畴,其业务活动是代理货主办理订舱、报关的等业务,不对货物的安全运输承担责任。

(二) 身份不同

二者虽然都是中介组织,但无车承运人是处于中介组织与实际承运人之间的一种业态形式,兼具二者的共同特性。无车承运人与托运人是承托关系,与收货人是提单签发人与持有人的关系。即对于托运人而言,他是承运人;而对于实际承运人来讲,他又是托运人。货运代理是受他人委托办理服务事务,与托运人是被委托方与委托方的关系,与收货人则不存在任何关系,而在托运人与收货人之间承担的只是介绍人的角色。

(三) 收费性质不同

无车承运人是以承运人的身份向货主收取运费。在整个运输过程中,无车承运人在收取货主运费后,需委托实际承运人完成运输,并向其支付运费,赚取两者的运费差价;货运代理人收取的是服务中介费。因此,是否赚取运费差价,是判断经营者是否承揽无车承运业务的重要依据。

(四) 成立的条件及审批程序不同

按照规定,我国对成立货运代理企业实行审批制,对注册资本规模上作出了严格的要求。其中,经营海上国际货物运输代理业务的,注册资本最低限额为500万元人民币;经营航空国际货物运输代理业务的,注册资本最低限额为300万元人民币;经营陆路国际货运代理业务或者国际快递业务的,注册资本最低限额为200万元人民币。如果货物运输代理企业要设立分支机构,则每设立一个分支机构,应当增加注册资本50万元人民币。然而,我国对于无车承运企业实行的是登记制,而不是审批制,成立无车承运企业只需要交纳一定数额的保证金。

表9.1 无车承运人和货运代理人的区别

名称内容	货运代理人	无车承运人
运输合同的订立	不可以	可以
收全程运费	不可以	可以
收佣金	可以	不可以
收运费差价	不可以	可以
对全程运输的责任	不承担	承担
对委托人身份	代理人	承运人
对实际承运人身份	代理人	委托人
托运人法律地位	单一法律地位	双重身份

任务四 认识无人驾驶汽车

案例导入

从20世纪70年代开始,美国、英国、德国等发达国家开始进行无人驾驶汽车的研究,在可行性和实用化方面都取得了突破性进展。

我国从20世纪80年代开始进行无人驾驶汽车的研究。国防科技大学在1992年成功研发出中国第一辆真正意义上的无人驾驶汽车。2005年,首辆城市无人驾驶汽车在上海交通大学研制成功。

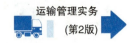

案例思考

什么是无人驾驶？无人驾驶对未来运输市场会有什么影响？

一、无人驾驶汽车的内涵

无人驾驶汽车是一种智能汽车，也可以称之为轮式移动机器人，主要依靠车内的以计算机系统为主的智能驾驶仪来实现无人驾驶。无人驾驶汽车是通过车载传感系统感知道路环境，自动规划行车路线并控制车辆到达预定目标的智能汽车。它是利用车载传感器来感知车辆周围环境，并根据感知所获得的道路、车辆位置和障碍物信息，控制车辆的转向和速度，从而使车辆能够安全、可靠地在道路上行驶。它集自动控制、体系结构、人工智能、视觉计算等众多技术于一体，是计算机科学、模式识别和智能控制技术高度发展的产物。

研究机构预测，无人驾驶可减少90%的交通事故；医院急诊室每年会因此减少数百万病人；降低80%以上的传统保费；能将通勤所耗时间以及能源消耗减少90%；能使汽车数量减少90%；每年能够帮助减少3亿吨汽车二氧化碳排放量。无人驾驶汽车是全球产业风口，是影响3个十万亿市场（汽车、出行、社会效益）的革命性产业，是汽车、人工智能与通信跨界融合的产物，也是未来智慧城市最重要的组成部分。

二、无人驾驶汽车的现状与未来发展

无人驾驶作为汽车未来的研究方向，其对于汽车行业甚至是交通运输业有着深远的影响。无人驾驶汽车的来临将能够解放人类的双手，降低交通事故发生的频率，保证人们的安全。同时随着人工智能、传感检测等核心技术的突破和不断推进，无人驾驶必将更加智能化，同时也能够实现无人驾驶汽车的产业化。但是任何技术的出现都是循序渐进不断革新的过程，无人驾驶从出现到成熟再到能够在世界范围内运用，需要每一个汽车人的不懈努力。

（一）无人驾驶汽车的发展现状

1. 国外无人驾驶汽车发展现状

美国谷歌公司作为最先发展无人驾驶技术的公司，其研制的全自动驾驶汽车能够实现自动起动、行驶与停车。除了谷歌等互联网企业已经开始无人驾驶汽车的研发并且已经取得了相当好的成果之外，苹果、Uber等也已经将业务范围向无人驾驶汽车倾斜。

2. 国内无人驾驶汽车发展现状

截至2018年4月，国内的百度、长安等企业以及国防科技大学、军事交通学院等军事院校研发的无人驾驶汽车走在国内研发的前列。例如，长安汽车实现了无人驾驶汽车从重庆出发一路北上到达北京的国内无人驾驶汽车长途驾驶记录；百度汽车同样在北京进行了初次无人驾驶汽车在北京道路的实验并且取得了成功。

（二）无人驾驶的未来发展

当无人驾驶汽车普及，很多现有的社会制度将会受到强烈的冲击，比如人们不再需要驾

照与保险这个硬性规定。随着信息技术的普及,无人驾驶汽车必将会与移动通信技术相连接,无人驾驶汽车通过移动通信可随时保持联系。如果是电动无人驾驶汽车,或许从国家电网公司购买电动汽车也不再是遥不可及,油费将会被电费取代,加油站也将会被拆除。马路上的出租汽车也不需要"的哥",出租车司机这个职业将会渐渐消失。无人驾驶的出现,带给了我们无限美好的憧憬。

项目巩固

一、名词解释
1. "一带一路"
2. 绿色运输
3. 无车承运人
4. 无人驾驶汽车

二、单项选择题
1. 21世纪海上丝绸之路经济带战略从海上联通(　　)三个大陆和丝绸之路经济带战略形成一个海上、陆地的闭环。
   A. 欧洲、亚洲、非洲　　　　　　　　B. 欧洲、亚洲、大洋洲
   C. 亚洲、非洲、美洲　　　　　　　　D. 北美、非洲、欧洲
2. "一带",指的是"(　　)",是在陆地。
   A. 丝绸之路经济带　　　　　　　　　B. 21世纪海上丝绸之路
   C. 长江经济带　　　　　　　　　　　D. 欧亚经济带
3. 绿色运输是指以(　　)为特征的运输。
   A. 节约能源、减少废气排放　　　　　B. 合理使用运输工具
   C. 使用新能源　　　　　　　　　　　D. 增加废气排放
4. 管道运输的污染主要集中在液体的污染和(　　)。
   A. 噪声的污染　　　　　　　　　　　B. 占地的污染
   C. 运送污染品的传播　　　　　　　　D. 辅助设施的污染
5. 无车承运人的主体主要有委托人、(　　)、实际承运人、收货人。
   A. 受托人　　　B. 无车承运人　　　C. 承运人　　　D. 发货人
6. 无人驾驶汽车是通过(　　)感知道路环境,自动规划行车路线并控制车辆到达预定目标的智能汽车。
   A. 车载传感系统　　　　　　　　　　B. 车载机器人
   C. 导航设备　　　　　　　　　　　　D. 无线定位设备

三、简答题
1. 简述无车承运人的特征。
2. 简述绿色运输发展的方式。
3. 简述"一带一路"对物流和运输的影响。

实战演练

认知绿色物流运输

【技能训练目标】

了解本地的绿色物流运输的具体情况;能够认识影响绿色物流运输的影响因素;掌握常见的绿色物流运输主要措施。

【任务准备】

1. 分组

根据情况将全班分为若干组,每组选组长1名,负责全部组员的分工合作。

2. 信息准备

通过网络、多媒体等信息媒介了解绿色物流运输的状况。

3. 机械器具准备

网络机房。

4. 训练地点

教室、机房、运输企业实地调查。

【训练步骤】

认知绿色物流运输技能训练步骤如下图所示。

【训练注意事项】

1. 制订计划应格式规范,切实可行。
2. 外出调查时,注意安全,不要在货场内玩耍、追逐打闹。
3. 调查报告应具体翔实地反映调查的内容,格式规范。
4. 汇报时指定专业用PPT汇报,其他组员可补充。

【训练评价】

认识绿色物流运输技能训练评价表

被考评人				
考评地点				
考评内容	不同运输方式下绿色货物运输作业情况			
考评标准	内容	自我评价	教师评价	综合评价
	计划规范、可行			
	调查工作合理、有序、收效良好			
	汇报全面、简洁、条理			
	对绿色物流运输的认识较全面深刻			
	该项技能能级			

备注:

1. 综合评价:以教师评价为主,自我评价作为教师对学生初期能力参考条件。
2. 能级标准:

1 级标准：在教师指导下，能部分完成某项实训作业或项目；
2 级标准：在教师指导下，能全部完成某项实训作业或项目；
3 级标准：能独立地完成某项实训作业或项目；
4 级标准：能独立地又快又好地完成某项实训作业或项目；
5 级标准：能独立地又快又好地完成某项实训作业或项目，并能指导其他人。

【训练建议】

建议各组的调查任务有所区隔，相互补充。可分别调查不同运输方式下不同企业的绿色物流货物运输情况。

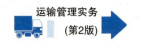

参考文献

1. 崔国成,闫秀峰. 运输管理实务[M]. 武汉：武汉理工大学出版社,2015
2. 杨洋. 运输管理与实务[M]. 北京：北京交通大学出版社,2015
3. 何天龙,覃志成. 运输管理实务[M]. 北京：中国商业出版社,2015
4. 彭秀兰. 道路运输管理实务[M]. 2版. 北京：机械工业出版社,2015
5. 李佑珍. 运输管理实务[M]. 北京：高等教育出版社,2016
6. 唐玉藏. 运输管理实务[M]. 北京：机械工业出版社,2016
7. 朱颢. 运输管理实务[M]. 北京：机械工业出版社,2016
8. 李庆. 运输管理实务[M]. 大连：大连理工出版社,2017
9. 徐家骅. 物流运输管理实务[M]. 2版. 北京：清华大学出版社,2017
10. 刘心,吴庆. 物流运输管理实务[M]. 北京：电子科技大学出版社,2018
11. 方秦盛,于斌,刘晓燕. 运输管理实务[M]. 武汉：华中科技大学出版社,2019
12. 杨国荣. 运输管理实务[M]. 2版. 北京：北京理工大学出版社,2022